"A neurociência moderna nos ensina que o caminho para a coragem e o sucesso passa por abraçarmos a dor e o medo, não evitá-los. Se existe um exemplo real disso, é David Goggins.

Em sua busca incansável pela conquista de si mesmo, ele aprendeu a acessar o santo graal da existência humana: a capacidade de reprogramar o cérebro para se sair cada vez melhor e se tornar alguém melhor, independentemente dos sentimentos, das condições externas e da motivação.

*Nada pode me ferir* é o relato extraordinário dessa jornada e da capacidade de aprimorar a própria mente. Como se não bastasse, ele também ensina você a fazer o mesmo."
– Dr. Andrew D. Huberman, professor de neurobiologia na Escola de Medicina da Universidade Stanford

"Fico inspirado ao saber que existem caras como ele. Nem todo mundo vai ter uma vida como a de David Goggins, mas ele é a prova de que qualquer um poderia ter se encontrasse o espaço mental necessário."
– Kelly Slater, onze vezes campeão mundial de surfe

"David Goggins corre atrás de todos os seus objetivos, de todos os seus sonhos, não importa quais sejam. PONTO. Ele é imbatível. Não há limites para ele, pois ele não vive numa zona de conforto. Goggins prova que o seu corpo pode dar conta de qualquer coisa se você deixar sua mente acompanhá-lo. Não há jeito de deter algo ou alguém que não entenda o conceito de derrota."
– Marcus Luttrell, Navy SEAL aposentado, autor de *O grande herói*

"David Goggins abre a porta para o melhor da humanidade, para a força da alma humana... e isso apenas no primeiro capítulo. Se você está em busca de um livro que vai curar, expandir, inspirar e explorar tudo que é necessário para perseverar e conquistar seus sonhos num mundo injusto, este aqui é para você."

– Taya Kyle, viúva do francoatirador Chris Kyle e autora de *American Wife*

"Quando terminar de ler o livro de David Goggins, você já vai ter se livrado de uma vez por todas da mentalidade de vítima. E o que fará a partir disso dependerá só de você. Não existem desculpas, apenas razões para continuar sempre tentando."

– Jim DeFelice, coautor de *Sniper americano*

# DAVID GOGGINS

# NADA PODE ME FERIR

A história de superação do único homem a completar o
treinamento de elite como Navy SEAL, Army Ranger e TACP

SEXTANTE

Título original: *Can't Hurt Me*
Copyright © 2020 por Goggins Built Not Born, LLC
Copyright da tradução © 2023 por GMT Editores Ltda.

Todos os direitos reservados. Nenhuma parte deste livro pode ser utilizada ou reproduzida sob quaisquer meios existentes sem autorização por escrito dos editores.

*tradução:* Fernanda Abreu
*preparo de originais:* Rafaella Lemos
*revisão:* Priscila Cerqueira e Rayana Faria
*diagramação e adaptação de capa:* Natali Nabekura
*capa:* Erin Tyler
*imagem de capa:* Loveless Photography
*impressão e acabamento:* Lis Gráfica e Editora Ltda.

CIP-BRASIL. CATALOGAÇÃO NA PUBLICAÇÃO
SINDICATO NACIONAL DOS EDITORES DE LIVROS, RJ

G549n

Goggins, David, 1975-
    Nada pode me ferir / David Goggins ; tradução Fernanda Abreu. - 1. ed. - Rio de Janeiro : Sextante, 2023.
    320 p. ; 23 cm.

    Tradução de: Can't hurt me
    ISBN 978-65-5564-613-9

    1. Goggins, David, 1975-. 2. Triatletas - Estados Unidos - Biografia. 3. Técnicas de autoajuda. I. Abreu, Fernanda. II. Título.

23-82735
    CDD: 796.4257092
    CDU: 929:796.093.643

Meri Gleice Rodrigues de Souza - Bibliotecária - CRB-7/6439

Todos os direitos reservados, no Brasil, por
GMT Editores Ltda.
Rua Voluntários da Pátria, 45 – 14.º andar – Botafogo
22270-000 – Rio de Janeiro – RJ
Tel.: (21) 2538-4100
E-mail: atendimento@sextante.com.br
www.sextante.com.br

À voz na minha cabeça que nunca se cala
e nunca vai me deixar parar.

# SUMÁRIO

**Introdução**     11

1. **Eu tinha tudo para virar estatística**     15
2. **A verdade dói**     41
3. **A tarefa impossível**     67
4. **Captura de almas**     92
5. **Mente blindada**     117
6. **O importante não é o troféu**     146
7. **A arma mais poderosa de todas**     173
8. **Não é preciso talento**     206
9. **Raro entre os raros**     235
10. **O empoderamento do fracasso**     263
11. **E se?**     294

**Agradecimentos**     315

# ORDEM DE ADVERTÊNCIA

**ZONA TEMPORAL:** 24 HORAS POR DIA, 7 DIAS POR SEMANA

**ORGANIZAÇÃO DA TAREFA:** MISSÃO SOLO

**1. SITUAÇÃO:** Você está correndo o risco de viver uma vida tão confortável e fácil que vai morrer sem nunca ter alcançado seu pleno potencial.

**2. MISSÃO:** Libertar a sua mente. Abandonar de uma vez por todas a mentalidade de vítima. Dominar completamente todos os aspectos da sua vida. Construir um alicerce inabalável.

**3. EXECUÇÃO:**
    a. Leia este livro de cabo a rabo. Estude as técnicas que ele contém e aceite todos os dez desafios. Repita. A repetição vai calejar a sua mente.
    b. Se der o máximo de si nessa tarefa, será doloroso. O objetivo da missão não é fazê-lo sentir-se melhor, mas ser melhor e ter um impacto maior no mundo.
    c. Não pare porque se cansou. Pare quando terminar.

**4. CONFIDENCIAL:** Esta é a história da origem de um herói. E o herói é você.

**SOB O COMANDO DE:** DAVID GOGGINS

**ASSINADO:**

*[assinatura]*

**PATENTE E SERVIÇO:** OFICIAL, NAVY SEAL DA MARINHA DOS ESTADOS UNIDOS, APOSENTADO

# INTRODUÇÃO

Você sabe quem realmente é e do que é capaz?

Tenho certeza de que acha que sim, mas o simples fato de você acreditar numa coisa não a torna verdadeira. A negação é a maior zona de conforto que existe.

Não se preocupe: você não está só. Em toda cidade, em todo país, no mundo inteiro milhões de pessoas andam pelas ruas com o mesmo olhar morto de zumbi, viciadas em conforto, agarradas a uma mentalidade de vítima e inconscientes do seu verdadeiro potencial. Sei disso porque as encontro e ouço falar delas o tempo todo, e porque, assim como você, eu já fui uma dessas pessoas.

E tinha uma ótima desculpa para isso.

Não tive sorte na vida. Nasci sem um tostão, cresci levando surras, fui atormentado na escola e chamado de *nigger*, "crioulo", mais vezes do que sou capaz de contar.

Nós éramos pobres, vivíamos de auxílio social, morávamos em residências subsidiadas pelo governo, e a depressão era sufocante. Eu estava no fundo do poço, e minhas perspectivas de futuro eram sombrias.

Pouquíssimas pessoas sabem o que é estar no fundo do poço, mas eu sei. É como areia movediça, que agarra você, faz você afundar e não solta. Quando a vida é assim, fica fácil se deixar levar e seguir fazendo repetidamente as mesmas escolhas confortáveis que estão matando você.

Mas a verdade é que todos nós fazemos escolhas habituais e que nos limitam. Isso é tão natural quanto o sol se pôr e tão fundamental quanto a lei da gravidade. É assim que nosso cérebro foi programado e é por isso que a motivação por si só não basta.

Até mesmo o melhor discurso de incentivo ou truque de autoajuda não passa de um remendo temporário. Isso não vai conseguir reprogramar seu cérebro. Não vai conseguir amplificar sua voz nem mudar sua vida para melhor. A motivação não muda ninguém. O azar que eu tive no início da vida era algo que eu, e somente eu, deveria consertar.

Então eu busquei a dor, me apaixonei pelo sofrimento e acabei me transformando e deixando de ser o mané mais fraco do planeta para me tornar o homem mais resistente que Deus criou – ou pelo menos é isso que eu digo a mim mesmo.

Você deve ter tido uma infância bem melhor do que a minha, e mesmo agora pode ser que tenha uma vida razoável, mas não importa quem você seja, quem sejam ou tenham sido seus pais, onde você more, qual seja o seu trabalho ou quanto dinheiro tenha, você provavelmente está realizando apenas cerca de 40% do que realmente é capaz.

É uma pena.

Todos nós temos potencial para ser muito mais.

Anos atrás, fui convidado para participar de uma mesa-redonda no MIT, o Instituto de Tecnologia de Massachusetts. Eu nunca tinha posto os pés num auditório universitário. Mal tinha conseguido me formar no ensino médio, e mesmo assim estava numa das instituições mais prestigiosas do país para conversar sobre resistência mental com um punhado de pessoas. Em determinado momento da conversa, um renomado professor do MIT disse que todos nós temos limitações genéticas. Um teto. Que simplesmente não conseguimos fazer certas coisas, por maior que seja nossa resistência mental. Quando alcançamos nosso teto genético, a resistência mental deixa de fazer diferença.

Todo mundo no auditório pareceu aceitar essa versão da realidade, porque aquele experiente professor universitário titular era conhecido por suas pesquisas sobre resistência mental. Esse era o trabalho de sua vida inteira. Era também uma bobagem sem tamanho, e para mim ele estava usando a ciência para passar a mão na cabeça de todos nós.

Como estava cercado por aquele bando de pessoas inteligentes, fiquei calado, me sentindo burro, mas alguém na plateia reparou na minha expressão e perguntou se eu concordava. E, se alguém me faz uma pergunta direta, eu não me acanho.

– Viver isso na pele em vez de estudar o tema tem algumas vantagens – falei, virando-me para o professor. – O que o senhor disse se aplica à maioria das pessoas, mas não a 100% delas. Sempre haverá o 1% disposto a fazer o trabalho necessário para superar todas as expectativas.

Prossegui explicando o que eu sabia por experiência própria: que qualquer um pode virar uma pessoa totalmente diferente e alcançar o que supostos especialistas como ele alegam ser impossível, mas que isso exige muita coragem, força de vontade e uma mente blindada.

Heráclito, um filósofo nascido no Império Persa no século V a.C., tinha razão quando escreveu sobre os homens no campo de batalha: "De cada cem homens, dez não deveriam sequer estar ali, oitenta não passam de alvos e nove são verdadeiros combatentes – e nós temos sorte de tê-los, pois são eles que decidem a batalha. Mas um, ah, esse é o guerreiro..."

Desde o momento em que respira pela primeira vez, você já pode morrer. Mas pode igualmente encontrar sua grandeza e se tornar esse Único Guerreiro. Cabe a você se equipar para a batalha que tem pela frente. Só você pode dominar sua mente, e isso é o necessário para viver com ousadia e construir uma vida repleta de conquistas que a maioria das pessoas considera estar além da própria capacidade.

Eu não sou nenhum gênio como aqueles professores universitários do MIT, mas sou esse Único Guerreiro. E a história que você está prestes a ler, a história da minha vida, vai lhe mostrar um caminho garantido para dominar a si mesmo e se empoderar para encarar a realidade, se responsabilizar pelas suas ações, ir além da dor, aprender a amar o que teme, tirar proveito do fracasso, alcançar seu pleno potencial e descobrir quem você realmente é.

Estudo, hábitos, histórias: é isso que muda os seres humanos. Por meio da minha história, você vai aprender do que seu corpo e sua mente são capazes quando usados em seu potencial máximo e como chegar lá. Porque quando você tem determinação, tudo que tiver que encarar – seja racismo, machismo, lesões, um divórcio, depressão, obesidade, uma tragédia ou pobreza –, tudo isso vira combustível para sua metamorfose.

Os passos enumerados aqui representam um algoritmo evolutivo, um algoritmo que derruba barreiras, cintila de glória e promove uma paz duradoura.

Espero que tenha se preparado. Chegou a hora de entrar em guerra consigo mesmo.

## CAPÍTULO UM

# EU TINHA TUDO PARA VIRAR ESTATÍSTICA

Nós vivemos o inferno numa linda vizinhança. Em 1981, Williamsville tinha os imóveis mais cobiçados de Buffalo, no estado de Nova York. Arborizado e aprazível, o bairro tinha ruas seguras salpicadas de casinhas caprichadas habitadas por cidadãos-modelo. Médicos, advogados, executivos de siderúrgicas, dentistas e jogadores profissionais de futebol americano viviam ali com suas esposas amorosas e sua média de 2,2 filhos. Os carros eram novos, as ruas estavam sempre varridas e as possibilidades eram infinitas. Aquilo era o Sonho Americano transformado em realidade. Já o inferno ficava num terreno de esquina na rua do paraíso, Paradise Road.

Era lá que nós morávamos, numa casa de madeira branca de dois andares e quatro quartos, com quatro colunas a emoldurar uma varanda que se abria para o maior e mais verde gramado de Williamsville. Tínhamos uma horta nos fundos da casa e uma garagem ocupada por um Rolls-Royce Silver Cloud 1962 e um Mercedes 450 SLC 1980, além de um Corvette 1981 reluzente estacionado na entrada. Todo mundo em Paradise Road vivia perto do topo da cadeia alimentar e, pela nossa aparência, a maioria dos vizinhos pensava que nós – a bem-ajustada e supostamente feliz família Goggins – estávamos no topo do topo. Mas as superfícies brilhantes refletem muito mais do que deixam revelar.

Os vizinhos nos viam quase todos os dias da semana, reunidos em frente à garagem às sete da manhã. Meu pai, Trunnis Goggins, não era um homem alto, mas era boa-pinta e tinha físico de boxeador. Usava ternos de alfaiataria e seu sorriso era simpático e franco. Ele parecia o típico executivo de sucesso a caminho do trabalho. Minha mãe, Jackie, era dezessete anos mais nova, magrinha e muito bonita, e meu irmão e eu éramos bem-arrumados, estávamos sempre bem-vestidos de calça jeans e camisa polo em tons pastel, carregando mochilas nas costas igualzinho às outras crianças. As crianças brancas. Na nossa versão da América abastada, todas as fachadas eram palco de meneios de cabeça e acenos antes de pais e filhos saírem para o trabalho e para a escola. Os vizinhos viam o que queriam ver. Ninguém olhava muito de perto.

Que bom. A verdade era que a família Goggins tinha acabado de voltar para casa depois de mais uma noite em claro num bairro distante, e, se Paradise Road era o inferno, nós morávamos com o Diabo em pessoa. Assim que nossos vizinhos fechavam a porta ou dobravam a esquina, o sorriso do meu pai se transformava em carranca. Ele ladrava ordens e entrava em casa para dormir e curar mais uma ressaca, mas nós ainda tínhamos o que fazer. Meu irmão, Trunnis Júnior, e eu precisávamos ir para a escola, e cabia à nossa mãe, que não tinha pregado os olhos, nos levar até lá.

Em 1981 eu estava no primeiro ano do fundamental, e a escola para mim era uma névoa. Não porque o conteúdo fosse difícil – pelo menos não ainda –, mas porque eu não conseguia me manter acordado. A voz cadenciada da professora era a canção de ninar perfeita; meus braços cruzados em cima da carteira, um confortável travesseiro; e suas palavras ríspidas – quando ela me flagrava sonhando –, um despertador nada bem-vindo que tocava sem parar. Crianças dessa idade são esponjas de capacidade infinita. Elas absorvem palavras e ideias à velocidade da luz, e com elas formam a base fundamental sobre a qual a maioria das pessoas constrói competências para a vida inteira, como leitura, ortografia e noções básicas de matemática. Mas, como eu trabalhava durante a noite, na maior parte das manhãs não conseguia me concentrar em nada exceto em tentar ficar acordado.

O recreio e as aulas de educação física eram um campo minado de outro tipo. No pátio, ficar acordado era a parte fácil. O difícil era o que eu precisava esconder. Eu não podia deixar minha camiseta subir. Não podia usar short. Os hematomas eram sinais de alerta que eu não podia mostrar, senão apanharia ainda mais. Mesmo assim, naquele pátio e na sala de aula eu sabia que estava seguro, mesmo que por um tempinho. Aquele era o único lugar em que ele não conseguia me pegar, pelo menos não fisicamente. Meu irmão tinha que fazer um contorcionismo parecido no sexto ano. Ele tinha as próprias marcas para esconder e o próprio sono para recuperar, porque depois que aquele sinal tocava a vida real começava.

O trajeto de Williamsville até Masten District levava cerca de meia hora, mas era como se estivesse a um mundo de distância. Assim como boa parte do lado leste de Buffalo, Masten era um bairro majoritariamente negro, de classe trabalhadora, dentro do perímetro urbano com áreas mais perigosas nas periferias, embora no início da década de 1980 ainda não fosse totalmente um gueto. Na época, a siderúrgica de Bethlehem ainda estava em atividade, e Buffalo era a última grande cidade do aço dos Estados Unidos. A maioria dos homens da cidade, brancos e pretos, tinha empregos estáveis e sindicalizados e ganhava um salário justo – ou seja, os negócios em Masten iam bem. Para meu pai sempre fora assim.

Antes de completar 20 anos, ele já tinha uma licença de distribuição da Coca-Cola e quatro rotas de entrega na região de Buffalo. É um bom dinheiro para um jovem dessa idade, mas meu pai tinha sonhos maiores e um olho no futuro. Seu futuro tinha quatro rodas e uma trilha sonora de disco funk. Quando uma padaria das redondezas fechou as portas, ele alugou o prédio e abriu um dos primeiros rinques de patinação de Buffalo.

Dez anos depois, o Skateland se mudara para um prédio na Ferry Street e ocupava quase um quarteirão inteiro no coração de Masten District. Abrimos um bar em cima do rinque, que ele batizou de Salão Escarlate. Nos anos 1970, aquele era "o lugar" na parte leste de Buffalo, e foi onde meu pai conheceu minha mãe quando ela era uma garota de 19 anos e ele, um homem de 36. Era a primeira vez que ela ficava longe de casa. Jackie tivera uma criação católica. Trunnis era filho de pastor e conhecia o jargão bem o bastante para se fazer passar por devoto, o que atraiu minha mãe. Mas sejamos honestos: ela ficou igualmente inebriada pelo charme dele.

Trunnis Júnior nasceu em 1971. Eu nasci em 1975, e quando completei 6 anos a febre da patinação estava no auge absoluto. Todas as noites, o Skateland fervia. Nós costumávamos chegar lá por volta das cinco da tarde e, enquanto meu irmão trabalhava no quiosque – fazendo pipoca, grelhando salsichas para cachorro-quente, enchendo o cooler de gelo e assando pizza –, eu organizava os patins por tamanho e modelo. Todo fim de tarde, eu trepava num banquinho para pulverizar desodorizador em spray nas botas e trocar os freios de borracha. O fedor do spray formava uma nuvem em volta da minha cabeça e não saía das minhas narinas. Meus olhos viviam vermelhos. Durante horas, aquele era o único cheiro que eu conseguia sentir. Mas essas eram distrações que eu precisava ignorar se quisesse me manter organizado e alerta. Porque meu pai, que operava a cabine do DJ, estava sempre de olho e, se algum daqueles patins sumisse, o meu estaria na reta. Antes de as portas se abrirem, eu passava no rinque de patinação um esfregão que tinha o dobro do meu tamanho.

Por volta das seis da tarde, minha mãe nos chamava para jantar na salinha dos fundos. Aquela mulher vivia num estado permanente de negação, mas seu instinto materno era real e se manifestava com grande exuberância, tentando se agarrar a qualquer fiapo de normalidade. Todas as noites, ela dispunha dois fogareiros elétricos no chão daquela salinha, se sentava com as pernas dobradas para trás e preparava um jantar completo: carne assada, batatas, vagem e pãezinhos recheados, enquanto meu pai fazia a contabilidade e dava telefonemas.

A comida era boa, mas mesmo aos 6 ou 7 anos eu sabia que o nosso "jantar em família" era uma imitação barata do que a maioria das outras casas tinha. Além do mais, nós comíamos rápido. Não dava tempo de saborear nada, porque às sete da noite, quando as portas se abriam, chegava a hora de trabalhar, e tínhamos todos que estar em nossos lugares com tudo preparado. Meu pai era o xerife, e depois de entrar na cabine do DJ ele ficava nos vigiando. Vasculhava aquele salão feito um olho que tudo vê, e se você fizesse alguma besteira, escutava poucas e boas – quando não apanhava primeiro.

Sob as lâmpadas frias do teto, o salão não era grande coisa, mas, quando as luzes baixavam, a iluminação dos canhões coloridos banhava o rinque de vermelho e ricocheteava no globo giratório espelhado, criando uma fantasia de discoteca sobre patins. Fosse sábado e domingo ou nas noites de semana, centenas de patinadores afluíam por aquelas portas. Na maior parte do tempo os clientes chegavam com a família toda e pagavam seus 3 dólares de ingresso mais 50 *cents* pelos patins antes de entrarem na pista.

Skateland, 6 anos

Eu alugava os patins e administrava essa parte sozinho, carregando um banquinho de um lado para outro, feito uma muleta. Sem ele, os clientes nem sequer me enxergavam. Os patins de numeração maior ficavam embaixo do balcão, mas os menores ficavam tão alto que eu era obrigado a escalar as prateleiras, o que sempre fazia os clientes darem risada. Mamãe era a única no caixa. Era ela quem recebia o valor do ingresso de todo mundo, e para Trunnis o dinheiro era tudo. Ele ia contando as pessoas à medida que elas entravam, calculando a receita em tempo real para ter uma ideia aproximada do que esperar quando contasse o caixa depois do fechamento. E era melhor estar tudo certinho.

Todo o dinheiro ficava para ele. Nós três nunca ganhamos um centavo pelo nosso trabalho. Na verdade, minha mãe nunca teve o próprio dinheiro. Não tinha conta no banco nem cartões de crédito em seu nome. Ele controlava tudo, e todos sabíamos o que aconteceria se a gaveta do caixa algum dia aparecesse com dinheiro a menos.

Nenhum dos clientes sabia nada disso, claro. Para eles, o Skateland era um mar de rosas, um negócio familiar administrado pela própria família. Meu pai colocava os discos de vinil já meio gastos para girar, com música disco, funk e as primeiras batidas do hip-hop. O baixo reverberava nas paredes vermelhas graças a Rick James, o filho preferido de Buffalo, ao Funkadelic de George Clinton e às primeiras faixas lançadas pelo Run-DMC, com os sons inovadores do hip-hop. Alguns garotos apostavam corrida de patins. Eu também gostava de andar rápido, mas nós tínhamos a nossa cota de dançarinos patinadores, e o ritmo tomava conta daquela pista de patinação.

Na primeira hora ou duas, os pais ficavam no andar de baixo e patinavam juntos ou assistiam aos filhos darem voltas pelo rinque, mas depois de um tempo acabavam subindo para criar sua própria festa. E, quando uma quantidade suficiente subia, Trunnis saía da cabine de DJ para ir se juntar a eles. Meu pai era considerado o prefeito informal de Masten, e era um político canastrão até o último fio de cabelo. Seus clientes eram seus alvos, e o que não sabiam era que, por mais bebidas que servisse por conta da casa e por mais abraços que distribuísse, ele não estava nem aí para ninguém. Aquelas pessoas não passavam de cifrões aos olhos dele. Quando servia uma bebida de graça, era porque ele sabia que eles pagariam mais duas ou três.

Embora às vezes promovêssemos patinação noite adentro e maratonas de 24 horas, o Skateland em geral fechava às dez da noite. Era então que minha mãe, meu irmão e eu começávamos a trabalhar, pescando absorventes empapados de sangue em privadas cheias de cocô, arejando a marola de maconha de ambos os banheiros, raspando chicletes repletos de bactérias do chão do rinque, limpando a cozinha do quiosque e conferindo o material. Logo antes da meia-noite, nós nos arrastávamos para a salinha quase mortos. Nossa mãe ajeitava meu irmão e eu debaixo de um cobertor no sofá, cada qual com a cabeça para um lado, enquanto o teto estremecia com o barulho de um funk carregado nos graves.

Mas o expediente de mamãe ainda não estava terminado.

Assim que ela ia para trás do bar, Trunnis a punha para trabalhar na porta ou então a fazia subir e descer feito uma mula para buscar caixotes de bebida destilada no subsolo. Sempre havia alguma tarefa a fazer, e ela não parava de andar para lá e para cá enquanto meu pai ficava vigiando tudo de um dos cantos do bar, de onde podia ver o espaço inteiro.

Naquela época, Rick James, que nascera em Buffalo e era um dos amigos mais próximos do meu pai, passava lá sempre que estava na cidade e estacionava seu Excalibur na calçada em frente ao Skateland. O carro dele era um outdoor que alertava o bairro da presença do *Superfreak*. E ele não era o único famoso a passar por lá. OJ Simpson era um dos maiores astros da liga profissional de futebol americano, e ele e seus companheiros do Buffalo Bills eram clientes assíduos, assim como Teddy Pendergrass e o grupo Sister Sledge. Se você não conhece esses nomes, dê uma pesquisada.

Se eu fosse mais velho e meu pai fosse um homem bom, eu talvez pudesse ter algum orgulho de fazer parte daquele momento cultural, mas crianças pequenas não ligam para essas coisas. Era como se, independentemente de quem sejam nossos pais e do que eles façam, todos nós nascêssemos com uma bússola moral devidamente calibrada. Uma criança de 6, 7 ou 8 anos sabe o que parece certo e o que parece muito errado. E a que nasce em meio a um furacão de terror e dor sabe que as coisas não têm que ser assim. Essa verdade fica incomodando sua mente como uma farpa. Você pode até decidir ignorá-la, mas o martelar surdo está sempre ali, ao longo de dias e noites que se confundem numa mesma lembrança confusa.

Porém algumas memórias se destacam, e a que me vem à mente agora ainda me assombra. Foi a noite em que minha mãe entrou no bar antes da hora habitual e pegou meu pai paquerando uma mulher uns dez anos mais nova do que ela. Trunnis a viu olhando e deu de ombros, enquanto minha mãe cravava os olhos nele e virava duas doses de Johnnie Walker Red Label de uma vez para se acalmar. Ele reparou na reação dela e não gostou nem um pouco.

Ela sabia como as coisas funcionavam. Sabia que Trunnis ajudava prostitutas a atravessar a fronteira até Fort Erie, no Canadá. Um chalé de verão de propriedade do presidente de um dos maiores bancos de Buffalo funcionava também como bordel improvisado. Ele apresentava os banqueiros de Buffalo às suas meninas sempre que precisava de uma linha de crédito maior, e os empréstimos eram sempre aprovados. Minha mãe sabia que a moça era uma das que trabalhavam para ele. Não era a primeira vez que a via. Em certa ocasião, já tinha surpreendido os dois no sofá da salinha do Skateland, onde punha seus filhos para dormir quase todas as noites. Quando minha mãe os flagrou juntos, a moça sorriu para ela. Trunnis deu de ombros. Não, minha mãe não era ingênua, mas ver as coisas com os próprios olhos sempre doía.

Por volta da meia-noite, minha mãe foi de carro com um dos nossos seguranças fazer um depósito no banco. Ele lhe implorou para largar meu pai. Disse a ela para ir embora naquela mesma noite. Talvez ele soubesse o que estava por vir. Talvez ela também soubesse, mas não podia fugir porque não tinha nenhum meio de subsistência próprio e não iria nos deixar com ele. Além do mais, ela não tinha direito a nenhum bem comum porque Trunnis sempre se recusara a se casar com ela, um enigma que ela estava começando a solucionar. Minha mãe vinha de uma família sólida, de classe média, e sempre fora uma mulher virtuosa. Ele se ressentia desse fato e tratava suas prostitutas melhor do que a mãe dos próprios filhos. Isso a mantinha prisioneira. Ela era cem por cento dependente e, se quisesse ir embora, sairia de mãos abanando.

Meu irmão e eu nunca dormíamos bem no Skateland. Como a salinha ficava bem debaixo da pista de dança, o teto vibrava demais. Nessa noite, quando minha mãe entrou, eu já estava acordado. Ela sorriu, mas eu reparei nas lágrimas nos seus olhos e me lembro de sentir o cheiro de uísque no seu hálito quando ela me pegou no colo com o maior carinho de que foi capaz. Meu pai entrou atrás dela, bêbado e contrariado. Ele tirou uma pistola de baixo do travesseiro no qual eu dormia (sim, você leu certo: uma arma carregada ficava embaixo do travesseiro no qual eu dormia aos 6 anos de idade!), mostrou para mim e sorriu antes de tornar a escondê-la num coldre de tornozelo, por dentro da calça. Na sua outra mão estavam duas sacolas de compras de papel pardo contendo quase 10 mil dólares em dinheiro vivo. Até ali, era uma noite como outra qualquer.

Meus pais não se falaram no caminho para casa, mas a tensão entre os dois era palpável. Minha mãe encostou em frente à nossa garagem em Paradise Road pouco antes das seis, um pouco cedo pelos nossos padrões.

Trunnis saltou cambaleando, desligou o alarme, largou o dinheiro em cima da mesa da cozinha e subiu. Nós subimos atrás, e mamãe nos pôs na cama, nos deu um beijo na testa e apagou a luz antes de ir para a suíte principal, onde o encontrou à sua espera, acariciando seu cinto de couro. Trunnis não gostava quando minha mãe olhava feio para ele, principalmente em público.

– Este cinto veio lá do Texas só para bater em você – disse ele com toda a calma.

E então começou a brandi-lo, com a fivela para a frente. Às vezes minha mãe revidava, e nessa noite ela fez isso. Jogou um castiçal de mármore na cabeça dele. Ele se esquivou e o castiçal bateu na parede. Ela correu para o banheiro, se trancou e se sentou toda encolhida na privada. Ele derrubou a porta a pontapés e a esbofeteou com força usando as costas da mão. A cabeça dela foi arremessada contra a parede. Ela estava praticamente desacordada quando ele a segurou por um tufo de cabelos e a arrastou pelo corredor.

Àquela altura meu irmão e eu já tínhamos escutado a violência, e o vimos arrastá-la escada abaixo até o térreo e se agachar por cima dela com o cinto na mão. Ela sangrava na têmpora e na boca, e a visão do sangue da minha mãe acendeu um pavio dentro de mim. Nesse instante, meu ódio superou meu medo. Desci a escada correndo e pulei nas costas dele, soquei suas costas com meus punhos minúsculos e arranhei seus olhos. Como o peguei de surpresa, ele caiu apoiado num dos joelhos. Comecei a gritar com ele:

– Não bate na minha mãe!

Ele me jogou no chão, andou até mim a passos firmes, com o cinto na mão, então se virou para minha mãe.

– Você está criando um bandidinho – falou com um meio sorriso.

Eu me encolhi todo quando ele começou a me bater com o cinto. Dava para sentir os lanhos surgindo nas minhas costas enquanto minha mãe engatinhava até o painel de controle perto da porta da frente. Ela apertou o botão de pânico, e o alarme começou a tocar na casa inteira. Meu pai congelou, olhou para o teto, enxugou a testa na manga da camisa, inspirou fundo, passou o cinto pelo cós da calça e o afivelou. Então subiu para se lavar de toda aquela maldade e todo aquele ódio. Ele sabia que a polícia estava a caminho.

O alívio da minha mãe não durou muito. Quando a polícia chegou, Trunnis foi receber os agentes na porta. Eles olharam por cima do ombro dele para minha mãe, que estava vários passos atrás, com o rosto inchado e todo sujo de sangue seco. Só que aqueles eram outros tempos. Naquela época não havia movimento #MeToo. Esse tipo de coisa não existia, e eles a ignoraram. Trunnis lhes disse que aquilo tudo não passava de uma bobagem. Só um pouco de disciplina doméstica necessária.

– Olhem para esta casa. Parece que eu maltrato a minha esposa? – perguntou ele. – Compro casacos de pele para ela, anéis de diamante, dou um duro danado para dar a ela tudo que quer, e ela joga um castiçal de mármore na minha cabeça. Essa mulher é uma mimada.

Os agentes riram junto com meu pai enquanto ele os acompanhava até a viatura. Eles foram embora sem perguntar nada à minha mãe. Ele não tornou a bater nela nessa manhã. Nem precisou. O dano psicológico estava feito. Daquele ponto em diante, ficou claro para nós que a temporada de caça estava aberta e a presa éramos nós.

Ao longo do ano seguinte, nossa rotina não mudou muito, e as surras continuaram enquanto minha mãe tentava encobrir a escuridão com retalhos de luz. Como sabia que eu queria ser escoteiro, ela me matriculou num grupo perto de casa. Ainda me lembro de vestir aquela camisa de botão azul-marinho dos Lobinhos, num sábado de manhã. Senti orgulho por estar de uniforme e por saber que pelo menos por algumas horas poderia fingir ser um menino normal. Minha mãe sorria enquanto nos dirigíamos até a porta. O meu orgulho e o sorriso dela não eram só por causa dos Lobinhos. Eles vinham de um lugar mais profundo. Estávamos tomando uma atitude para encontrar algo de positivo numa situação sombria. Aquilo era uma prova de que nós importávamos e de que não éramos completamente indefesos.

Foi então que meu pai chegou em casa do Salão Escarlate.

– Aonde vocês dois estão indo? – perguntou ele, me encarando com raiva.

Baixei os olhos. Minha mãe pigarreou.

– Vou levar o David ao seu primeiro encontro dos Lobinhos – respondeu baixinho.

– Não vai ter encontro de Lobinho nenhum hoje, não! – disse ele. Ergui os olhos e, ao ver meus olhos marejados, ele riu. – Nós vamos às corridas.

Em menos de uma hora já tínhamos chegado a Batavia Downs, uma pista de corridas de cavalos das antigas, daquelas em que os jóqueis ficam atrás dos cavalos em carroças leves. Assim que entramos pelo portão, meu pai pegou uma folha de apostas. Nós três passamos horas vendo-o fazer aposta atrás de aposta, fumar um cigarro atrás do outro, beber uísque e surtar quando nenhum dos cavalos nos quais apostara chegava na frente. Enquanto meu pai esbravejava com os deuses da hípica e fazia papel de bobo, eu tentava me tornar o menor possível toda vez que alguém passava, mas mesmo assim me destacava. Era a única criança nas arquibancadas vestida de Lobinho. Devia ser o primeiro Lobinho preto que aquelas pessoas já tinham visto, e meu uniforme era uma mentira. Eu era um farsante.

Trunnis perdeu milhares de dólares nesse dia e não parou de reclamar no caminho de volta para casa, com a voz rouca por causa da garganta irritada pela nicotina. Meu irmão e eu estávamos apertados no banco de trás, e toda vez que ele escarrava pela janela um pouco do catarro voltava na minha cara. Cada gota daquela saliva repugnante na minha pele queimava como se fosse veneno, intensificando meu ódio. Eu já tinha aprendido tempos antes que a melhor forma de evitar uma surra era me tornar o mais invisível que conseguisse, desviar o olhar, flutuar para fora do meu corpo e torcer para não chamar atenção. Essa era uma prática que todos nós tínhamos aperfeiçoado ao longo dos anos, mas eu não queria mais fazer isso. Estava farto de me esconder do Diabo. Nessa tarde, ao entrar na rodovia e pegar o caminho de casa, ele não parava de vociferar, e eu o encarei com fúria do banco de trás. Você já ouviu a expressão "A fé supera o medo"? Para mim, foi "O ódio supera o medo".

Ele cruzou olhares comigo no espelho retrovisor.

– Está querendo me dizer alguma coisa?! – perguntou.

– A gente não deveria mesmo ter ido às corridas – falei.

Meu irmão se virou para mim e me encarou como se eu tivesse enlouquecido. Minha mãe se remexeu no assento.

– Repete isso daí.

As palavras dele saíram lentas, escorrendo ameaça. Como eu não disse mais nada, ele começou a esticar o braço para trás tentando me bater. Mas eu era tão pequeno que foi fácil me esconder. O carro sambava de um lado para o outro enquanto ele se virava parcialmente na minha direção e socava o ar. Mal conseguiu encostar em mim, o que só fez atiçar sua ira. Seguimos em silêncio até ele conseguir recuperar o fôlego.

– Quando a gente chegar em casa você vai tirar a roupa – falou.

Era o que ele dizia quando estava pronto para me dar uma surra, e não havia como fugir. Fiz o que ele tinha mandado. Fui até o meu quarto, tirei a roupa, desci o corredor até o quarto dele, fechei a porta depois de entrar, apaguei a luz e deitei de bruços na beirada da cama com as pernas penduradas, o tronco estendido para a frente e o traseiro exposto. Era esse o protocolo, e ele o havia criado para infligir o máximo de dor física e psicológica possível.

As surras costumavam ser brutais, mas a expectativa era a pior parte. Eu não conseguia ver a porta atrás de mim e ele se demorava, para aumentar minha apreensão. Quando eu o ouvia abrir a porta, meu pânico chegava ao ápice. Até o quarto era tão escuro que não dava para ver muita coisa no meu campo de visão periférica, por isso eu não conseguia me preparar para a primeira cintada até que o couro cantasse na minha pele. E nunca eram só duas ou três cintadas. Como não havia nenhuma contagem especial, nunca sabíamos quando ou se ele iria parar.

Aquela surra durou vários minutos. Ele começou dando com o cinto na minha bunda, mas ardia tanto que eu a protegi com as mãos, então ele desceu e começou a bater nas minhas coxas. Quando baixei as mãos para as coxas ele começou a bater na base das minhas costas. Me deu dezenas de cintadas, e quando acabou estava sem fôlego, tossindo e encharcado de suor. Eu também estava ofegante, mas não chorava. A maldade dele era real demais, e meu ódio me dava coragem. Eu me recusei a dar àquele homem mau a satisfação de me ver chorar. Só me levantei, encarei o Diabo nos olhos, voltei mancando para o meu quarto e fiquei parado diante do espelho. Estava todo lanhado, do pescoço até a dobra dos joelhos. Faltei vários dias à escola.

Quando você sempre apanha, perde a esperança. Você sufoca suas emoções, mas o trauma se manifesta de formas inconscientes. Depois de já ter testemunhado e levado várias surras, essa em especial fez minha mãe começar a viver numa névoa constante, uma sombra pálida da mulher que eu recordava dos anos anteriores. Passava a maior parte do tempo distante e alheia, a não ser quando ele chamava o seu nome – então ela se levantava num pulo e ia até ele, como se fosse sua escrava. Só vim a saber anos depois que estava pensando em se matar.

Meu irmão e eu descontávamos nossa dor um no outro. Ficávamos sentados ou em pé, um de frente para o outro, e ele me socava com toda a força. Em geral começava como uma brincadeira, mas ele era quatro anos mais velho, muito mais forte, e me batia com vontade. Toda vez que eu caía, eu me levantava e ele me batia outra vez, com a maior força possível, berrando a plenos pulmões feito um lutador de artes marciais, o rosto contorcido de raiva.

– Nem está doendo! É só isso que você consegue fazer? – eu gritava de volta.

Queria que ele soubesse que eu era capaz de suportar mais dor do que ele conseguia infligir, mas, quando chegava a hora de dormir e não havia mais batalhas a lutar nem onde me esconder, eu fazia xixi na cama. Quase toda noite.

Cada dia da minha mãe era uma aula de sobrevivência. Ela escutava tantas vezes que não valia nada que começou a acreditar nisso. Tudo que fazia era um esforço de aplacar meu pai para que ele não surrasse os filhos dela nem a espancasse com o cinto, mas havia armadilhas invisíveis em seu mundo, e às vezes ela nem chegava a saber por que ele a havia estapeado até deixá-la tonta. Em outros momentos ela sabia que estava se preparando para uma surra violenta.

Um dia, cheguei em casa mais cedo da escola com uma baita dor de ouvido e me deitei no lado da minha mãe na cama dos meus pais, com o ouvido esquerdo latejando com uma dor lancinante. A cada latejar, meu ódio aumentava. Eu sabia que não iria ao médico, pois meu pai não gostava de gastar seu dinheiro com médicos ou dentistas. Não tínhamos plano de saúde, pediatra nem dentista. Quando nos machucávamos ou ficávamos doentes, ele nos dizia para melhorar logo, porque não ia pagar nada que não beneficiasse diretamente Trunnis Goggins. Nossa saúde não atendia a esse critério, e isso me dava raiva.

Meia hora depois, minha mãe subiu para ver como eu estava e, quando me virei, ela viu que havia sangue escorrendo pela lateral do meu pescoço e que eu tinha sujado todo o travesseiro.

– Chega – disse ela. – Vem comigo.

Ela me tirou da cama, me vestiu e me ajudou a ir até o carro, mas, antes que conseguisse ligar o motor, meu pai saiu de casa correndo atrás de nós.

– Para onde vocês pensam que vão?!

– Para o pronto-socorro – disse ela, girando a chave na ignição.

Ele estendeu a mão para tentar abrir a porta, mas ela saiu com o carro primeiro, deixando-o para trás. Enfurecido, ele entrou pisando firme, bateu a porta de casa e chamou meu irmão.

– Filho, me traz um Johnnie Walker!

Trunnis Júnior foi até o bar e pegou uma garrafa de Red Label e um copo. Serviu várias doses e ficou vendo meu pai virar uma atrás da outra, colocando mais lenha na fogueira.

– Você e o David precisam ser fortes! – esbravejava ele. – Não vou criar um bando de homossexuais! E é isso que vocês vão virar se forem ao médico toda vez que tiverem um machucadinho, entendeu? – Meu irmão aquiescia, petrificado. – Seu sobrenome é Goggins, e nós não ficamos de frescura!

Segundo os médicos que nos atenderam nessa noite, minha mãe me levou ao pronto-socorro bem a tempo. Minha infecção de ouvido era tão grave que, se tivéssemos esperado mais tempo, eu teria perdido para sempre a audição do ouvido esquerdo. Ela havia se arriscado para me salvar, e ambos sabíamos que iria pagar caro por isso. Voltamos para casa num silêncio aterrorizado.

Meu pai ainda estava fumegando na mesa da cozinha quando entramos na Paradise Road e meu irmão continuava a lhe servir uísque. Trunnis Júnior tinha medo do nosso pai, mas também o idolatrava e era fascinado por ele. Por ser o primogênito, era mais bem tratado. Trunnis também batia nele, só que em sua mente distorcida Trunnis Júnior era o seu príncipe.

– Quando você crescer vou querer que seja o homem da sua casa – disse a ele. – E hoje à noite você vai ver o que é ser homem.

Instantes depois de entrarmos por aquela porta, Trunnis deixou minha mãe desacordada de tanta pancada, mas meu irmão não conseguiu assistir. Sempre que as surras explodiam feito uma tempestade no céu, ele ia para o quarto e esperava aquilo passar. Como a verdade era difícil demais de suportar, ele ignorava a escuridão. Eu sempre prestava muita atenção.

Durante o verão, não tínhamos descanso de Trunnis durante a semana, porém meu irmão e eu aprendemos a subir em nossas bicicletas e ficar longe pelo máximo de tempo possível. Um dia, cheguei em casa para almoçar e entrei pela garagem como sempre fazia. Como meu pai em geral dormia até bem depois do meio-dia, imaginei que a barra estivesse limpa. Estava enganado. Meu pai era paranoico. Fazia negociatas escusas e arrumava inimigos. Por isso tinha acionado o alarme depois de eu e meu irmão sairmos.

Quando abri a porta, o alarme começou a tocar e senti um frio na barriga. Gelei, colei as costas na parede e apurei os ouvidos para escutar passos. Ouvi a escada ranger e entendi que estava muito encrencado. Ele desceu usando seu roupão felpudo marrom, com a pistola em riste, e atravessou a sala de jantar e a de estar com a arma apontada para a frente. Pude ver o cano da pistola surgir lentamente pela quina.

Assim que dobrou a quina, ele me viu em pé a menos de 10 metros de distância e não baixou a arma. Apontou-a bem para o meio da minha testa. Sustentei seu olhar, com a expressão mais vazia possível e os pés fincados nas tábuas do piso. Não havia mais ninguém em casa, e parte de mim pensava que ele ia puxar o gatilho, mas àquela altura da vida não me importava mais se iria viver ou morrer. Era um menino de 8 anos exausto, simplesmente cansado de ser aterrorizado pelo meu pai e também farto do Skateland. Depois de um ou dois minutos, ele baixou a pistola e tornou a subir.

Àquela altura já estava ficando evidente que alguém em Paradise Road iria morrer. Minha mãe sabia onde Trunnis guardava seu .38. Às vezes ela o cronometrava e o seguia, imaginando como a situação iria se desenrolar. Eles usariam carros diferentes para ir ao Skateland, ela pegaria a arma debaixo das almofadas do sofá da salinha antes de ele chegar, nos levaria para casa mais cedo, nos poria na cama e ficaria esperando por ele junto à porta da frente com o revólver dele em punho. Quando ele chegasse, ela sairia pela porta da frente e o mataria na frente de casa, deixando seu corpo para o leiteiro encontrar. Meus tios, irmãos dela, a convenceram a desistir desse plano, mas concordaram que ela precisava tomar alguma medida drástica, senão o corpo estendido na calçada seria o dela.

Quem lhe mostrou o caminho foi uma antiga vizinha. Betty tinha morado em frente à nossa casa, do outro lado da rua, e depois de se mudar elas mantiveram contato. Tinha vinte anos a mais do que a minha mãe e uma sabedoria condizente com a sua idade. Ela incentivou minha mãe a planejar sua fuga com semanas de antecedência. O primeiro passo era conseguir um cartão de crédito em seu nome. Isso significava que ela precisava reconquistar a confiança de Trunnis, pois precisava de sua assinatura. Betty também lembrou à minha mãe que era preciso manter a amizade das duas em segredo.

Durante algumas semanas, Jackie enganou Trunnis e o tratou como costumava tratar quando era uma beldade de 19 anos e olhos brilhantes. Ela o fez acreditar que o venerava outra vez e, quando pôs um formulário de cartão de crédito na sua frente, ele lhe disse que ficaria feliz em lhe dar um pequeno poder de compra. Quando o cartão chegou pelo correio, minha mãe tateou suas bordas de plástico duro por cima do envelope enquanto sentia o alívio inundar a sua mente. Segurou-o com o braço esticado e o admirou. O cartão reluzia feito um bilhete de loteria premiado.

Poucos dias mais tarde, ela ouviu meu pai se referindo a ela desrespeitosamente ao telefone com um dos amigos enquanto ele tomava café da manhã com meu irmão e eu na mesa da cozinha. Foi a gota d'água. Ela chegou perto da mesa e disse:

– Eu vou largar o seu pai. Vocês dois podem ficar ou vir comigo.

Meu pai parecia tão chocado que ficou sem palavras. Meu irmão também. Mas eu me levantei daquela cadeira como se o assento estivesse em chamas, peguei uns sacos de lixo pretos e subi para começar a arrumar minhas coisas. Depois de um tempo, meu irmão começou a arrumar as dele também. Antes de sairmos, nós quatro ainda nos encontramos uma vez em volta daquela mesa na cozinha. Trunnis fuzilou minha mãe com o olhar tomado pelo choque e pelo desprezo.

– Você não tem nada e não é nada sem mim – disse ele. – Não tem instrução, dinheiro ou qualquer perspectiva. Vai virar prostituta em menos de um ano.

Ele então fez uma pausa e mudou o foco para meu irmão e eu:

– Vocês vão virar dois gays quando crescerem. E nem pense em voltar, Jackie. Cinco minutos depois de você sair eu já vou ter outra mulher aqui para ocupar seu lugar.

Ela assentiu e se levantou. Tinha lhe dado sua juventude, sua própria alma, e finalmente chegara ao limite. Levou consigo o mínimo possível do passado. Deixou os casacos de pele e os anéis de brilhante. Por ela, ele poderia dá-los para a nova namorada.

Trunnis nos observou colocar nossas coisas no Volvo da minha mãe (o único carro de propriedade dele no qual se recusava a andar), nossas bicicletas já presas na traseira. Saímos devagar, e no início ele não se mexeu, mas antes de dobrarmos a esquina pude vê-lo se mover em direção à garagem. Minha mãe pisou fundo no acelerador.

É preciso lhe dar crédito: ela havia se planejado. Já imaginava que ele fosse segui-la, então não seguiu para o oeste em direção à interestadual que nos levaria para a casa de seus pais em Indiana. Não, ela foi para a casa de Betty, no final de uma viela de terra batida da qual meu pai nem tinha conhecimento. Betty já estava com a porta da garagem aberta quando chegamos. Entramos com o carro. Betty fechou a porta da garagem com um tranco e, enquanto meu pai passava a toda na rodovia em seu Corvette para ir atrás de nós, ficamos aguardando bem debaixo do seu nariz até pouco antes do anoitecer. Àquela hora sabíamos que ele estaria no Skateland abrindo as portas. Não iria perder a oportunidade de ganhar dinheiro, não importava o que acontecesse.

Tudo começou a dar errado pouco menos de 150 quilômetros depois de sairmos de Buffalo, quando o velho Volvo começou a queimar óleo. Nuvens imensas de fumaça preta feito tinta saíam pelo cano de descarga, e minha mãe entrou em pânico. Era como se até ali tivesse se segurado, guardando seu medo bem fundo dentro de si, escondido por trás de uma máscara de autocontrole forçado, até um obstáculo surgir e ela desmoronar. Lágrimas escorriam pelo seu rosto.

– O que é que eu faço? – perguntou ela com os olhos arregalados feito dois pires.

Meu irmão, que nunca quisera mesmo ir embora, disse-lhe para voltar. Eu estava no banco do carona. Ela olhou para mim com ar de expectativa:

– O que é que eu faço?

– A gente tem que ir embora, mãe – falei. – Mãe, a gente tem que ir.

Ela encostou num posto de gasolina no meio do nada. Histérica, correu até um telefone público e ligou para Betty.

– Betty, eu não consigo – disse ela. – O carro quebrou. Preciso voltar!

– Onde você está? – perguntou Betty com calma.

– Eu não sei – respondeu minha mãe. – Não tenho a menor ideia de onde estou!

Betty lhe disse para procurar um frentista e passar o telefone para ele.

Ele lhe explicou que estávamos logo depois de Erie, na Pensilvânia, e, depois de Betty lhe dar algumas instruções, ele tornou a passar o telefone para minha mãe.

– Jackie, tem uma concessionária da Volvo em Erie. Encontre um hotel para passar a noite e leve o carro lá amanhã de manhã. O frentista vai pôr óleo suficiente no carro para você conseguir chegar.

Apesar de estar escutando, minha mãe não reagiu.

– Jackie! Está me ouvindo? Faça o que estou dizendo e vai ficar tudo bem.

– Tá. Tudo bem – sussurrou ela, emocionalmente esgotada. – Hotel. Concessionária da Volvo. Entendido.

Não sei como Erie é agora, mas na época a cidade só tinha um hotel decente, um Holiday Inn não muito longe da concessionária da Volvo. Meu irmão e eu seguimos minha mãe até o balcão da recepção, onde fomos recebidos com mais notícias ruins. Eles não tinham quartos disponíveis. Os ombros da minha mãe afundaram. Meu irmão e eu ficamos parados com ela no meio, segurando as roupas dentro de sacos de lixo pretos. Éramos um retrato do desespero, e o gerente noturno do hotel percebeu.

– Olhe, vou instalar umas camas de armar para vocês no auditório – disse ele. – Lá tem banheiro, mas vocês precisam sair cedo porque teremos uma conferência que vai começar às nove da manhã.

Agradecidos, fomos dormir naquele auditório com carpete industrial e luzes fluorescentes, nosso purgatório particular. Estávamos foragidos e exaustos, mas minha mãe não tinha desistido. Ela se deitou e ficou olhando o revestimento do teto até pegarmos no sono. Então saiu de fininho e foi para um café ao lado do hotel para passar a noite inteira ansiosamente de olho nas nossas bicicletas e na estrada.

Estávamos esperando na frente da tal concessionária da Volvo antes de a oficina abrir, o que deu aos mecânicos justo o tempo suficiente para conseguir a peça de que precisávamos e nos pôr de volta na estrada antes do fim do dia. Saímos de Erie quando o sol estava se pondo e passamos a noite inteira viajando, até chegarmos, oito horas depois, à casa dos meus avós em Brazil, Indiana. Minha mãe chorou ao estacionar ao lado da casinha de madeira antes de o dia raiar, e eu entendi por quê.

Nossa chegada parecia importante, tanto na ocasião quanto agora. Eu ainda tinha só 8 anos, mas já estava entrando numa segunda fase da vida.

Não sabia o que me aguardava, o que aguardava nós três naquela cidadezinha rural do sul do estado de Indiana, e não estava muito preocupado. Tudo que sabia era que tínhamos conseguido escapar do inferno, e pela primeira vez na vida estávamos livres do Diabo em pessoa.

Passamos os seis meses seguintes com meus avós, e eu me matriculei pela segunda vez no segundo ano. Fui estudar numa escola católica das redondezas chamada Anunciação. Eu era o único aluno de 8 anos na turma, mas nenhuma das outras crianças sabia que eu estava repetindo de ano – e não havia a menor dúvida de que eu precisava. Eu mal sabia ler, mas tive a sorte de ter Irmã Katherine como professora. Baixinha e miúda, tinha 60 anos e um dente de ouro na frente. Apesar de ser freira, não usava hábito. Era também resmungona e não tolerava papo furado, e eu adorava essa atitude.

Segundo ano do fundamental em Brazil, Indiana

Anunciação era uma escola pequena. Irmã Katherine dava aula para o primeiro e segundo ano juntos, na mesma sala, e com apenas dezoito alunos não estava disposta a se furtar da própria responsabilidade e culpar minhas dificuldades acadêmicas ou o mau comportamento de qualquer um para justificar problemas emocionais ou de aprendizagem. Ela não conhecia a minha história pregressa. Nem precisava. Só se importava com o fato de eu ter aparecido na porta dela com um nível escolar de jardim de infância, e sua tarefa era moldar a minha mente. Ela tinha todas as desculpas do mundo para me despachar para algum especialista ou me rotular de aluno-problema, mas esse não era o seu estilo. Começara a lecionar antes de ser normal rotular crianças e personificava a mentalidade de que eu precisava para correr atrás do prejuízo: nada de desculpas.

Irmã Katherine é o motivo pelo qual eu nunca confio num sorriso nem julgo uma cara feia. Meu pai sorria o tempo todo e não dava a mínima para mim, mas Irmã Katherine era ranzinza e se importava com todo mundo. Ela se importava comigo. Queria que fôssemos a nossa melhor versão de nós mesmos. E eu sei disso porque ela demonstrava isso passando tempo a mais comigo, quanto fosse preciso, até eu aprender todas as lições. Antes do fim do ano, eu já estava conseguindo ler num nível de segundo ano. Trunnis Júnior não se adaptou tão bem. Em poucos meses, meu irmão estava de volta a Buffalo, colado no meu pai e trabalhando no Skateland como se nunca tivesse saído de lá.

A essa altura nós já tínhamos nos mudado para nossa própria casa: um apartamento de 56 metros quadrados e dois quartos em Lamplight Manor, um quarteirão de moradias populares, que nos custava 7 dólares por mês. Meu pai, que ganhava milhares de dólares toda noite, mandava a cada três ou quatro semanas (se tanto) 25 dólares a título de pensão, enquanto minha mãe não chegava a ganhar mil dólares por mês com seu emprego numa loja de departamentos. Nas horas vagas, ela fazia cursos na Universidade Estadual de Indiana, o que também custava dinheiro. Como tínhamos rombos no orçamento, minha mãe se inscreveu no auxílio do governo e recebia por mês 123 dólares mais vales-alimentação. Deram-lhe um cheque no primeiro mês, mas, quando descobriram que ela tinha carro, a desqualificaram, explicando que, se ela vendesse o carro, eles ficariam felizes em ajudar.

O problema era que nós morávamos numa cidadezinha rural com uma população de cerca de 8 mil habitantes e sem sistema de transporte público. Precisávamos daquele carro para eu poder chegar à escola e para ela ir trabalhar e estudar à noite. Ela estava decidida a mudar sua situação de vida e encontrou um jeito de contornar a questão por meio do programa de Auxílio a Crianças Dependentes. Organizou tudo de modo que o cheque fosse pago à nossa avó, que lhe repassava o dinheiro, mas isso não tornou a vida fácil. E 123 dólares não davam para quase nada mesmo...

Lembro-me perfeitamente de uma noite em que estávamos tão duros que voltamos para casa com o tanque de gasolina quase seco e nos deparamos com uma geladeira vazia e uma conta de luz vencida. Não tínhamos dinheiro nenhum no banco. Então lembrei que tinha dois potes de conserva cheios de moedas. Peguei os potes na prateleira.

– Mãe, vamos contar nossos trocados!

Ela sorriu. Quando menina, seu pai lhe ensinara a catar as moedinhas que achasse na rua. Meu avô fora moldado pela Grande Depressão e sabia o que era ficar na pior. "Nunca se sabe quando se pode precisar", dizia ele. Quando morávamos no inferno e levávamos para casa milhares de dólares todas as noites, a ideia de que algum dia o dinheiro fosse acabar soava ridícula, porém minha mãe mantivera seu hábito de criança. Trunnis costumava ridicularizá-la por isso, mas agora era hora de ver o que dava para comprar com aquele dinheiro encontrado.

Despejamos os trocados no chão da sala e contamos dinheiro suficiente para pagar a conta de luz, encher o tanque e ir ao mercado. Deu até para comprar hambúrgueres no Hardee's a caminho de casa. Eram tempos sombrios, mas estávamos nos virando, mal e mal. Minha mãe sentia uma saudade terrível de Trunnis Júnior, mas ficava satisfeita por eu estar me adaptando e fazendo amizades. Eu tivera um ano bom na escola, e desde nossa primeira noite em Indiana não tinha feito xixi na cama nenhuma vez. Parecia estar me curando, mas meus demônios não tinham desaparecido. Eles estavam adormecidos. E quando voltaram foi com força total.

O terceiro ano do ensino fundamental foi um choque para mim. Não apenas porque tínhamos que aprender escrita cursiva enquanto eu ainda estava me acostumando a ler em letras de fôrma, mas porque nossa professora, a Sra. D, não se parecia em nada com Irmã Katherine. Nossa turma continuava pequena, umas vinte crianças ao todo, divididas entre o terceiro e o quarto ano, mas ela não lidava tão bem com os alunos nem estava interessada em dedicar o tempo extra de que eu precisava.

Meus problemas começaram com a prova padronizada que fizemos na primeira ou segunda semana de aula. Minha nota foi horrível. Eu ainda estava muito atrás dos outros e tinha dificuldade para me lembrar das aulas de poucos dias antes, quanto mais dos anos anteriores. Irmã Katherine considerava esses problemas indícios de que deveria dedicar mais tempo ao seu pior aluno e me desafiava diariamente. Já a Sra. D logo procurou um jeito de tirar o corpo fora. Antes de completar o primeiro mês de aula, ela disse à minha mãe que eu deveria ir para outra escola. Uma escola para "alunos especiais".

Toda criança sabe o que significa "especial". Significa que você está prestes a ser estigmatizado pelo resto da vida. Significa que você não é normal. A simples ameaça bastou como gatilho, e eu desenvolvi uma gagueira praticamente da noite para o dia. O fluxo entre meu raciocínio e minha dicção ficou emperrado por causa do estresse e da ansiedade, e ficava pior do que nunca na escola.

Imagine ser o único aluno preto da turma, da escola inteira, e suportar a humilhação diária de ser também o mais burro. Era como se tudo que eu tentasse fazer ou dizer fosse errado, e a coisa ficou tão feia que, em vez de responder e travar feito um disco arranhado toda vez que a professora chamava meu nome, eu muitas vezes preferia ficar calado. O mais importante era limitar a exposição para preservar o pouco de reputação que me restava.

A Sra. D nem sequer tentava ter um pouco de empatia. Ela reagia direto com frustração, que externava gritando comigo, às vezes inclinada, com a mão no encosto da minha cadeira e o rosto a poucos centímetros do meu. Não fazia ideia da caixa de Pandora que estava arrombando. A escola já tinha sido um porto seguro, o único lugar onde eu sabia que não poderia ser ferido, mas em Indiana ela se metamorfoseou na minha câmara de tortura.

A Sra. D me queria fora da sua sala de aula, e a direção a apoiou até minha mãe lutar por mim. O diretor aceitou me manter matriculado contanto que minha mãe concordasse em me levar a uma fonoaudióloga e me pôr em terapia de grupo com um psicólogo da região recomendado pela escola.

O consultório do psicólogo ficava ao lado de um hospital, que era mesmo o lugar ideal se você quisesse fazer uma criança duvidar de si mesma. Era como um filme ruim. O psicólogo arrumava sete cadeiras num semicírculo à sua volta, mas algumas crianças não queriam ou não conseguiam permanecer sentadas quietas. Tinha um menino de capacete que ficava batendo com a cabeça na parede. Outro se levantou quando o psicólogo estava no meio de uma frase, foi até um canto mais afastado da sala e fez xixi na lixeira. O menino sentado ao meu lado era a pessoa mais normal do grupo, e ele tinha colocado fogo na própria casa! Lembro-me de encarar o psicólogo nesse primeiro dia e pensar: *Não tem como isto aqui ser o meu lugar.*

Essa experiência fez minha ansiedade social ir às alturas. Minha gagueira fugiu ao controle. Meus cabelos começaram a cair e manchas brancas surgiram na minha pele escura. O médico me diagnosticou como um caso de TDAH e receitou Ritalina, mas meus problemas eram mais complicados que isso.

Eu estava sofrendo de estresse tóxico.

Já ficou provado que o tipo de abuso físico e emocional ao qual fui exposto tem toda uma gama de efeitos colaterais em crianças pequenas, pois nos primeiros anos nosso cérebro cresce e se desenvolve muito depressa. Se durante esses anos seu pai for um homem mau decidido a destruir todo mundo dentro de casa, o estresse dispara e, quando esses disparos acontecem com frequência suficiente, é possível unir os picos com uma linha. E ela vira sua nova linha de base. Isso deixa as crianças num permanente estado de "luta ou fuga". Fugir ou lutar pode ser uma ótima ferramenta quando se está em perigo, porque prepara você para combater ou sair correndo para longe, só que não é possível viver assim o tempo todo.

Não sou o tipo de cara que tenta explicar tudo com dados científicos, mas fatos são fatos. Já li que, segundo alguns pediatras, o estresse tóxico causa mais danos às crianças do que a paralisia infantil ou a meningite. Eu sei por experiência própria que ele conduz a dificuldades de aprendizagem e ansiedade social, porque, segundo os médicos, limita o desenvolvimento da linguagem e da memória, o que torna difícil até mesmo para o mais talentoso dos alunos lembrar o que já aprendeu.

Num contexto de longo prazo, crianças como eu enfrentam um risco aumentado de depressão clínica, doenças cardíacas, obesidade e câncer, sem falar em tabagismo, alcoolismo e abuso de drogas. Pessoas criadas em lares abusivos têm 53% mais chances de ser presas por delinquência juvenil. Suas chances de cometer um crime violento na idade adulta aumentam em 38%. Eu era a personificação daquela expressão genérica que todos nós já escutamos: "jovem em situação de risco". Não era minha mãe quem estava criando um bandidinho. É só olhar os números e fica bem claro: se alguém me pôs no caminho da destruição, essa pessoa foi Trunnis Goggins.

Não fiquei muito tempo na terapia de grupo e tampouco tomei Ritalina. Minha mãe foi me buscar depois da minha segunda sessão, e eu me sentei no banco do carona com um olhar perdido.

– Eu não vou voltar aqui, mãe – falei. – Esses meninos são doidos.

Ela concordou.

Mas eu continuava sendo um menino problemático e, embora existam intervenções de valor comprovado em relação à melhor forma de ensinar e lidar com crianças que sofrem de estresse tóxico, é justo dizer que a Sra. D não sabia nada sobre isso. Não posso culpá-la pela própria ignorância. A ciência nos anos 1980 não era tão clara quanto hoje. Tudo que sei é que Irmã Katherine batalhou nas trincheiras com a mesma criança problemática com a qual a Sra. D teve que lidar, mas manteve as expectativas altas e não se deixou dominar pela própria frustração. A mentalidade dela era: *Olhe aqui, cada um aprende de um jeito, e nós vamos entender qual é o seu jeito de aprender*. Ela deduziu que eu precisava de repetição. Que precisava resolver os mesmos problemas várias e várias vezes de forma diferente para aprender, e sabia que isso levava tempo. Já a Sra. D só pensava em produtividade. Ela estava dizendo: *Ou você acompanha a turma, ou sai*. Enquanto isso, eu me sentia encurralado. Sabia que, se não demonstrasse algum progresso, acabaria despachado de uma vez por todas para o tal buraco negro *especial*, então arrumei uma solução.

Comecei a colar.

Estudar era difícil, principalmente com meu cérebro prejudicado, mas para colar eu tinha talento. Copiava o dever dos amigos e espiava o trabalho dos outros durante as provas. Cheguei a copiar as respostas em provas padronizadas que não tinham impacto algum nas minhas notas. Deu certo! Meu resultado nas provas aplacou a Sra. D e minha mãe parou de receber ligações da escola. Achei que tivesse resolvido o problema, quando na verdade estava criando outros ao escolher o caminho de menor resistência. Meu mecanismo de adaptação só fazia confirmar que eu jamais aprenderia porcaria nenhuma na escola e que jamais recuperaria meu atraso, o que me empurrou ainda mais para um destino de fracasso.

A única salvação desses primeiros anos em Brazil foi que eu era jovem demais para entender o tipo de preconceito que em breve teria que encarar na minha nova cidade caipira. Toda vez que é *o único* do seu tipo, você corre o risco de ser empurrado para as margens, de ser alvo de desconfiança e descaso, de sofrer bullying e maus-tratos nas mãos de gente ignorante. É simplesmente assim que a vida é, principalmente naquela época, e quando essa realidade cravou os dentes na minha jugular, minha vida já tinha se transformado num biscoito da sorte repetitivo. Sempre que eu o abria, o recado era o mesmo:

Você nasceu para fracassar!

## DESAFIO Nº 1

Tive azar muito cedo na vida e demorei um tempo para transformar isso, mas todo mundo é desafiado pela vida em algum momento. Qual é a sua limitação? Com que tipo de problema você tem que lidar? Você apanha? Sofre abuso? Sofre bullying? Alguma vez sente insegurança? Talvez seu fator limitante seja ter tido uma criação com tanto apoio e tanto conforto que nunca se esforça para superar os próprios limites?

Quais são os fatores que atualmente limitam seu crescimento e seu sucesso? Alguém está no seu caminho no trabalho ou nos estudos? Sente que não valorizam ou rejeitam você quando as oportunidades surgem? Quais são as maiores dificuldades que você está enfrentando neste exato momento? Será que é você quem está atrapalhando o próprio caminho?

Comece a escrever o próprio diário – se não tiver, compre um ou escreva no seu laptop, no tablet ou no smartphone – e anote minuciosamente todos os fatores limitantes que enfrenta hoje. Não se acanhe na hora de fazer esse exercício. Eu lhe mostrei toda a minha roupa suja. Se alguém machucou você ou se ainda estiver correndo perigo, conte a história completa. Dê forma à sua dor. Absorva o poder dela, porque você está prestes a virar essa dor do avesso.

Você vai usar a sua história, essa lista de desculpas, esses motivos muito bons pelos quais não deveria ser ninguém na vida para alimentar seu sucesso final. Não parece divertido, né? É, não vai ser mesmo. Mas não se preocupe com isso ainda. Chegaremos lá. Por enquanto, apenas faça a lista.

Quando tiver sua lista, compartilhe-a com quem quiser. Para algumas pessoas, isso pode significar entrar nas redes sociais, postar uma foto e escrever algumas linhas sobre como seu passado ou sua situação atual as estão desafiando até as profundezas da sua alma. Se esse for o seu caso, use as hashtags #badhand #canthurtme [limitações; Nada pode me ferir]. Se não, reconheça e aceite a lista de modo reservado. Faça o que funcionar melhor para você. Sei que é difícil, mas esse ato por si só já vai começar a empoderar você para superar seus desafios.

## CAPÍTULO DOIS

# A VERDADE DÓI

Wilmoth Irving foi um recomeço. Antes de ele conhecer minha mãe e pedir seu telefone, eu só havia conhecido infelicidade e dificuldade. Quando tínhamos dinheiro, o trauma marcava a nossa vida. Depois de nos libertarmos do meu pai, fomos tragados pelo transtorno de estresse pós-traumático, por nossa própria disfunção e pela pobreza. Então, quando eu estava no quarto ano do ensino fundamental, ela conheceu Wilmoth, um bem-sucedido marceneiro e construtor de Indianápolis. Seu sorriso fácil e seu estilo relaxado a atraíram. Não havia violência em Wilmoth. Ele nos deu permissão para respirar outra vez. Com ele por perto, tínhamos a sensação de ter algum apoio, de que algo de bom finalmente estava acontecendo.

Quando eles estavam juntos, minha mãe ria. Um sorriso radiante, de verdade. Sua postura era um pouco mais ereta. Ele a fez sentir orgulho e a fez se sentir bonita outra vez. Para mim, Wilmoth se tornou a pessoa mais próxima de uma figura paterna sadia que eu jamais tivera. Ele não me mimava. Não dizia que me amava nem nada dessas baboseiras falsas e piegas, mas era presente. O basquete era uma obsessão minha desde o começo do ensino fundamental. Era o centro da minha relação com Johnny Nichols, meu melhor amigo, e Wilmoth jogava bem. Vivíamos jogando juntos. Ele me ensinou lances, aprimorou minha disciplina defensiva e me ajudou a desenvolver o arremesso com salto. Nós três comemorávamos juntos aniversários e feriados, e no verão antes do meu oitavo ano na escola ele se ajoelhou e pediu minha mãe em casamento.

Com Wilmoth

Wilmoth morava em Indianápolis, e nosso plano era nos mudarmos para lá com ele no verão seguinte. Embora ele não fosse nem de longe tão rico quanto Trunnis, ganhava bem, e minha mãe e eu estávamos animados com a ideia de voltar a morar na cidade. Então, no dia seguinte ao Natal de 1989, tudo parou.

Ainda não tínhamos feito a mudança completa para Indy, e Wilmoth havia passado o dia de Natal conosco na casa dos meus avós em Brazil. No dia seguinte, ele tinha uma partida de basquete com sua liga masculina e me convidara a ser reserva de um dos seus companheiros de time. Eu estava tão animado que fiz as malas dois dias antes, mas naquela manhã ele me disse que no fim das contas eu não poderia ir.

– Vou deixar você aqui desta vez, pequeno David – disse ele. Baixei a cabeça e suspirei. Ele viu que fiquei chateado e tentou me reconfortar. – Sua mãe vai para Indy de carro daqui a poucos dias, e aí a gente vai poder jogar.

Aquiesci, relutante, mas fora criado para não me meter em assunto de adulto, e sabia que ele não me devia nenhuma explicação ou jogo de consolação. Minha mãe e eu ficamos olhando da varanda da frente enquanto ele dava ré e saía da garagem, sorrindo, nos dando aquele seu único aceno breve. Então ele foi embora.

Foi a última vez que o vimos com vida.

Ele jogou sua partida na liga masculina naquela noite, conforme planejado, e voltou sozinho de carro para a "casa dos leões brancos". Sempre que explicava a amigos, parentes ou entregadores onde morava, era assim que ele descrevia sua casa em estilo rancho, com o acesso de carros ladeado por duas colunas encimadas por esculturas de leões brancos. Ele passou com o carro entre as colunas e entrou na garagem de onde podia acessar diretamente a casa, alheio ao perigo que se aproximava por trás. Nunca chegou a fechar a porta da garagem.

Eles o vinham seguindo havia horas, esperando uma oportunidade, e quando ele saltou do carro pela porta do motorista saíram das sombras e dispararam à queima-roupa. Ele levou cinco tiros no peito. Quando caiu no chão da própria garagem, o atirador ficou em pé ao seu lado e acertou o tiro fatal bem no meio dos olhos dele.

O pai de Wilmoth morava a poucos quarteirões da casa e, na manhã seguinte, ao passar de carro pelos leões brancos, reparou na garagem aberta do filho e soube que havia algo errado. Ele subiu o acesso de carros e entrou na garagem, onde pôs-se a soluçar diante do filho morto.

Wilmoth tinha apenas 43 anos.

Eu ainda estava na casa da minha avó quando a mãe de Wilmoth ligou, logo depois. Minha avó desligou o telefone e me chamou até ela para poder me dar a notícia. Eu pensei na minha mãe. Wilmoth tinha sido seu salvador. Ela estava desabrochando, se abrindo, pronta para acreditar em coisas boas. O que aquilo lhe causaria? Será que Deus nunca iria lhe dar uma trégua? Em questão de segundos a fúria me dominou. Me soltei do abraço da minha avó, dei um soco na geladeira e deixei uma mossa.

Pegamos o carro e fomos para nossa casa encontrar minha mãe, que já estava histérica por não ter notícias de Wilmoth. Ela ligou para a casa dele logo antes de chegarmos, e quando um investigador da polícia atendeu ficou intrigada, mas não esperava aquilo. Como poderia? Vimos sua incompreensão enquanto minha avó andava até ela, tirava o telefone da sua mão e a fazia se sentar.

No início não acreditou em nós. Wilmoth era um brincalhão, e aquilo era exatamente o tipo de farsa sem graça que ele poderia tentar encenar. Então lembrou que ele tinha levado um tiro dois meses antes. Ele lhe dissera que os responsáveis não estavam atrás dele. Que aquelas balas eram destinadas a outra pessoa e, como só pegaram nele de raspão, minha mãe resolveu esquecer o assunto. Até então, nunca havia suspeitado que Wilmoth tivesse alguma vida secreta no crime sobre a qual ela nada soubesse, e a polícia nunca descobriu exatamente por que ele foi baleado e morto. Especulou-se que estivesse metido numa negociata escusa ou em alguma negociação de drogas que dera errado. Minha mãe ainda estava em negação quando fez as malas, mas mesmo assim levou um vestido para o enterro dele.

Quando chegamos, a casa dele toda embrulhada em fita amarela da polícia parecia um presente de Natal perverso. Aquilo não era pegadinha nenhuma. Minha mãe estacionou, abaixou-se para passar pela fita, e eu a segui de perto até a porta da frente. No caminho, lembro-me de olhar para a esquerda para tentar ver a cena do crime. Seu sangue frio ainda estava empoçado no chão da garagem. Eu era um menino de 14 anos zanzando por uma cena de crime ativa, mas ninguém, nem minha mãe, nem os parentes de Wilmoth, nem mesmo a polícia parecia se incomodar com o fato de eu estar ali, absorvendo a energia pesada do assassinato do meu ex-futuro padrasto.

Por mais bizarro que pareça, a polícia permitiu que minha mãe passasse a noite na casa de Wilmoth. Em vez de ficar sozinha, ela pediu para o cunhado dormir lá, com suas duas armas em punho para o caso de os assassinos voltarem. Acabei dormindo num quarto dos fundos na casa da irmã de Wilmoth, uma casa escura e assustadora a alguns quilômetros de distância. E fui deixado sozinho a noite inteira. A casa tinha um daqueles televisores analógicos com gabinete de madeira e treze canais num dial. Só três pegavam, e eu sintonizei no que estava passando o noticiário local. A cada meia hora, eles passavam as mesmas imagens em looping: minha mãe e eu passando por baixo de uma fita da polícia, depois vendo Wilmoth ser levado embora de maca até uma ambulância que aguardava, seu corpo coberto por um lençol.

Parecia uma cena de terror. Fiquei ali sentado sozinho, assistindo às mesmas imagens várias e várias vezes. Minha mente era um disco arranhado que não parava de saltar para a escuridão. O passado fora sombrio, e agora o céu azul do nosso futuro também tinha sido destruído. Não haveria trégua, apenas minha sombria realidade já conhecida, engolindo toda a luz. Sempre que eu via aquelas cenas, meu medo crescia até encher a sala inteira, mas nem assim eu conseguia parar de assistir.

Poucos dias depois de enterrarmos Wilmoth e logo depois do Ano-Novo, embarquei num ônibus escolar em Brazil, Indiana. Ainda estava de luto, com a cabeça bem confusa porque minha mãe e eu ainda não tínhamos decidido se ficaríamos em Brazil ou se nos mudaríamos para Indianápolis conforme o planejado. Estávamos num limbo, e ela continuava em estado de choque. Ainda não tinha chorado a morte de Wilmoth. Em vez disso, voltara a se distanciar emocionalmente. Era como se toda a dor que ela já vivenciara tivesse ressurgido como uma ferida aberta dentro da qual ela havia desaparecido, e naquele vazio era impossível alcançá-la. Enquanto isso, as aulas estavam começando, então entrei no jogo e segui a rotina em busca de qualquer vestígio de normalidade ao qual pudesse me agarrar.

Mas foi difícil. Na maior parte dos dias eu ia para a escola de ônibus, e no meu primeiro dia de aula não consegui espantar uma lembrança que havia enterrado desde o ano anterior. Naquela manhã, como de costume, eu tinha me sentado num banco acima do pneu traseiro esquerdo do ônibus, de onde dava para ver a rua. Quando chegamos à escola, o ônibus encostou no meio-fio e tivemos que esperar os que estavam mais à frente saírem para podermos saltar. Enquanto isso, um carro encostou ao nosso lado e um menininho bonito e excessivamente ansioso veio correndo em direção ao nosso ônibus segurando uma bandeja de biscoitos. O motorista não o viu. O ônibus deu um tranco para a frente.

Notei a expressão alarmada no rosto da mãe do menino antes de uma súbita mancha de sangue espirrar na minha janela. A mãe do menino emitiu um uivo horrorizado. Ela não estava mais entre nós. Parecia e soava como um animal selvagem ferido, enquanto literalmente arrancava os cabelos da cabeça pela raiz. Logo as sirenes começaram a soar ao longe, e foram ficando mais perto a cada segundo. O menininho tinha uns 6 anos e os biscoitos eram um presente para o motorista.

Mandaram que todos nós saltássemos do ônibus e, quando passei ao lado da tragédia, por algum motivo – você pode chamar de curiosidade humana, pode chamar de atração magnética da escuridão por mais escuridão – espiei debaixo do ônibus e o vi. A cabeça dele estava fina, quase como um pedaço de papel, e seus miolos e seu sangue se misturavam com o óleo vazado do motor debaixo da carroceria.

Eu tinha passado um ano inteiro sem pensar nessa imagem sequer uma vez, mas a morte de Wilmoth a fez despertar de novo, e agora eu não conseguia pensar em outra coisa. Nada mais tinha importância. Eu já vira coisas suficientes para saber que o mundo era um lugar marcado pela tragédia, e que essa tragédia simplesmente continuaria a se empilhar aos poucos até me engolir.

Eu não conseguia mais dormir na cama. Minha mãe também não. Dormia na sua poltrona com a televisão aos berros ou então com um livro na mão. Passei algum tempo tentando me encolher na cama à noite, mas sempre acordava em posição fetal no chão. Depois de um tempo, desisti e passei a dormir no chão mesmo – talvez por saber que, se eu conseguisse encontrar algum conforto ali embaixo, não haveria mais como cair.

Como precisávamos desesperadamente do recomeço que achávamos que fôssemos ter, nos mudamos para Indianápolis mesmo sem Wilmoth.

Minha mãe me inscreveu nas provas de admissão da Cathedral High School, uma escola particular de ensino médio e pré-vestibular bem no coração da cidade. Como de costume, eu colei, e ainda por cima de um aluno inteligente. Quando minha carta de admissão e meu horário escolar chegaram pelo correio no verão, tive que encarar uma grade completa de matérias avançadas!

Fui avançando a duras penas, colando e copiando, e consegui entrar para o time de basquete do primeiro ano, um dos melhores do ensino médio em todo o estado de Indiana. Tínhamos vários futuros atletas universitários, e eu comecei jogando como armador. Aquilo foi uma injeção de autoconfiança, mas eu não podia usá-la como incentivo porque sabia que era uma fraude acadêmica. Além do mais, como a Cathedral era cara demais, depois de apenas um ano estudando lá, minha mãe me trocou de escola.

Comecei meu segundo ano do ensino médio na North Central High School, uma escola pública de 4 mil alunos num bairro majoritariamente negro, e no primeiro dia fui à aula parecendo um almofadinha branco. Minha calça jeans com certeza estava justa demais e minha camisa polo estava enfiada para dentro de um cós cingido por um cinto trançado. O único motivo pelo qual não fui expulso da escola pelas gargalhadas foi porque sabia jogar bola.

A coisa mais importante do meu segundo ano era ser descolado. Cada vez mais influenciado pela cultura do hip-hop, mudei meu jeito de me vestir e passei a andar com um pessoal de gangue e outros quase delinquentes, ou seja, nem sempre ia às aulas. Um dia, minha mãe chegou em casa no meio do dia e me encontrou sentado ao redor da nossa mesa de jantar com o que descreveu como "dez marginais". Ela não estava errada. Dali a poucas semanas ela fez nossas malas e nos mudamos de volta para Brazil, Indiana.

Fui matriculado na Northview High School na semana dos testes para o time de basquete, e me lembro de aparecer na hora do almoço quando o refeitório estava lotado. Havia 1.200 alunos na Northview, dos quais só cinco eram pretos, e na última vez em que qualquer um deles tinha me visto, eu era bem parecido com eles. Não mais.

Nesse dia cheguei à escola usando uma calça cinco tamanhos acima do meu e quase escorregando pelo quadril. Também estava com uma jaqueta grande do Chicago Bulls e um boné para trás, meio de lado. Em questão de segundos, todos os olhos se cravaram em mim. Professores, alunos e funcionários me encararam como se eu pertencesse a alguma espécie exótica. Eu era o primeiro garoto preto cheio de marra que muitos deles viam na vida real. Minha simples presença tinha feito a música parar. Eu era a agulha arrastada pelo disco de vinil, arranhando um ritmo inteiramente novo. E, assim como o próprio hip-hop, todo mundo reparou, mas nem todo mundo gostou do que ouviu. Eu adentrei essa cena como se não estivesse nem aí.

Só que era tudo mentira. Botei uma banca danada e minha aparição foi ousada, mas me senti muito inseguro ao entrar lá de novo. Morar em Buffalo fora como viver no meio de um incêndio abrasador. Meus primeiros anos em Brazil tinham sido uma incubadora perfeita para o estresse pós-traumático, e antes de ir embora eu tivera direito a uma dose dupla de trauma ligado à morte. A mudança para Indianápolis fora uma oportunidade de fugir da pena dos outros e deixar aquilo tudo para trás. As aulas não eram fáceis para mim, mas eu tinha feito amigos e desenvolvido um novo estilo. Agora, ao voltar, tinha um aspecto exterior diferente o bastante para perpetuar a ilusão de que havia mudado, mas para mudar é preciso processar a própria bagagem emocional. Confrontá-la e encarar a realidade. Eu não tinha feito nem um fiapo desse árduo trabalho. Ainda era um garoto bobo, sem nada sólido no qual me apoiar, e os testes para o time de basquete me arrancaram qualquer autoconfiança que ainda me restasse.

Quando cheguei à quadra, eles me fizeram vestir um uniforme e não me deixaram usar minhas roupas de ginástica mais genéricas. Nessa época a moda eram roupas mais folgadas e largonas, o estilo que Chris Webber e Jalen Rose do Fab Five tornariam famoso na Universidade de Michigan. Os treinadores de Brazil não estavam por dentro dessa tendência. Eles me mandaram vestir a versão justa e branca de um short de basquete que me apertava na virilha, ficava superjusto nas coxas e parecia ser a roupa totalmente errada. Eu estava refém do sonho preferido dos treinadores: um eterno Larry Bird. Até fazia sentido, porque Larry, a Lenda, era praticamente um padroeiro de Brazil e de todo o estado de Indiana. Na verdade, a filha dele estudava na nossa escola. Nós éramos amigos. Isso não significava que eu quisesse me vestir como ele!

Outro problema eram os meus modos. Em Indianápolis, os treinadores nos deixavam falar palavrão e provocar os adversários na quadra. Se eu fizesse um bom lance ou cravasse uma cesta bem na sua cara, tinha o direito de falar bobagem da sua mãe ou da sua namorada. Eu tinha desenvolvido bem meu linguajar chulo em Indy. Tinha ficado bom naquilo. Eu era o falastrão da escola, e tudo isso fazia parte da cultura do basquete na cidade. De volta ao interior, isso me cobrou um preço. Quando começaram os testes, eu driblei bastante com a bola e, ao fazer um cruzado e deixar alguns outros garotos mal na foto, fiz questão de tirar onda com eles e com os treinadores. Meu comportamento constrangeu os treinadores (que, pelo visto, não sabiam que seu herói, Larry, a Lenda, era o rei dos desbocados), e não demorou muito para tirarem a bola das minhas mãos e me colocarem no garrafão, numa posição na qual eu nunca tinha jogado. Fiquei pouco à vontade jogando assim tão perto da cesta, e isso se refletiu no meu jogo. Assim, calei a boca de uma vez. Enquanto isso, Johnny dominava a partida.

O único ponto positivo dessa semana foi reencontrar Johnny Nichols. Tínhamos permanecido próximos durante minha ausência, e nossa maratona de duelos de um contra um estava outra vez a todo vapor. Embora não fosse alto, Johnny sempre jogou bem e foi um dos melhores em quadra durante os testes. Pegava todas as bolas, via os jogadores não marcados e se movimentava pela quadra toda. Não foi nenhuma surpresa quando ele entrou para o time universitário, mas ambos ficamos chocados por eu mal ter conseguido entrar no segundo time.

Fiquei arrasado, e não por causa dos testes para o time de basquete. Para mim, esse desfecho era mais um sintoma de outra coisa que eu vinha sentindo. Brazil não tinha mudado, só que dessa vez as coisas estavam diferentes. O ensino fundamental fora difícil do ponto de vista acadêmico, mas, embora fôssemos uma das poucas famílias pretas da cidade, eu não tinha notado nem sentido nenhuma manifestação óbvia de racismo. Já adolescente, passei a vivenciar o racismo por toda parte, e não era por ter me tornado excessivamente sensível. O racismo explícito sempre existira.

Pouco tempo depois de eu me mudar de volta para Brazil, meu primo Damien e eu fomos a uma festa num lugar afastado na zona rural. Ficamos fora até bem depois do horário. Na verdade, passamos a noite inteira acordados, e quando o dia nasceu ligamos para nossa avó pedindo uma carona para voltar.

– Como é que é? – perguntou ela. – Vocês me desobedeceram, então podem muito bem voltar andando.

Positivo.

Ela morava a 16 quilômetros de onde estávamos, no fim de uma estradinha rural comprida, mas nós achamos graça e fomos curtindo a caminhada. Damien morava em Indianápolis, e estávamos os dois de calça jeans largona e jaquetas da Starter tamanho extragrande – não exatamente o traje típico das estradas de terra de Brazil. Já tínhamos caminhado uns 10 quilômetros em umas poucas horas quando uma picape surgiu quicando pelo asfalto na nossa direção. Chegamos para a beira da pista para deixá-la passar, mas o carro diminuiu a velocidade, e quando passou bem devagar por nós pudemos ver dois adolescentes na cabine e um terceiro na caçamba. O carona apontou e gritou pela janela aberta:

– Crioulos!

Não reagimos. Baixamos a cabeça e seguimos andando no mesmo ritmo até ouvirmos a picape surrada parar num trecho de cascalho com um cantar de pneus, levantando uma nuvem de poeira. Foi quando me virei e vi o carona, um branco pobre, de aspecto malcuidado, saltar da cabine com uma pistola na mão. Ele a apontou para minha cabeça enquanto avançava a passos largos na minha direção.

– De onde vocês são e o que estão fazendo aqui nesta cidade?

Damien se deitou na pista devagar enquanto eu sustentava o olhar do pistoleiro sem dizer nada. Ele chegou muito perto de mim. Não tem como a ameaça de violência ser mais real do que isso. Senti calafrios, mas me recusei a correr ou me encolher. Depois de alguns segundos, o garoto tornou a entrar na picape e eles foram embora em alta velocidade.

Não era a primeira vez que eu ouvia aquela palavra. Não muito tempo antes disso, estava na Pizza Hut com Johnny e umas meninas, entre elas uma morena de quem eu gostava chamada Pam. Ela também gostava de mim, só que nós nunca passamos disso. Éramos dois jovens inocentes curtindo a companhia um do outro, mas, quando o pai dela chegou para buscá-la e nos viu, Pam ficou com o rosto branco feito um fantasma.

O pai dela irrompeu no restaurante lotado e veio pisando firme na nossa direção com todos os olhos cravados nele. Nunca chegou a me dirigir a palavra. Só encarou a filha intensamente e disse: "Eu *nunca* mais quero te ver sentada com esse *crioulo*."

Ela saiu porta afora atrás dele com o rosto vermelho de vergonha enquanto eu ficava para trás, sentado, paralisado, olhando para o chão. Foi o momento mais humilhante de toda a minha vida, e doeu bem mais do que o incidente da pistola por ser em público e porque a palavra foi dita por um homem adulto. Eu não entendia como nem por que aquele homem sentia tamanho ódio, e se ele sentia isso, quantas outras pessoas em Brazil compartilhavam a mesma opinião ao me verem andando na rua? Era o tipo de charada que você não queria resolver.

★ ★ ★

*Ninguém vai me xingar se ninguém me vir.* Foi assim que agi durante meu segundo ano do ensino médio em Brazil, Indiana. Eu me escondia na última fileira, afundava bastante na cadeira e me fazia pequenininho em todas as aulas. Nossa escola nos fazia ter aulas de um idioma estrangeiro nesse ano, o que foi engraçado para mim. Não porque eu não visse valor nisso, mas porque mal conseguia ler em inglês, quem dirá compreender espanhol. Àquela altura, depois de uns bons oito anos só colando, minha ignorância tinha se cristalizado. Eu continuava segurando as pontas na escola, sem repetir de ano, mas não tinha aprendido nada. Era um daqueles alunos que pensavam estar enganando o sistema, quando o tempo todo estava enganando a mim mesmo.

Um dia de manhã, mais ou menos na metade do ano letivo, cheguei à aula de espanhol e peguei meu livro de exercícios num armário nos fundos da sala. Manter-me nos trilhos envolvia certa técnica. Não precisava prestar atenção, mas era necessário fazer parecer que prestava, então afundei na cadeira, abri meu livro e cravei os olhos na professora que estava dando aula na frente da sala.

Quando baixei os olhos para a página do livro, a sala inteira ficou em silêncio. Pelo menos para mim. Os lábios da professora continuavam se mexendo, mas eu não conseguia escutar porque minha atenção estava toda focada no recado deixado unicamente para mim.

Naquela aula, cada aluno tinha o próprio caderno de exercícios, e meu nome estava escrito a lápis no canto superior direito da folha de rosto. Foi assim que eles souberam que o caderno era meu. Abaixo do nome, alguém tinha me desenhado com o pescoço numa forca. Era um desenho de boneco palito, como o daquela brincadeira de soletrar que fazíamos quando menores. Abaixo do desenho, as palavras:

**A gente vai te matar, seu *criolo*!**

Eles tinham escrito errado, mas eu não notei. Eu mesmo mal sabia soletrar, e eles tinham conseguido passar a mensagem. Corri os olhos pela sala, e minha raiva foi aumentando feito um tufão até praticamente zumbir nos meus ouvidos. *Não era para eu estar aqui*, pensei. *Não era para eu ter voltado para Brazil!*

Fiz uma lista de todos os incidentes pelos quais já tinha passado, e concluí que não podia suportar muito mais. Sem que a professora tivesse acabado de falar, eu me levantei sem aviso. Ela chamou meu nome, mas eu não estava escutando. Saí da sala com o caderno na mão e fui correndo até a sala do diretor. Estava tão enfurecido que nem sequer parei no balcão da secretaria. Entrei direto na sala dele e larguei a prova em cima da mesa.

– Estou cansado disso – falei.

Kirk Freeman era o diretor da escola na época, e até hoje se lembra de ter erguido os olhos da mesa e visto lágrimas nos meus olhos. O porquê de aquilo tudo estar acontecendo em Brazil não era nenhum mistério. O sul de Indiana sempre fora um caldeirão de racistas, e ele sabia muito bem. Quatro anos mais tarde, em 1995, a Ku Klux Klan marcharia pela rua principal de Brazil usando o traje completo, com capuz e tudo. A KKK era ativa em Center Point, cidade situada a menos de quinze minutos de distância, e jovens de lá estudavam na nossa escola. Alguns se sentavam atrás de mim na aula de história e ficavam fazendo piadas racistas para mim quase todo dia. Eu não esperava nenhuma investigação em relação a quem estava fazendo aquilo. Mais do que tudo, naquele momento, buscava um pouco de compaixão, e pela expressão no rosto do diretor Freeman pude ver que ele se sentia mal com essas coisas pelas quais eu passava, mas que estava completamente perdido quanto ao que fazer. Ele não sabia como me ajudar. Em vez disso, passou longos segundos examinando o desenho e a mensagem, então ergueu os olhos para mim, pronto para me consolar com suas sábias palavras:

– David, isto aqui é pura ignorância. Nem sabem escrever *crioulo* direito.

Minha vida tinha sido ameaçada, e isso era o melhor que ele podia fazer. A solidão que senti ao sair daquela sala é algo que jamais esquecerei. Era assustador pensar que tanto ódio fluía por aqueles corredores e que alguém que eu nem sequer conhecia queria me ver morto por causa da cor da minha pele. A mesma questão não parava de se repetir na minha mente: quem por aí me odeia tanto assim? Eu não fazia ideia de quem era o meu inimigo. Seria um dos brancos racistas da aula de história ou alguém com quem eu pensava estar tudo bem, mas que na verdade não gostava nem um pouco de mim? Uma coisa era encarar o cano de uma arma na rua ou lidar com um pai racista. Pelo menos isso era honesto. Ficar me perguntando quem mais achava isso na escola era perturbador de outra maneira, e eu não conseguia deixar essa história para lá. Mesmo tendo muitos amigos, todos brancos, não consegui parar de ver o racismo oculto rabiscado em todas as paredes com tinta invisível, o que tornou extremamente difícil suportar o peso de ser *o único*.

**KKK em Center Point em 1995 –
a cidade ficava a quinze minutos da minha casa em Brazil**

Nos Estados Unidos, as mulheres, os gays e a maior parte das minorias, se não todas, também conhecem o peso da solidão. De adentrar recintos nos quais você é *o único* do seu tipo. A maioria dos homens brancos não faz ideia de como isso pode ser difícil. Queria que fizessem. Porque aí saberiam como isso rouba energia da pessoa. Saberiam que alguns dias a única coisa que você quer fazer é ficar em casa se lamuriando, porque estar em público significa estar completamente exposto, vulnerável a um mundo que fiscaliza e julga você. Pelo menos é essa a sensação. A verdade é que não se pode ter certeza de quando ou se isso está de fato acontecendo num dado momento. Mas muitas vezes parece estar, o que é uma espécie de tortura mental. Em Brazil, eu era *o único* aonde quer que fosse. Na minha mesa no refeitório, onde relaxava no horário de almoço com Johnny e nossa galera. Em todas as aulas que fazia. E até na quadra de basquete.

No final daquele ano eu fiz 16 anos e meu avô me comprou um Chevrolet Citation de segunda mão, marrom cor de cocô. Numa das primeiras manhãs em que fui para a escola de carro, alguém escreveu a palavra "crioulo" com tinta spray na porta do motorista. Dessa vez acertaram a grafia, e o diretor Freeman mais uma vez ficou sem saber o que dizer. A fúria que ferveu dentro de mim nesse dia foi indescritível, mas não se irradiou para fora. Ela me destruiu por dentro, porque eu ainda não tinha aprendido o que fazer a respeito ou para onde canalizar tanta emoção.

Será que eu precisava brigar com todo mundo? Já tinha sido suspenso da escola três vezes por brigas, e àquela altura já estava quase anestesiado. Em vez disso, eu me retraí e caí no poço do nacionalismo negro. Malcolm X se tornou meu profeta preferido. Todos os dias eu chegava em casa da escola e ficava assistindo ao mesmo vídeo de um dos primeiros discursos dele. Estava tentando encontrar conforto em algum lugar, e o modo como ele analisava a história e transformava a desesperança em raiva me alimentou, muito embora a maior parte da sua filosofia política e econômica fosse incompreensível para mim. Aquilo com que eu me identificava era sua raiva de um sistema criado por e para pessoas brancas, porque eu vivia no meio de uma névoa de ódio, encurralado na minha própria raiva e ignorância inúteis. Mas eu não era o tipo de pessoa que entra para a Nation of Islam. Isso exigia disciplina, algo que eu não tinha.

Em vez disso, no penúltimo ano, fiz questão de provocar as pessoas me tornando exatamente o tipo de estereótipo racista que os brancos odiavam e temiam. Usava calças muito abaixo da cintura todos os dias. Tunei o som do meu carro e instalei alto-falantes que ocupavam o porta-malas inteirinho do meu Citation. Fazia tremer as janelas ao passar pela rua principal de Brazil com o som tocando *Gin and Juice*, do Snoop Dogg, nas alturas. Cobri meu volante com três daquelas capas de carpete felpudo e pendurei no retrovisor um par de dados de pelúcia. Todo dia de manhã, antes de ir para a escola, encarava o espelho do nosso banheiro e inventava novos jeitos de provocar os racistas da escola.

Cheguei a criar penteados radicais. Uma vez fiz um repartido invertido: raspei o cabelo inteiro exceto uma linha fina um pouco para o lado esquerdo da cabeça. Não que eu não fosse popular. Eu era considerado o preto descolado da cidade, mas quem se desse ao trabalho de examinar um pouco mais a fundo veria que eu não me interessava por cultura negra e que o meu jeito de me comportar na verdade não estava tentando denunciar o racismo. Na verdade, eu não me interessava por nada.

Tudo que eu fazia era para conseguir alguma reação das pessoas que mais me odiavam, porque a opinião que todo mundo tinha a meu respeito era importante para mim, e isso é um jeito superficial de se viver. Eu vivia cheio de dor, não tinha nenhum propósito verdadeiro, e quem me visse de longe pensaria que eu tinha desistido de qualquer possibilidade de sucesso. Que estava caminhando para o desastre. Mas eu ainda não tinha perdido toda a esperança. Ainda me restava um sonho.

Eu queria entrar para a Força Aérea.

Meu avô tinha sido cozinheiro na Força Aérea por 37 anos, e se orgulhava tanto disso que mesmo depois de aposentado ia à missa aos domingos usando seu uniforme de gala e vestia o uniforme de trabalho durante a semana só para ficar sentado na varanda de casa. Esse nível de orgulho me inspirou a entrar para a Patrulha Aérea Civil, a força auxiliar civil da Força Aérea. Nós nos reuníamos uma vez por semana, marchávamos em formação e aprendíamos com oficiais sobre os vários empregos disponíveis na Força Aérea; foi assim que eu desenvolvi um fascínio pelo paraquedismo de resgate, formado pelos caras que saltam de aviões para resgatar pilotos abatidos em dificuldade.

No verão anterior ao meu primeiro ano do ensino médio, tinha feito um curso de uma semana chamado PJOC, sigla em inglês para Curso de Orientação de Salto de Paraquedismo de Resgate. Como de costume, eu era *o único*. Um dia, um paraquedista chamado Scott Gearen foi dar uma palestra no curso, e ele tinha uma história e tanto para contar. Durante um exercício de rotina, um salto de grande altitude, a 4 mil metros de altura, Gearen abriu seu paraquedas com outro paraquedista logo acima dele. Não era algo fora do normal. Ele tinha a prioridade e, seguindo o treinamento, tinha acenado para o outro paraquedista avisando. Só que o outro cara não o viu, o que fez Gearen correr um grande perigo, porque o paraquedista acima dele ainda estava em queda livre, despencando pelo céu a quase 200 quilômetros por hora. O cara se encolheu todinho na esperança de evitar chocar-se com Gearen, só que não adiantou. Gearen não tinha a menor ideia do que ia acontecer quando o colega caiu bem em cima do seu paraquedas, fazendo-o desinflar, e bateu com os joelhos na sua cara. Ele desmaiou no ato e iniciou uma segunda queda livre, com o paraquedas murcho gerando muito pouca resistência. O outro paraquedista conseguiu abrir o paraquedas e sobreviveu com ferimentos leves.

Gearen não chegou a aterrissar. Ele quicou feito uma bola de basquete murcha, três vezes, mas, como estava desacordado, seu corpo estava flácido e ele não se quebrou todo apesar de bater no chão a 160 quilômetros por hora. Morreu duas vezes na mesa de cirurgia, mas os médicos do pronto-socorro o ressuscitaram. Quando ele acordou numa cama de hospital, disseram-lhe que não conseguiria se recuperar totalmente e nunca mais poderia voltar a ser paraquedista de resgate. Um ano e meio depois, contrariando todos os prognósticos médicos, ele tinha conseguido se recuperar plenamente e estava de volta ao emprego que tanto amava.

Passei anos obcecado por essa história, porque Gearen sobrevivera ao impossível, e sua sobrevivência tinha um profundo significado para mim. Depois do assassinato de Wilmoth, com todas aquelas provocações racistas pesando sobre a minha cabeça (não vou entediar você contando cada episódio, basta saber que houve muitos outros), eu me sentia em queda livre sem paraquedas. Gearen era uma prova viva de que era possível transcender qualquer coisa que não matasse você. E desde o momento em que o escutei falar eu soube que iria me alistar na Força Aérea quando terminasse o ensino médio, o que só fez a escola parecer ainda mais irrelevante.

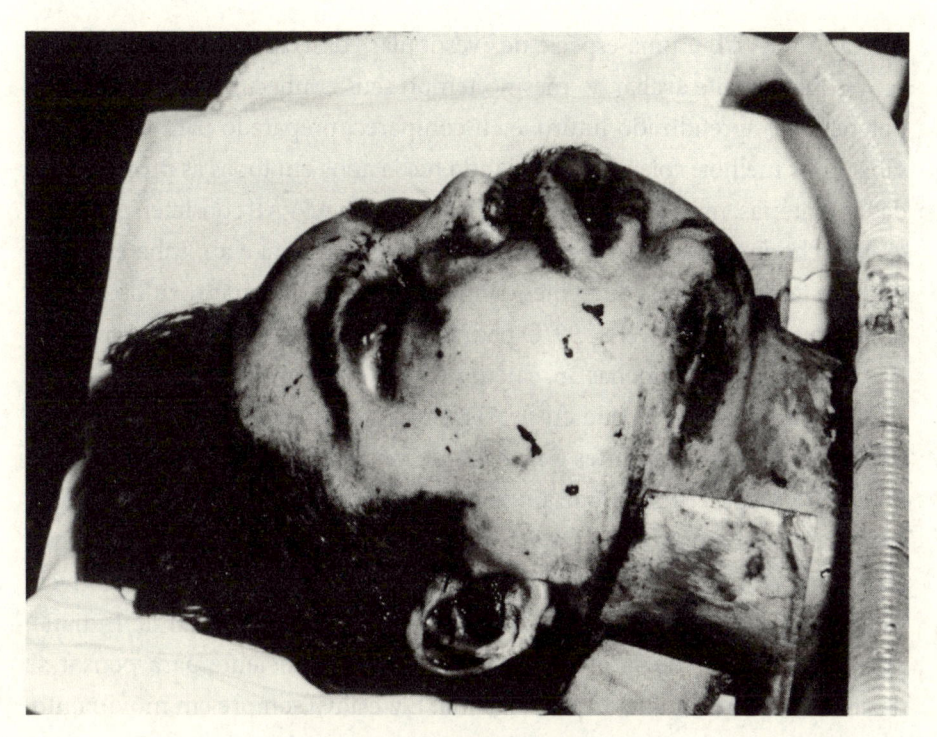

**Scott Gearen depois do acidente**

Principalmente depois que fui cortado do time de basquete no segundo ano. Não fui cortado por causa das minhas habilidades. Os treinadores sabiam que eu era um dos melhores que eles tinham e que eu amava o esporte. Johnny e eu jogávamos dia e noite. Nossa amizade se baseava no basquete, mas, como fiquei com raiva dos treinadores por eles terem me posto no segundo time no ano anterior, faltei aos treinos de verão, e eles interpretaram isso como falta de compromisso com o time. Não sabiam que, se me cortassem, estariam eliminando qualquer incentivo para manter minhas notas razoáveis – ou não se importavam com isso. De toda forma, eu mal conseguia ficar com as notas na média mesmo colando. Agora eu não tinha nenhum bom motivo para frequentar as aulas. Pelo menos era o que pensava, porque não fazia a menor ideia da ênfase que as Forças Armadas dão à educação. Imaginei que eles aceitassem qualquer um. Mas dois incidentes me convenceram do contrário e me inspiraram a mudar.

O primeiro foi quando não passei na Bateria de Aptidão Vocacional das Forças Armadas (ASVAB, na sigla em inglês) durante meu penúltimo ano de escola. A ASVAB é uma espécie de "vestibular" das Forças Armadas. É uma prova que permite avaliar ao mesmo tempo seus conhecimentos atuais e seu potencial de aprendizado futuro, e eu compareci preparado para fazer o que sabia fazer melhor: colar. Vinha colando havia anos em todas as provas de todas as matérias, mas quando me sentei para fazer a ASVAB constatei, para meu grande choque, que as pessoas sentadas à minha direita e à minha esquerda estavam fazendo provas diferentes da minha. Tive de me virar sozinho, e fiz 20 pontos num total possível de 99. O padrão mínimo absoluto para ser aceito nas Forças Armadas é de apenas 36, e nem nisso eu consegui chegar.

O segundo sinal de que eu precisava para mudar chegou com um carimbo do correio logo antes das férias de verão ao final do penúltimo ano do ensino médio. Minha mãe ainda estava em seu buraco negro emocional depois do assassinato de Wilmoth, e seu mecanismo de defesa era assumir o máximo de tarefas possível. Ela trabalhava em tempo integral na Universidade DePauw e dava aulas à noite na Universidade Estadual de Indiana, porque se parasse de se ocupar e tivesse tempo suficiente para pensar se daria conta da realidade da própria vida. Ela estava sempre em movimento, nunca parava em casa e nunca pedia para ver minhas notas. Depois do primeiro semestre do nosso penúltimo ano, lembro que Johnny e eu levamos para casa um boletim cheio de conceitos D e F. Passamos duas horas falsificando o documento. Rindo o tempo todo, transformamos os Fs em Bs e os Ds em Cs. Na verdade, lembro de sentir um orgulho perverso por poder mostrar à minha mãe minhas notas falsas, mas ela nunca pediu para ver meu boletim. Acreditava no que eu dizia e pronto.

```
000940577  1992-93     GOGGINS, DAVID
           CUM--       1.43592
         PREVIOUS CREDITS--    21.000
GEOMETRY              D+         1.000  SM1
ENGLISH 11            D          1.000  SM1
U.S.HIST/MODERN       F                 SM1
ELECTRONICS I         D+         1.000  SM1
PHYS. SCIENCE         C--        1.000  SM1
         TOTAL CREDITS--        25.000
         Rank:      211 of    255
```

Boletim do penúltimo ano do ensino médio

Nós levávamos vidas paralelas dentro da mesma casa, e como eu estava praticamente me criando sozinho parei de escutar o que ela dizia. Uns dez dias antes de a carta chegar, ela tinha me expulsado de casa porque eu me recusara a voltar de uma festa antes do horário-limite. Ela disse que se eu não voltasse no horário não precisava voltar mais.

Na minha cabeça, eu já morava sozinho havia anos. Preparava minhas próprias refeições, lavava minhas próprias roupas. Não sentia raiva da minha mãe. Eu era marrento e achava que não precisava mais dela. Nessa noite fiquei fora até tarde e passei a próxima semana e meia dormindo na casa de Johnny ou com outros amigos. Acabou chegando o dia em que gastei meu último dólar. Por acaso, minha mãe me ligou nesse dia, para a casa de Johnny, e me falou de uma carta que tinha chegado da escola. A carta dizia que eu tinha perdido mais de um quarto do ano letivo por causa de faltas não justificadas, que minha média era D e que, a menos que tivesse uma melhora significativa nas minhas notas e na frequência no último ano, eu não iria me formar. Ela disse isso sem nenhuma emoção. Estava mais exausta do que irritada.

– Vou em casa pegar a carta – falei.

– Não precisa – respondeu ela. – Só queria que você soubesse que vai ser reprovado.

Mais tarde nesse dia, apareci na porta de casa com a barriga roncando. Não pedi desculpa e ela tampouco exigiu. Apenas deixou a porta aberta e se afastou. Entrei na cozinha e fiz um sanduíche de manteiga de amendoim com geleia. Ela me entregou a carta sem dizer nada. Eu a li no meu quarto, cujas paredes eram cobertas por várias camadas de cartazes do Michael Jordan e de soldados da divisão de operações especiais. Inspiração para duas paixões que me escorriam por entre os dedos.

Nessa noite, depois de tomar banho, limpei o vapor do nosso espelho do banheiro todo manchado e dei uma boa olhada. Não gostei de quem vi me encarando de volta. Eu era um valentão pé-rapado sem nenhum objetivo e sem nenhum futuro. Me achei tão repugnante que minha vontade era dar um murro na cara daquele idiota e espatifar o espelho. Em vez disso, passei-lhe um sermão. Estava na hora de cair na real.

– Olha bem pra sua cara – falei. – Por que você acha que a Força Aérea vai te querer? Você é um nada. É uma vergonha.

Estendi a mão, peguei o creme de barbear, passei uma fina camada no rosto, abri um barbeador novo e continuei falando enquanto fazia a barba.

– Você é um idiota. Lê que nem uma criança do terceiro fundamental. Você é uma piada! Nunca tentou fazer nada na vida além de jogar basquete, e quer ter objetivos? Até parece!

Depois de raspar uma penugem da bochecha e do queixo, passei creme na cabeça. Estava desesperado por alguma mudança. Queria virar outra pessoa.

– Você não vê ninguém nas Forças Armadas usando calça caindo da cintura. Precisa parar de falar feito um aprendiz de bandido. Nada dessa porcaria vai adiantar! Chega de escolher a saída mais fácil! Está na hora de crescer!

O vapor flutuava à minha volta. Ele emanava da minha pele e se derramava da minha alma. O que havia começado como um desabafo espontâneo se transformou numa intervenção solo.

– Só depende de você – falei. – É, eu sei que a vida é dura. Sei todas as coisas pelas quais você passou. Eu estava lá, lembra? Mas quer saber? Ninguém vai vir te salvar! Nem a sua mamãezinha, nem o Wilmoth. Ninguém! A bola está contigo!

Quando terminei de falar, estava careca. A água formava gotas no meu couro cabeludo, escorria pela minha testa e pingava pelo osso do meu nariz. Eu estava diferente, e pela primeira vez assumi a responsabilidade pelos meus próprios atos. Um novo ritual acabara de nascer, um ritual que me acompanhou por muitos anos. Ele me ajudaria a melhorar minhas notas, forçar minha bunda gorda a entrar em forma e garantir que eu me formasse no ensino médio e conseguisse entrar nas Forças Armadas.

O ritual era simples. Toda noite, eu raspava o rosto e o couro cabeludo, falava alto comigo mesmo e me mandava a real. Estabelecia objetivos, anotava-os em Post-its e os colava no que hoje chamo de meu Espelho da Responsa, porque diariamente eu me cobrava os objetivos que havia estabelecido. No início essas metas tinham a ver com cuidar da minha aparência e conseguir dar conta de todas as tarefas domésticas sem que ninguém precisasse pedir.

*Arrume sua cama todo dia como se estivesse nas Forças Armadas!*
*Puxe essa calça para cima!*

*Raspe a cabeça todo dia de manhã!*
*Corte a grama!*
*Lave toda a louça!*

O Espelho da Responsa me manteve nos trilhos a partir daí e, embora eu ainda fosse novo quando inventei essa estratégia, desde então constatei que ela é útil para pessoas em qualquer estágio da vida. Você pode estar prestes a se aposentar e querendo se reinventar. Pode ser que esteja passando pela dor do fim de um relacionamento ou que tenha engordado. Talvez tenha alguma deficiência permanente, esteja tentando superar alguma lesão ou apenas tenha que lidar com o fato de que desperdiçou boa parte da vida vivendo sem objetivo. Em todos esses casos, a negatividade que você está sentindo é o seu desejo interior de mudança, mas a mudança não vem fácil, e esse ritual só funcionou tão bem para mim por causa do tom que eu usava.

Eu não era delicado. Era duro, porque esse era o único jeito de me pôr no caminho certo. Naquele verão, entre meu penúltimo e último ano do ensino médio, eu estava com medo. Estava inseguro. Não era um garoto inteligente. Tinha jogado para o alto qualquer responsabilidade durante toda a minha adolescência e realmente pensava estar dando um baile em todos os adultos da minha vida, um baile no sistema. Vinha enganando a mim mesmo, e tinha entrado num círculo vicioso de cola e trapaça que superficialmente parecia progresso, até eu dar de cara num muro chamado realidade. Naquela noite, ao chegar em casa e ler a carta da escola, não tive como negar a realidade, e a afirmei de forma dura.

Não fiquei de rodeios e disse: "Poxa, David, você não está levando sua educação muito a sério." Não! Tive que assumir aquilo de um jeito duro, porque a única maneira de mudar é encarando a realidade. Se você não sabe nada e nunca levou os estudos a sério, então diga: "Eu sou ignorante!" Diga que precisa pôr mãos à obra porque está ficando para trás na vida!

Se você olhar no espelho e vir uma pessoa gorda, não diga que precisa perder uns quilinhos. Diga a verdade. Você está gordo! Não tem problema. Se estiver gordo, diga que está gordo e pronto. O espelho sujo que você vê todos os dias vai lhe dizer a verdade toda vez, então por que continuar mentindo para si mesmo? Para se sentir melhor durante alguns minutos e continuar igual? Se está gordo, você precisa mudar porque isso faz muito mal para a saúde. Eu sei porque já aconteceu comigo.

Se você trabalha há trinta anos no mesmo emprego idiota que odeia, dia sim e outro também, porque teve medo de pedir demissão e se arriscar, você está vivendo uma vida covarde. E ponto. À queima-roupa. Diga a verdade a si mesmo! Diga que já perdeu tempo suficiente e que tem outros sonhos que vão exigir coragem para você realizá-los, para não continuar sendo covarde até morrer.

Dê uma bronca em si mesmo!

Ninguém gosta de ouvir a dura verdade. Tanto individual quanto culturalmente, evitamos o que mais precisamos ouvir. O mundo é uma merda e nossa sociedade tem problemas imensos. Ainda nos dividimos com base em raça e cultura, e as pessoas não têm estômago para ouvir isso! A verdade é que o racismo e o preconceito ainda existem, e algumas pessoas são tão sensíveis que se recusam a reconhecer isso. Até hoje, muita gente em Brazil alega que não existe racismo por lá. Por isso eu devo um salve a Kirk Freeman. Quando lhe telefonei na primavera de 2018, ele se lembrou com muita clareza de todas as coisas pelas quais eu tinha passado. É um dos poucos a não ter medo da verdade.

Mas se você for *o único* ou *a única* e não estiver preso em alguma zona de conflito genocida real, é melhor encarar a verdade. Sua vida não está arruinada por causa de racistas descarados ou de um racismo estrutural oculto. Você não está perdendo oportunidades, deixando de ganhar dinheiro nem sendo despejado por causa do governo, do presidente, porque seus antepassados foram escravizados, porque tem gente que odeia imigrantes ou judeus, que assedia mulheres ou que acha que as pessoas gays estão condenadas ao inferno. Se qualquer uma dessas coisas estiver impedindo você de vencer na vida, eu tenho uma notícia para lhe dar. *Quem está lhe impedindo é você mesmo!*

Você está desistindo em vez de endurecer! Diga a verdade em relação aos verdadeiros motivos e transformará essa negatividade, que é uma coisa real, em combustível de foguete. Essas desvantagens acumuladas contra você vão virar a estação de lançamento! Não há mais tempo a perder. As horas e os dias evaporam feito córregos no deserto. Então tudo bem ser cruel consigo mesmo, contanto que você entenda que está fazendo isso para melhorar. Todos nós precisamos ser mais casca-grossa para melhorar na vida. Ser molenga ao se olhar no espelho não vai inspirar as mudanças generalizadas de que precisamos para mudar nosso presente e expandir nosso futuro.

Na manhã seguinte a essa primeira sessão com o Espelho da Responsa, joguei no lixo a capa do volante e os dados de pelúcia do carro. Pus a camiseta para dentro da calça e comecei a usar um cinto. E quando as aulas recomeçaram, parei de almoçar na mesa de sempre no refeitório. Pela primeira vez, ser popular e descolado parecia perda de tempo e, em vez de almoçar com todos os legais da escola, encontrei uma mesa e passei a almoçar sozinho.

Mas veja bem: o restante do meu progresso não foi uma metamorfose mágica de uma hora para a outra. A sorte não me surgiu de repente, encheu a banheira de espuma quente, me beijou e disse que me amava. Na verdade, o único motivo pelo qual simplesmente não me tornei mais uma estatística foi porque, no derradeiro instante possível, eu arregacei as mangas.

No meu último ano do ensino médio, só me importava em malhar, jogar basquete e estudar, e o que me manteve motivado para continuar me esforçando em direção a algo melhor foi o Espelho da Responsa. Eu acordava antes de o sol nascer e comecei a frequentar a YMCA quase diariamente antes da escola para puxar ferro. Corria com frequência, geralmente em volta do campo de golfe da cidade depois do anoitecer. Numa noite corri quase 21 quilômetros, a maior distância que tinha corrido em toda a minha vida. Durante essa corrida, cheguei a um cruzamento conhecido. Era a mesma rua em que aquele racista tinha puxado a arma para mim. Evitei entrar nela, passei correndo e percorri quase 1 quilômetro na outra direção antes de algo me dizer para dar meia-volta. Ao chegar pela segunda vez àquele cruzamento, parei e fiquei olhando para ele. Eu tinha um medo danado daquela rua e meu coração estava aos pulos dentro do peito. Exatamente por isso eu pulei de repente no pescoço dela com velocidade máxima.

Em questão de segundos, dois cachorros soltos começaram a me perseguir rosnando enquanto a mata ia se fechando de ambos os lados. Foi um sufoco não deixar os animais me alcançarem. Fiquei imaginando que aquela picape fosse reaparecer e me atropelar, como algo que aconteceria no Mississippi de 1965, mas continuei correndo, cada vez mais depressa, até ficar sem ar. Os cachorros acabaram desistindo e foram embora, e ficamos só eu, a cadência e o vapor da minha respiração, naquele profundo silêncio da zona rural. Quando me virei para voltar, meu medo tinha desaparecido. Aquela rua agora era minha.

A partir desse dia, fiz uma lavagem cerebral em mim mesmo e passei a desejar intensamente o desconforto. Se estivesse chovendo, eu saía para correr. Toda vez que começava a nevar, eu dizia: *Vai calçar seu tênis de corrida*. Às vezes eu amarelava e tinha que assumir isso em frente ao Espelho da Responsa. Mas encarar aquele espelho, encarar a mim mesmo, me motivou a superar as experiências desconfortáveis e, como resultado, fui ficando mais forte. E ser durão e resiliente me ajudou a alcançar meus objetivos.

Nada era tão difícil para mim quanto aprender. A mesa da cozinha se transformou na minha sala de estudos 24 horas por dia. Depois de bombar pela segunda vez na ASVAB, minha mãe percebeu que eu estava levando a sério o plano de entrar na Força Aérea e me arrumou um professor particular, que me ajudou a bolar um sistema que eu pudesse usar para aprender. Esse sistema era a memorização. Eu não conseguia aprender apenas rabiscando umas poucas anotações e depois as decorando. Tinha que ler o texto inteiro e copiar cada página no meu caderno. Depois fazer isso outra vez, e uma terceira. Foi assim que o conhecimento grudou no espelho da minha mente. Não por meio do aprendizado, mas pela transcrição, pela memorização e pela revisão.

Fiz isso com inglês. Fiz isso com história. Escrevia e decorava as fórmulas de álgebra. Se meu professor levasse uma hora para me dar uma aula, eu precisava passar outras seis relendo minhas anotações da aula para assimilar tudo. O cronograma e os objetivos da minha sala de estudos particular se transformaram em Post-its colados no meu Espelho da Responsa, e adivinhe o que aconteceu? Eu desenvolvi uma obsessão por aprender.

Em seis meses, passei de um nível de leitura do quarto ano do fundamental para o de um aluno do último ano do ensino médio. Meu vocabulário desabrochou. Eu escrevia milhares de fichas e passava horas, dias e semanas relendo-as. Fazia a mesma coisa com as fórmulas de matemática. Parte disso era instinto de sobrevivência. Eu com certeza não entraria na faculdade por mérito acadêmico e, embora estivesse na escalação principal do time de basquete no meu último ano, nenhum olheiro de faculdade sabia o meu nome. Tudo que eu sabia era que precisava sair de Brazil, Indiana; que a melhor chance que eu tinha era entrar para as Forças Armadas; e que para isso precisava passar na ASVAB. Na terceira tentativa, consegui alcançar o nível mínimo exigido pela Força Aérea.

Viver com objetivo mudou tudo para mim, pelo menos no curto prazo. No meu último ano do ensino médio, estudar e malhar davam tanta energia para a minha mente que o ódio foi se esvaindo da minha alma feito a pele gasta de uma cobra. O ressentimento que eu nutria pelos racistas de Brazil, a emoção que antes me dominava e que estava me queimando por dentro, tudo isso se dissipou, porque eu finalmente estava abordando a origem dessas questões.

Olhei para as pessoas que me faziam sentir desconfortável e me dei conta de quanto elas próprias se sentiam desconfortáveis. Ridicularizar ou tentar intimidar alguém que nem sequer conheciam com base apenas na cor da pele era uma indicação clara de que havia algo de muito errado com elas, não comigo. Mas quando você não tem autoestima fica fácil valorizar a opinião alheia, e eu estava valorizando a opinião de *todo mundo* sem levar em consideração a mente que a produzia. Dito assim parece bobo, mas essa é uma armadilha na qual é muito fácil cair, especialmente quando, além de ser *o único*, você também é inseguro. Assim que fiz essa conexão, sentir raiva dessa gente passou a não valer mais o meu esforço. Porque, se eu fosse deixar aquela gente comendo poeira na vida – e eu ia mesmo! –, tinha muito a fazer. Cada ofensa e cada gesto de descaso se transformavam em mais combustível para o motor que girava dentro de mim.

Ao me formar no ensino médio, eu já sabia que a autoestima que conseguira criar não vinha de uma família perfeita nem de um talento presenteado por Deus. Ela vinha de assumir pessoalmente minhas responsabilidades, o que me rendeu respeito próprio, e o respeito próprio sempre ilumina o nosso caminho.

Para mim, o caminho que ele iluminou foi sair de Brazil para todo o sempre. Só que não foi fácil ir embora. Quando você transcende uma fase da vida que o desafiou até o último fio de cabelo, pode parecer que acabou de ganhar uma guerra. Não se deixe enganar por essa miragem. Seu passado, seus medos mais profundos têm a capacidade de hibernar para depois voltarem à vida com força redobrada. É preciso permanecer atento. Para mim, a Força Aérea revelou que eu continuava molenga por dentro. Continuava inseguro.

Eu ainda não tinha os ossos e a mente resistentes.

## DESAFIO Nº 2

Chegou a hora de ficar cara a cara consigo mesmo e de mandar a real sem firulas. Esta não é uma tática de amor-próprio. Não há como dourar essa pílula. Não afague seu ego. A tática consiste em abolir o ego e dar o primeiro passo em direção a se tornar quem você é de verdade!

Eu colei Post-its no meu Espelho da Responsa e vou pedir a você para fazer o mesmo. Não vale fazer isso usando dispositivos eletrônicos. Anote todas as suas inseguranças, seus sonhos e objetivos em Post-its e cole-os no seu espelho. Se precisa de mais instrução, lembre a si mesmo de que vai ter que começar a ralar, porque você não é inteligente o suficiente! E ponto. Se olhar no espelho e vir alguém obviamente acima do peso, significa que você está gordo! Assuma isso! Tudo bem ser durão consigo mesmo nessas horas, porque a gente precisa ser mais casca-grossa para melhorar na vida.

Seja qual for seu objetivo – profissional (largar meu emprego, abrir um negócio), pessoal (perder peso, praticar mais atividade física) ou atlético (correr meus primeiros 5, 10 quilômetros ou minha primeira maratona) –, é preciso dizer a verdade em relação ao ponto em que você está e aos passos necessários para alcançar o que deseja, dia após dia. Cada passo, cada ponto necessário de desenvolvimento pessoal deve ser anotado separadamente. Isso significa que você terá que pesquisar um pouco e detalhar o passo a passo. Por exemplo, se estiver tentando perder 20 quilos, seu primeiro Post-it pode ser perder um quilo na primeira semana. Atingido esse objetivo, retire o Post-it e cole o objetivo seguinte de perder de 1 a 3 quilos, até seu objetivo final ser alcançado.

Você precisa se responsabilizar pelos pequenos passos que serão necessários para alcançar seus objetivos. O desenvolvimento pessoal exige dedicação e disciplina. O espelho sujo que você vê todo dia vai revelar a verdade. Pare de ignorá-lo. Use-o em seu benefício. Se quiser, cole uma foto sua encarando seu Espelho da Responsa cheio de Post-its nas redes sociais com as hashtags #canthurtme #accountabilitymirror [Espelho da Responsa].

## CAPÍTULO TRÊS

# A TAREFA IMPOSSÍVEL

Passava da meia-noite e as ruas estavam desertas. Virei minha picape para entrar em mais um estacionamento vazio e desliguei o motor. No silêncio, eu só ouvia o zumbido espectral das lâmpadas dos postes e o arranhar da minha caneta ao ticar na minha lista mais uma espelunca. A última de uma sequência interminável de bares e lanchonetes que recebiam em suas cozinhas industriais mais visitantes noturnos do que os clientes gostariam de saber. Era por isso que caras como eu iam a lugares como aquele no meio da noite. Enfiei minha prancheta debaixo do descanso de braço do carro, peguei meu material e comecei a substituir as ratoeiras.

Essas caixinhas verdes estão por toda parte. Basta olhar em quase qualquer restaurante e você vai encontrá-las, bem à vista mas disfarçadas. Meu trabalho era renovar as iscas, mudar as ratoeiras de lugar ou substituí-las. Às vezes eu tirava a sorte grande e encontrava um rato morto, o que nunca me causava surpresa. Dá para perceber a presença da morte pelo cheiro.

Não era isso que eu tinha em mente ao me alistar na Força Aérea com o sonho de integrar uma unidade de paraquedismo de resgate. Na época, eu estava com 19 anos e não chegava a 80 quilos. Quando fui dispensado, quatro anos depois, estava com 135 quilos e fazia um outro tipo de patrulha. Com esse peso, o simples ato de me abaixar para pôr as iscas nas ratoeiras era um esforço. Eu estava tão gordo que tive que costurar uma meia esportiva no gancho da minha calça de trabalho, para ela não rasgar quando eu pusesse um dos joelhos no chão para me abaixar. Sério. Dava pena me ver.

Após terminar no lado de fora, era hora de me aventurar dentro do estabelecimento, uma selva toda especial. Eu tinha a chave de quase todos os restaurantes naquela região de Indianápolis e sabia a senha dos alarmes também. Uma vez dentro do estabelecimento, bombeava minha lata prateada de inseticida portátil e punha uma máscara antigás por cima do rosto. Ficava parecendo um alienígena, com aqueles filtros duplos que me protegiam dos vapores tóxicos.

Me protegiam.

Se havia algo que me agradava naquele emprego, era a natureza furtiva de trabalhar à noite, entrando e saindo de sombras escuras. Eu adorava aquela máscara pelo mesmo motivo. Ela era essencial, e não por causa do inseticida. Eu precisava dela porque era impossível qualquer um me ver, especialmente eu mesmo. Mesmo que por acaso visse meu próprio reflexo de relance numa porta de vidro ou numa bancada de aço inox, não era eu o que estava vendo. Era um *storm trooper* mequetrefe de filme de baixo orçamento. O tipo de cara capaz de afanar os brownies do dia anterior antes de sair.

Aquele não era eu.

Às vezes eu via baratas fugindo para se proteger quando acendia as luzes para passar o inseticida nas bancadas e nos pisos frios. Também encontrava roedores mortos grudados nas ratoeiras adesivas que havia instalado em visitas anteriores. Punha-os dentro de um saco e os jogava no lixo. Verificava os sistemas de iluminação que instalara para capturar mariposas e moscas, e limpava-os também. Em meia hora já tinha saído e estava a caminho do restaurante seguinte. Fazia uma dezena de paradas por noite e precisava passar em todas elas antes de o dia amanhecer.

Talvez esse tipo de trabalho lhe pareça nojento. Quando penso no que eu fazia, também sinto nojo, mas não por causa do trabalho em si. Era um trabalho honesto. Necessário. Poxa, no treinamento básico da Força Aérea eu tinha ganhado a antipatia da minha primeira sargento e ela me transformara na rainha das latrinas. Meu trabalho era deixar as privadas do alojamento brilhando. Ela me dizia que se encontrasse uma partícula de sujeira sequer naquelas privadas, em qualquer momento que fosse, eu seria "recuado" de volta ao primeiro dia e recomeçaria o treinamento do zero. Acatei a disciplina. Estava feliz pelo simples fato de ter entrado na Força Aérea e limpava aquelas privadas com orgulho. Dava para comer no chão daquele banheiro. Quatro anos depois, o cara tão feliz pela oportunidade que se animava limpando latrinas tinha desaparecido, e eu não sentia mais nada.

Dizem que sempre existe luz no fim do túnel, mas não depois que os seus olhos se acostumam com a escuridão – e foi isso que aconteceu comigo. Eu estava anestesiado. Anestesiado em relação à minha vida e infeliz no meu casamento. E já havia aceitado essa realidade. Eu era um candidato a guerreiro transformado em *sniper* de baratas no turno da madrugada. Mais um zumbi vendendo seu tempo de vida, vivendo no automático. Na verdade, a única coisa que eu achava em relação ao meu emprego naquela época era que ele na verdade era um avanço.

Na primeira vez em que meu tempo de serviço nas Forças Armadas acabou, arrumei um emprego no Hospital St. Vincent's. Trabalhava como segurança das onze da noite às sete da manhã, ganhava um salário mínimo e embolsava uns 700 dólares por mês. De vez em quando, via uma picape da Ecolab encostar em frente ao hospital. Nós fazíamos parte da ronda regular da empresa de controle de pragas, e cabia a mim abrir a cozinha do hospital para eles. Certa noite, comecei a conversar com o funcionário da Ecolab. Ele comentou que a empresa estava contratando, que o cargo vinha com uma picape gratuita e que não tinha patrão na sua cola para conferir seu trabalho. O emprego representaria também um aumento de 35% para mim. Nem sequer pensei nos riscos de saúde. Não pensei em nada. Estava aceitando o que me ofereciam. Trilhando aquele caminho de menor resistência em que esperava as coisas caírem do céu, e aquilo estava me matando aos poucos. Mas existe uma diferença entre estar anestesiado e não ter ideia do que está acontecendo. No escuro da noite, não havia muitas coisas para me distrair dos meus próprios pensamentos, e eu sabia que era eu quem tinha derrubado o primeiro dominó. Eu mesmo dera início à reação em cadeia que tinha me posto naquele emprego na Ecolab.

A Força Aérea deveria ter sido a minha saída. Aquela primeira sargento do treinamento básico de fato acabou me "recuando" para outra unidade, e nesse novo grupo eu me tornei um recruta modelo. Media 1,88 metro e pesava cerca de 79 quilos. Era rápido e forte, nossa unidade era o melhor grupo de todo o centro de treinamento, e em pouco tempo comecei a treinar para o emprego dos meus sonhos: o paraquedismo de resgate da Força

Aérea. Nós éramos anjos da guarda casca-grossa, treinados para despencar do céu atrás de linhas inimigas e resgatar pilotos abatidos em perigo. Eu era um dos melhores nesse treinamento. Era um dos melhores nas flexões de braço e o melhor nos abdominais clássicos, nos abdominais infra alternados e na corrida. Fiquei um ponto abaixo de me graduar com menção honrosa, mas ninguém tinha me falado da tal "autoconfiança aquática". Esse é um nome bacana para um curso em que passam semanas tentando afogar você, e eu me sentia muito pouco à vontade na água.

Embora minha mãe tenha nos tirado do auxílio do governo e da moradia subsidiada em três anos, ela ainda não tinha dinheiro sobrando para aulas de natação, e nós mantínhamos distância de piscinas. Só aos 12 anos, quando fui acampar com os escoteiros, é que fui enfim confrontado com a natação. Sair de Buffalo me permitira virar escoteiro, e o acampamento era minha melhor oportunidade para conseguir todas as medalhas de mérito de que precisava para continuar no caminho que me tornaria um Eagle Scout, o mais alto grau do escotismo. Num dia de manhã, chegou a hora de me qualificar para a medalha de mérito de natação, o que significava nadar 1.600 metros num lago, seguindo uma raia marcada com boias. Todos os outros entraram na água e começaram a nadar, e, se eu quisesse manter minha reputação, teria que fingir saber o que estava fazendo. Então entrei no lago atrás deles. Fui nadando cachorrinho da melhor maneira que consegui, mas, como não parava de engolir água, virei de costas e acabei nadando o percurso inteiro num tipo de nado costas todo errado. Tinha improvisado na hora. A medalha do mérito estava garantida.

Quando chegou a hora de fazer a prova de natação no treinamento de paraquedismo de resgate, eu precisava saber nadar de verdade. Era um percurso cronometrado de 500 metros em nado livre, e mesmo aos 19 anos eu ainda não sabia nadar. Então fui à livraria, comprei o livro *Natação para leigos*, estudei os diagramas e treinei diariamente na piscina. Detestava mergulhar o rosto na água, mas consegui fazer isso por uma braçada, depois por duas, e em pouco tempo já dava para cruzar uma piscina inteira.

Eu não sabia boiar tão bem quanto a maioria dos nadadores. Sempre que parava de nadar, nem que fosse por um segundo, eu começava a afundar, o que fazia meu coração disparar de pânico, e o aumento de tensão só piorava as coisas. Acabei passando na tal prova de natação, mas existe uma diferença entre ser competente e se sentir à vontade na água; e uma distância enorme entre se sentir à vontade e ter autoconfiança. E, quando você não sabe boiar como a maioria das outras pessoas, a autoconfiança aquática não vem fácil. Às vezes nunca chega a vir.

**Escoteiros**

No treinamento, a autoconfiança aquática faz parte do programa de dez semanas e é cheia de exercícios específicos criados para testar nosso desempenho aquático sob estresse. Um dos piores exercícios para mim se chamava *Bobbing*. A turma era dividida em grupos de cinco, enfileirados de uma borda até a outra na parte rasa da piscina, e carregados com o equipamento completo. Em nossas costas havia dois tanques de 80 litros feitos de aço galvanizado, e além disso usávamos cintos com pesos num total de 7,2 quilos. Estávamos pesadíssimos, o que não teria sido um problema não fosse pelo fato de não podermos respirar o ar daqueles tanques. Em vez disso, era preciso ir andando, descendo de costas a rampa no fundo da piscina, indo da parte com 1 metro de profundidade até a parte mais funda, que devia ter uns 3 metros, e nessa lenta caminhada até a posição inicial a dúvida e a negatividade transformavam minha mente num turbilhão.

*O que você está fazendo aqui? Isto aqui não é para você! Você não sabe nadar! É um impostor e vão descobrir!*

O tempo se alongava e aqueles segundos pareciam minutos. Meu diafragma se movia em espasmos, tentando forçar o ar para dentro dos pulmões. Teoricamente, eu sabia que o segredo de todos os exercícios debaixo d'água era relaxar, mas meu pânico não deixava. Meu maxilar travava com tanta força quanto meus punhos. Minha cabeça latejava enquanto eu lutava para não me deixar tomar pelo pânico. Por fim chegávamos todos à posição inicial, e era hora de começar a subir e descer. Isso significava empurrar o fundo da piscina para chegar a superfície (sem usar os pés de pato), sorver uma golfada de ar e afundar outra vez até lá embaixo. Não era fácil subir à tona totalmente carregado, mas pelo menos eu conseguia respirar, e essa primeira inspiração era uma salvação. O oxigênio inundava meu organismo, e eu começava a relaxar até o instrutor gritar "Troca!". Era a nossa deixa para tirar os pés de pato, colocá-los nas mãos e usá-los para nos impulsionar até a superfície com uma puxada dos braços. Podíamos empurrar o chão da piscina, mas não podíamos bater as pernas. Fazíamos isso durante cinco minutos.

Apagões em águas rasas e na superfície não são raros durante os treinos de autoconfiança aquática. Eles acontecem quando o corpo é estressado e a ingestão de oxigênio é limitada. Com os pés de pato nas mãos, eu mal conseguia pôr o rosto para fora da água o suficiente para respirar, e entre uma respiração e outra fazia um esforço intenso e queimava oxigênio. E quando você queima oxigênio demais, depressa demais, seu cérebro desliga e você apaga. Nossos instrutores chamavam isso de "encontrar o mago". À medida que o relógio ia contando os segundos, eu começava a ver estrelas no meu campo de visão e a sentir o mago se aproximar.

Passei nesse exercício, e em pouco tempo manejar os pés de pato com as mãos ou os pés tornou-se fácil para mim. O que continuou difícil, do começo ao fim, foi uma de nossas tarefas mais simples: avançar pela água sem usar as mãos. Tínhamos que manter mãos e queixo bem acima da superfície e usar apenas as pernas, que movíamos de maneira que lembrava um liquidificador durante três minutos. Dito assim não parece muito tempo, e para a maioria da turma era fácil. Mas para mim era quase impossível. Meu queixo não parava de encostar na água, o que fazia a contagem recomeçar do zero outra vez. À minha volta, meus colegas de turma estavam tão à vontade que suas pernas mal se moviam, enquanto as minhas se agitavam em velocidade máxima, e mesmo assim eu não conseguia chegar nem à metade da altura daqueles garotos brancos que pareciam desafiar a gravidade.

Cada dia era uma nova humilhação na piscina. Não que eu passasse vergonha em público. Eu completava todas as evoluções, mas por dentro estava sofrendo. Todas as noites, ficava obcecado pela tarefa do dia seguinte, e meu pânico era tal que eu não conseguia dormir. Em pouco tempo, esse pânico se metamorfoseou em ressentimento em relação aos meus colegas de turma, que, na minha cabeça, tinham a vida fácil. Isso trazia meu passado à tona.

Eu era *o único* homem preto da minha unidade, o que me lembrava minha infância na zona rural de Indiana, e quanto mais difícil ficava o treino de autoconfiança aquática, mais subiam aquelas águas turvas, até parecer que eu estava me afogando de dentro para fora. Enquanto o restante da minha turma dormia, esse coquetel potente de medo e raiva corria latejando pelas minhas veias, e minhas obsessões noturnas se transformaram em uma profecia que cumpre a si mesma. Uma profecia de que o fracasso era inevitável, porque o meu medo descontrolado estava liberando algo que eu não conseguia domar: a mentalidade da desistência.

Na sexta semana de treinamento, tudo culminou na evolução de "respiração em dupla". Nós formávamos duplas, cada um segurando o outro pelo antebraço, e nos revezávamos para respirar usando um snorkel só. Enquanto isso, os instrutores nos empurravam para tentar nos fazer largar o snorkel. Tudo isso deveria acontecer na superfície ou perto dela, mas, como eu boiava muito mal, vivia afundando até o meio da parte mais funda, arrastando meu parceiro junto comigo. Ele respirava uma vez e me passava o snorkel. Eu subia até a superfície, soltava o ar e tentava tirar a água do nosso snorkel para conseguir inspirar direito antes de devolvê-lo para ele, mas os instrutores tornavam isso praticamente impossível. Em geral eu só conseguia tirar metade da água do tubo e acabava respirando mais água do que ar. Desde o começo, eu tinha que lidar com um déficit de oxigênio enquanto lutava para me manter próximo à superfície.

No treinamento militar, cabe aos instrutores identificar os elos mais fracos e desafiá-los a melhorar seu desempenho ou então desistir – e os meus logo viram que eu estava com dificuldade. Nesse dia, na piscina, um deles estava sempre na minha cara, gritando e me empurrando, enquanto eu engasgava e tentava sem sucesso inspirar por um tubo estreito para não deixar o mago chegar. Afundei e me lembro de olhar para cima, para o restante da turma, esparramada na superfície como se fossem serenas estrelas-do-mar. Com toda a calma do mundo, eles iam passando os snorkels de mão em mão, com toda a facilidade, enquanto eu me ferrava. Hoje sei que meu instrutor estava só fazendo o trabalho dele, mas na época pensei: *Esse imbecil não está me dando chance!*

Passei nesse exercício também, mas ainda faltavam outros onze – mais quatro semanas de treino de autoconfiança aquática. Fazia sentido. Nós iríamos saltar de aviões na água. Precisávamos daquele treinamento. Só que eu não queria mais fazer aquilo, e na manhã seguinte me ofereceram uma saída que eu não tinha previsto.

Semanas antes, nosso sangue fora coletado para uma avaliação clínica, e os médicos descobriram que eu tinha a mutação genética que deixa os glóbulos vermelhos em formato de foice. Não apresentava a doença, chamada anemia falciforme, mas tinha a mutação genética, que na época se acreditava aumentar o risco de morte súbita por parada cardíaca relacionada ao esforço físico. A Força Aérea não queria que eu caísse morto no meio de um exercício e me tirou do treinamento para uma licença médica. Fingi receber mal a notícia, como se meu sonho estivesse sendo arrancado de mim. Fiz toda uma encenação de que estava chateado e com raiva, mas por dentro estava em êxtase.

Mais tarde na mesma semana, os médicos voltaram atrás da decisão inicial. Não disseram especificamente que era seguro continuar o treinamento, mas disseram que a mutação ainda não era bem compreendida e me deixaram decidir por conta própria. Quando me reapresentei para treinar, o sargento responsável me informou que eu tinha perdido muita coisa e, se quisesse continuar, precisaria recomeçar do dia um da semana um. Em vez de menos de quatro semanas, teria que suportar mais dez semanas do terror, da raiva e da insônia que acompanhavam o treinamento de autoconfiança aquática.

Hoje em dia esse tipo de coisa nem sequer entraria no meu radar. Se alguém me dissesse para correr por mais tempo e mais depressa do que os outros só para ter as mesmas chances de todo mundo, eu diria "positivo" e seguiria em frente, mas naquela época eu ainda não estava totalmente desenvolvido. Apesar de forte fisicamente, estava longe de dominar minha própria mente.

O sargento ficou me encarando, à espera da minha resposta. Nem sequer consegui sustentar o olhar dele quando falei:

– Sabe, sargento, o médico não sabe muita coisa sobre essa história de glóbulos vermelhos, e isso está me preocupando, entende?

Ele assentiu sem demonstrar emoção nenhuma e assinou a papelada para me tirar definitivamente do programa. Anotou mutação genética nos glóbulos vermelhos, e no papel eu não tinha desistido, mas sabia qual era a verdade. Se eu fosse o cara que sou hoje, não teria dado a mínima para a tal mutação. Até hoje a carrego comigo, pois não há como se livrar dela. Mas na época um obstáculo surgiu e eu desisti.

Me mudei para Fort Campbell, no Kentucky, disse aos meus amigos e familiares que fora obrigado a abandonar o programa por razões médicas, e servi meus quatro anos no Grupamento Tático de Controle Aéreo (TACP, na sigla em inglês para *Tactical Air Control Party*), que trabalha com algumas unidades de operações especiais. Treinei para servir de ligação entre as unidades terrestres e o apoio aéreo – aeronaves rápidas, como caças F-15 e F-16 – atrás de linhas inimigas. Foi um trabalho desafiador, com pessoas inteligentes, mas infelizmente eu nunca me orgulhei dele e deixei de enxergar as oportunidades que se apresentaram, porque sabia que eu era um desistente que tinha deixado o medo ditar meu futuro.

Enterrei minha vergonha na academia e na mesa da cozinha. Comecei a levantar peso e fui ganhando massa. Eu comia e malhava. Malhava e comia. Nos meus últimos dias na Força Aérea, estava pesando 115 quilos. Depois de terminar o serviço, continuei a ganhar tanto massa muscular quanto gordura, até pesar 135 quilos. Eu queria ser grande porque ser grande escondia o David Goggins. Eu conseguia guardar aquela pessoa de 79 quilos dentro daqueles bíceps de 53 centímetros e daquela barriga flácida. Deixei crescer um bigode cerrado e todo mundo que me via ficava intimidado, mas por dentro eu sabia que era uma fraude – e sentir isso é um tormento.

Depois do treinamento básico da
Força Aérea, em 1994, com 79kg

Com mais de 132kg,
na praia, em 1999

★ ★ ★

A manhã em que comecei a assumir o controle do meu destino se iniciou como qualquer outra. Quando o relógio marcou sete da manhã, meu turno na Ecolab acabou e passei no drive-thru do Steak 'n Shake para comprar um milk-shake grande de chocolate. A parada seguinte foi na loja de conveniência, para comprar uma caixa de minirrosquinhas de chocolate. Engoli tudo isso nos 45 minutos do trajeto de carro até em casa, um lindo apartamento num campo de golfe na bonita cidade de Carmel, Indiana, onde eu morava com minha mulher, Pam, e a filha dela. Lembra aquele incidente na Pizza Hut? Eu me casei com aquela moça. Eu me casei com a moça cujo pai me chamou de crioulo. O que isso diz sobre mim?

Nós não tínhamos como bancar aquela vida. Pam nem sequer trabalhava, mas naquela época de endividamento estratosférico no cartão de crédito nada fazia muito sentido. Eu estava a mais de 110km/h na rodovia, injetando açúcar na veia e escutando uma rádio de rock das antigas quando "The Sound of Silence" começou a tocar. As palavras de Simon e Garfunkel ecoaram como uma grande verdade.

A escuridão era de fato minha amiga. Eu trabalhava no escuro e escondia meu verdadeiro eu de amigos e desconhecidos. Ninguém teria acreditado no quanto eu estava anestesiado e amedrontado naquela época, porque eu tinha o aspecto de um monstro. Ninguém se metia comigo. Mas minha mente não ia nada bem e minha alma estava embotada pelo trauma e pelo fracasso. Eu tinha todas as desculpas do mundo para ser um fracassado – e estava usando todas elas. Minha vida estava desmoronando e Pam lidava com isso fugindo da cena do crime. Os pais dela continuavam morando em Brazil, a pouco mais de 100 quilômetros de distância. Nós passávamos a maior parte do tempo separados.

Cheguei em casa do trabalho por volta das oito da manhã e o telefone tocou assim que entrei pela porta. Era minha mãe. Ela conhecia a minha rotina.

– Venha tomar café comigo – disse ela.

O meu "tomar café" era um bufê para uma pessoa só, uma refeição que poucos conseguiriam comer de uma única vez. Imagine: oito rosquinhas de canela, meia dúzia de ovos mexidos, 250 gramas de bacon e duas tigelas de cereal. Sem esquecer que eu já tinha acabado de matar uma caixa de rosquinhas e um milk-shake de chocolate. Nem precisei responder. Ela sabia que eu iria. A comida era minha droga de escolha, e eu sempre devorava cada migalha.

Desliguei o telefone, liguei a TV e fui tomar uma chuveirada; do banheiro, dava para ouvir a voz do apresentador ecoar em meio ao vapor. Pesquei fragmentos do que ele dizia. "Navy SEALs... mais difícil... do mundo." Enrolei uma toalha na cintura e voltei depressa para a sala. Estava tão grande que a toalha mal cobria meu traseiro gordo, mas me sentei no sofá e passei meia hora sem me mexer.

O programa acompanhava a Turma 224 do Treinamento Básico de Demolição Submarina dos SEALs (BUD/S, da sigla em inglês para *Basic Underwater Demolition*, sendo SEAL a sigla em inglês que designa as equipes de *Sea, Air and Land* da Marinha americana) durante a Semana Infernal: a mais árdua série de tarefas no treinamento mais fisicamente exigente das Forças Armadas. Vi homens suando e sofrendo para fazer circuitos de obstáculos enlameados, correndo na areia fofa carregando toras acima da cabeça e tremendo dentro de um mar gelado. O suor brotava do meu couro cabeludo, e eu literalmente me sentei na beirada do sofá enquanto via alguns dos caras mais fortes do mundo tocarem o sino e desistirem. Fazia sentido. Apenas um terço dos recrutas que entram no BUD/S consegue passar da Semana Infernal, e em todo o meu tempo no treinamento do paraquedismo de resgate eu não me lembrava de ter ficado tão mal quanto aqueles homens ali aparentavam estar. Inchados, assados e sem dormir, eles eram praticamente cadáveres ambulantes – e eu estava morrendo de inveja.

Quanto mais assistia, mais certeza tinha de que havia respostas enterradas em todo aquele sofrimento. Respostas das quais eu precisava. Mais de uma vez a câmera fazia uma tomada panorâmica para mostrar o oceano sem fim e cheio de espuma, e a cada vez eu me sentia péssimo. Os SEALs eram tudo que eu não era. Ser SEAL tinha a ver com orgulho, com dignidade e com o tipo de excelência que vinha de se meter no fogo, ser surrado e voltar pedindo mais, vezes e mais vezes. Eles eram o equivalente humano da espada mais dura e afiada que se pudesse imaginar. Eles se atiravam ao fogo, suportavam golpes pelo tempo que fosse preciso – e depois por mais tempo ainda –, até se tornarem destemidos e mortíferos. Não era motivação o que aqueles homens tinham. Era determinação. O final do programa mostrava a formatura. Víamos 22 homens orgulhosos, em pé lado a lado usando seus uniformes brancos de gala, e a câmera então se movia para seu oficial responsável:

"Numa sociedade em que a mediocridade é muitas vezes o padrão e com grande frequência é recompensada, existe um imenso fascínio por homens que abominam a mediocridade, que se recusam a se definir usando termos convencionais e que buscam transcender as capacidades humanas tradicionalmente reconhecidas. Esse é exatamente o tipo de pessoa que o BUD/S foi feito para encontrar. O homem que dá um jeito de concluir toda e qualquer tarefa usando sua capacidade máxima. O homem que se adapta e supera todo e qualquer obstáculo."

Nesse instante, tive a sensação de que aquele oficial estava falando diretamente comigo, mas depois de terminado o programa voltei para o banheiro, olhei no espelho e me encarei com desprezo. Não tinha como esconder nenhum daqueles 135 quilos. Eu era tudo que todos os babacas lá de Brazil tinham dito que eu seria: sem instrução, sem nenhuma competência prática, zero disciplina e um futuro que era um beco sem saída. A mediocridade teria sido um baita avanço. Eu estava no fundo do poço da vida, chafurdando na lama, mas pela primeira vez em muito, muito tempo, estava desperto.

Mal conversei com minha mãe durante o café da manhã e só comi metade do que costumava comer sempre, porque estava com a cabeça em assuntos mal resolvidos. Eu sempre quisera entrar para uma unidade de operações especiais de elite, e por baixo de todas as pelancas de banha e de todas as camadas de fracasso esse desejo ainda existia. E agora ele estava voltando à vida graças ao fato de eu ter por acaso assistido a um programa que seguiu fazendo efeito em mim como um vírus que vai de célula em célula até dominar tudo.

Aquilo virou uma obsessão da qual eu não conseguia me livrar. Todas as manhãs depois do trabalho, durante quase três semanas, liguei para recrutadores da ativa da Marinha e lhes contei minha história. Liguei para escritórios espalhados por todo o país. Disse que estaria disposto a me mudar, contanto que eles conseguissem me fazer entrar no treinamento dos SEALs. Todo mundo disse não. A maioria não tinha interesse em candidatos que já tivessem prestado serviço militar. A equipe de um escritório de recrutamento na região de Indianápolis ficou curiosa e quis me conhecer pessoalmente, mas quando cheguei lá eles riram na minha cara. Eu estava muito pesado, pesado demais, e aos olhos deles não passava de mais um farsante iludido. Saí desse encontro me sentindo exatamente assim.

Depois de telefonar para todos os escritórios de recrutamento da ativa que consegui encontrar, liguei para a unidade mais próxima de reservistas da Marinha e falei pela primeira vez com o suboficial Steven Schaljo. Schaljo tinha trabalhado como eletricista e instrutor por oito anos com vários esquadrões de F-14 na Estação Auxiliar da Marinha em Miramar antes de entrar para a equipe de recrutamento em San Diego, que é onde os SEALs treinam. Deu duro e foi galgando depressa os degraus da carreira. Sua mudança para Indianápolis viera acompanhada de uma promoção e do desafio de encontrar recrutas para a Marinha no meio dos milharais. Fazia só dez dias que ele tinha começado a trabalhar em Indy quando eu liguei, e se qualquer outra pessoa tivesse atendido você provavelmente não estaria lendo este livro. Mas graças a uma combinação de pura sorte e persistência obstinada acabei encontrando um dos melhores recrutadores da Marinha, um cara cuja tarefa preferida era encontrar diamantes brutos: caras como eu, que já tinham prestado serviço, queriam se realistar e tinham esperança de entrar nas operações especiais.

Nossa primeira conversa não durou muito. Ele disse que podia me ajudar e que eu deveria passar lá para conhecê-lo pessoalmente. Eu já tinha escutado aquilo. Peguei a chave do carro e fui direto para o escritório dele, mas sem alimentar grandes esperanças. Quando cheguei, meia hora mais tarde, ele já estava ao telefone com a administração do BUD/S.

Todos os marujos daquele escritório – todos eles brancos – ficaram surpresos ao me ver, exceto Schaljo. Se eu era um peso-pesado, Schaljo, com 1,70 de altura, era um peso-pena; mas ele não pareceu intimidado pelo meu tamanho. Pelo menos não de cara. Era extrovertido e simpático, como qualquer vendedor, embora desse para ver que escondia um pit bull dentro de si. Ele me conduziu por um corredor para ir me pesar, e enquanto eu estava em cima da balança espiei um diagrama de peso pregado na parede. Com a minha altura, o peso máximo autorizado pela Marinha era de 86,6 quilos. Prendi a respiração, encolhi a barriga ao máximo e estufei o peito numa tentativa patética de adiar o momento humilhante em que ele me daria a má notícia com delicadeza. Esse momento nunca chegou.

– Grandão você, hein, cara? – disse Schaljo, sorrindo e balançando a cabeça enquanto anotava 135 quilos num gráfico em sua pasta. – A Marinha tem um programa que permite a recrutas da reserva entrarem para o serviço ativo. É isso que nós vamos usar. A inscrição no programa acaba no final do ano, então precisamos pôr você para dentro antes disso. A questão é que você tem trabalho pela frente, mas isso você já sabia.

Segui o olhar dele até a planilha de peso e tornei a verificá-la. Ele meneou a cabeça, sorriu, me deu um tapinha no ombro e me deixou sozinho para encarar minha verdade.

Eu tinha menos de três meses para perder 48 quilos.

Aquilo parecia uma tarefa impossível, e esse foi um dos motivos pelos quais não larguei meu emprego. O outro motivo foi a ASVAB. Esse pesadelo de prova tinha ressuscitado feito um monstruoso Frankenstein. Eu já tinha passado na prova uma vez para me alistar na Força Aérea, mas para me qualificar para o BUD/S precisava de uma pontuação bem mais alta. Passei duas semanas estudando o dia inteiro e dedetizando a noite inteira. Ainda não tinha começado a malhar. A perda de peso para valer teria que esperar.

Fiz a prova num sábado à tarde. Na segunda-feira seguinte, liguei para Schaljo.

– Bem-vindo à Marinha – disse ele.

Primeiro ele me deu a notícia boa. Eu tinha pontuado excepcionalmente bem em algumas partes da prova e era agora oficialmente um reservista, mas tinha tirado só 44 em Compreensão Mecânica. Era preciso tirar no mínimo 50 para me qualificar para o BUD/S. Eu teria que refazer a prova inteira dali a cinco semanas.

Hoje em dia, Schaljo gosta de chamar nossa conexão fortuita de "destino". Ele diz que sentiu minha determinação desde o primeiro instante em que nos falamos e que acreditou em mim desde o início. Por isso meu peso não foi um problema para ele. Mas depois dessa prova ASVAB, fui tomado pela dúvida. Então talvez o que houve mais tarde nessa mesma noite também tenha sido uma espécie de destino – ou então uma muito necessária dose de intervenção divina.

Não vou citar o nome do restaurante onde tudo aconteceu, senão você nunca mais iria querer comer lá e eu teria que contratar um advogado. Basta dizer que o lugar estava um desastre. Verifiquei primeiro as ratoeiras do lado de fora e encontrei um rato morto. Lá dentro havia mais roedores mortos – dois camundongos e uma ratazana –, além de baratas na lata de lixo que não tinha sido esvaziada. Balancei a cabeça, me ajoelhei no chão para olhar debaixo da pia e borrifei spray para cima numa fresta estreita da parede. Eu ainda não sabia, mas tinha encontrado o ninho das baratas, e conforme o veneno foi fazendo efeito elas começaram a correr.

Em questão de segundos, senti alguma coisa andando na minha nuca. Espantei a barata e, quando olhei para cima, vi uma profusão de baratas caindo no chão da cozinha por uma abertura no forro do teto. Eu tinha encontrado a jazida das baratas, e era a pior infestação que via desde que começara a trabalhar na Ecolab. Não parava de sair barata. Elas aterrissavam nos meus ombros e na minha cabeça. O chão estava se mexendo.

Deixei minha lata de inseticida na cozinha, peguei as armadilhas adesivas e saí depressa de lá. Precisava de ar puro e de mais tempo para entender como iria exterminar as pragas daquele restaurante. Considerei minhas alternativas enquanto ia até a caçamba de lixo jogar fora os roedores. Ao abrir a tampa, encontrei um guaxinim vivo, chiando de raiva. O bicho arreganhou os dentes amarelos e avançou em mim. Irritado, fechei com força a tampa do lixo.

Sério mesmo? Quando é que aquilo iria acabar? Será que eu estava disposto a deixar meu lamentável presente se transformar num futuro de fracasso? Quanto tempo mais iria esperar, quantos anos mais jogar fora me perguntando se havia algum propósito maior à minha espera em algum lugar? Naquele exato momento entendi que, se não tomasse uma atitude e começasse a percorrer o caminho de maior resistência, acabaria preso para sempre naquela toca mental.

Não voltei a entrar naquele restaurante. Não recolhi meu equipamento. Dei a partida na picape, parei para tomar um milk-shake de chocolate – meu chá calmante naquela época – e fui para casa. Ainda estava escuro quando cheguei. Não dei a mínima. Tirei a roupa de trabalho, vesti uma roupa de malhar e calcei meus tênis de corrida. Fazia mais de um ano que não corria, mas saí disposto a correr 6,5 quilômetros.

Não aguentei nem 400 metros. Meu coração disparou. Fiquei tão tonto que tive que sentar na borda do campo de golfe para recuperar o fôlego antes de voltar caminhando devagar para casa, onde meu milk-shake derretido me esperava para me reconfortar por mais um fracasso. Peguei a bebida, dei um gole e me joguei no sofá. Lágrimas encheram meus olhos.

Quem eu pensava que era? Eu tinha nascido um nada, tinha provado ser um nada e continuava sem valer nada. David Goggins, um Navy SEAL? Até parece. Era um sonho impossível. Eu não conseguia sequer correr cinco minutos em volta do quarteirão. Todos os medos e inseguranças que eu vinha sufocando a vida inteira começaram a pipocar na minha cabeça. Eu estava a ponto de me entregar e desistir de vez. Foi quando encontrei minha velha fita VHS de *Rocky – Um lutador* (a mesma que eu tinha havia quinze anos), a coloquei no videocassete e avancei o filme até minha cena preferida: o 14º assalto.

O *Rocky* original até hoje é um dos meus filmes preferidos de todos os tempos, porque é a história de um boxeador da classe trabalhadora, sem instrução nenhuma, que leva uma vida de pobreza sem qualquer perspectiva. Nem mesmo seu próprio treinador quer trabalhar com ele. Então, do nada, ele tem a oportunidade de lutar contra o campeão Apollo Creed, o lutador mais temido da história, um homem que derrubara todos os oponentes que já tinha enfrentado. Tudo que Rocky quer é ser o primeiro a vencer Creed. Isso por si só já o fará se orgulhar pela primeira vez na vida.

A luta é mais apertada do que qualquer um poderia ter previsto, sangrenta e intensa, e nos assaltos do meio Rocky começa a apanhar cada vez mais. Está perdendo a luta, e no 14º assalto é derrubado logo no início, mas na mesma hora se levanta no meio do ringue. Apollo se aproxima, rodeando-o feito um leão. Desfere jabs rápidos de esquerda, acerta o lento Rocky com uma sequência matadora, crava um gancho fortíssimo, depois mais um. Ele o encurrala num canto. As pernas de Rocky parecem geleia. Ele não consegue reunir forças sequer para levantar os braços e se defender. Apollo acerta outro gancho de direita na lateral da cabeça dele, depois um gancho de esquerda e então um cruel uppercut com a direita que derruba Rocky no chão.

Apollo recua até o canto mais afastado com os braços erguidos, mas, mesmo caído de bruços no ringue, Rocky não desiste. Enquanto o árbitro inicia a contagem, ele se contorce até chegar às cordas. Mickey, seu treinador, lhe diz para continuar no chão, mas Rocky não lhe dá ouvidos. Ele se levanta num dos joelhos, depois fica de quatro. Quando o árbitro conta seis, ele agarra as cordas e se levanta. A multidão ruge. Apollo se vira e o vê ainda de pé. Rocky acena para que Apollo se aproxime. Os ombros do campeão se curvam; ele não consegue acreditar naquilo.

A luta ainda não tinha acabado.

Desliguei a televisão e pensei na minha própria vida. Era uma vida destituída de determinação ou paixão, mas eu sabia que, se continuasse me rendendo ao meu próprio medo e aos meus sentimentos de inadequação, permitiria que eles ditassem para sempre o meu futuro. Minha única alternativa era tentar encontrar o poder das emoções que tinham me derrubado, canalizá-lo e usá-lo para me empoderar e me ajudar a levantar. Foi exatamente isso que eu fiz.

Joguei no lixo o resto do milk-shake, amarrei os cadarços dos tênis e tornei a sair para correr. Na primeira corrida, eu tinha sentido uma forte dor nas pernas e nos pulmões aos 400 metros. Meu coração tinha disparado e eu acabei parando. Dessa vez senti a mesma dor, meu coração disparou feito um carro superaquecido, mas eu atravessei a dor correndo e ela diminuiu. Quando me curvei para recuperar o fôlego, tinha corrido 1.600 metros, uma milha inteirinha.

Foi quando percebi pela primeira vez que nem todas as limitações físicas e mentais são reais e que eu tinha o hábito de desistir muito cedo. Entendi também que seria preciso cada grama de coragem e força que eu conseguisse reunir para realizar o impossível. Estava diante de horas, dias e semanas de sofrimento contínuo. Teria que me forçar até o limite mais extremo da minha mortalidade. Tive que aceitar a possibilidade muito real de talvez morrer, porque dessa vez eu não iria desistir, por mais que meu coração disparasse e por maior que fosse a dor. O problema era que eu não tinha nenhum plano de batalha para seguir, nenhum mapa. Tive que criar um do zero.

Um dia comum para mim era mais ou menos assim: eu acordava às 4h30, comia uma banana e estudava para a ASVAB. Por volta das cinco da manhã, levava o livro para minha bicicleta ergométrica, onde passava duas horas suando e estudando. Lembre-se: meu corpo estava detonado. Como eu ainda não era capaz de correr muitos quilômetros, precisava queimar o máximo de calorias que conseguisse na bicicleta. Depois disso, eu ia até a escola de Carmel, pulava na piscina e nadava duas horas. De lá ia para a academia e fazia uma série de circuito que incluía supino, supino inclinado e vários exercícios de perna. A massa corporal era a minha inimiga. Eu precisava de repetições, e fazia cinco ou seis séries de cem ou duzentas repetições cada uma. Então voltava à bicicleta ergométrica por mais duas horas.

Eu sentia fome o tempo todo. O jantar era minha única refeição de verdade no dia, e eu não comia muita coisa. Um peito de frango grelhado ou salteado e alguns legumes refogados com uma porção microscópica de arroz. Depois do jantar fazia mais duas horas de bicicleta ergométrica, ia para a cama, acordava e repetia tudo outra vez, sabendo que tinha poucas chances de sucesso. O que eu estava tentando fazer era como se um aluno que só tira D tentasse entrar em Harvard ou como entrar num cassino, apostar todos os seus dólares num número da roleta e agir como se ganhar fosse uma conclusão elementar. Eu estava apostando tudo que tinha em mim mesmo sem garantia nenhuma.

Eu me pesava duas vezes ao dia, e em duas semanas tinha perdido 11,3 quilos. Meu progresso só fazia melhorar à medida que eu mantinha o ritmo. Meu peso começou a evaporar. Dez dias depois eu estava com 113,3 quilos, leve o suficiente para passar a fazer flexões de braço e barra fixa, e para começar a correr feito um doido. Continuei acordando, fazendo ergométrica, indo nadar e depois malhando, mas incluí também corridas de 3,2, 4,8 e 6,4 quilômetros. Joguei meus tênis de corrida fora e encomendei um par de coturnos da marca Bates Lites, os mesmos que os candidatos a Navy SEAL calçam no BUD/S. Comecei a usá-los para correr.

Com tanto esforço, seria de pensar que minhas noites seriam de descanso, mas eram repletas de ansiedade. Minha barriga roncava e meus pensamentos eram um turbilhão. Eu sonhava com perguntas complexas da prova ASVAB e ia dormir apreensivo com o treino do dia seguinte. Estava me esforçando tanto e tinha tão pouco combustível que a depressão se tornou um efeito colateral natural. Meu casamento em ruínas rumava para o divórcio. Pam deixou bem claro que ela e minha enteada não se mudariam comigo para San Diego se, por algum milagre, eu conseguisse levar aquela ideia a cabo. Elas passavam a maior parte do tempo em Brazil, e quando eu estava sozinho em Carmel vivia atormentado. À medida que meu fluxo incessante de pensamentos autodepreciativos ia ganhando fôlego, eu me sentia ao mesmo tempo inútil e impotente.

Quando a depressão sufoca, ela apaga toda a luz e deixa você sem nada em que se agarrar para ter alguma esperança. Você só vê negatividade. Para mim, o único jeito de atravessar aquilo era me alimentar da minha depressão. Eu precisava revertê-la e me convencer de que toda aquela insegurança e ansiedade eram uma confirmação de que eu não estava mais levando uma vida sem objetivo. Minha meta poderia se revelar impossível, mas pelo menos eu tinha uma missão novamente.

Em algumas noites, quando estava muito para baixo, eu ligava para Schaljo. Ele estava sempre no escritório de manhã cedinho e tarde da noite. Não fazia confidências sobre a minha depressão porque não queria que ele duvidasse de mim. Eu usava essas ligações para me dar gás. Contava quantos quilos tinha perdido e quanto estava me esforçando, e ele me lembrava de continuar estudando para a prova ASVAB.

Positivo.

Eu tinha uma fita cassete com a trilha sonora de *Rocky* e me inspirava escutando *Going the Distance*. Em longas pedaladas e corridas, com aqueles metais explodindo no meu cérebro, eu me imaginava passando pelo treinamento BUD/S, mergulhando em água fria e arrasando na Semana Infernal. Eu desejava, torcia, mas quando atingi os 113,3 quilos, minha missão de me qualificar para os SEALs não era mais um devaneio. Eu tinha a chance real de conquistar o que a maioria das pessoas achava impossível, inclusive eu mesmo. Ainda assim, havia dias ruins. Um dia de manhã, não muito tempo depois de baixar dos 113,3 quilos, eu me pesei e só tinha perdido meio quilo em relação à véspera. Tinha tanto peso para perder que não podia me dar ao luxo de estacionar. Era só nisso que pensava enquanto corria quase 10 quilômetros ou nadava mais de 3. Eu já chegava na academia para meu circuito habitual de três horas exausto e dolorido.

Depois de fazer mais de cem repetições na barra fixa numa sequência de séries, eu estava de volta à barra para a maior série que conseguisse, sem teto. Ao começar, meu objetivo era chegar a doze repetições, mas quando suspendi o queixo acima da barra pela décima vez minhas mãos já estavam pegando fogo. Durante semanas, a tentação de tirar o pé do freio estivera sempre presente, e eu sempre a havia recusado. Nesse dia, porém, a dor foi demais, e depois da décima primeira repetição eu desisti, larguei a barra e encerrei minha série com uma a menos.

Essa única repetição não me saiu da cabeça – junto com aquele meio quilo. Tentei não pensar nisso, mas o pensamento não me deixava em paz. Essas duas coisas ficaram me atazanando no caminho de carro até em casa e diante da mesa da cozinha, enquanto eu comia um filé de frango bem fininho grelhado e uma batata assada insossa. Eu sabia que só iria dormir naquela noite se fizesse alguma coisa em relação àquilo, então peguei a chave do carro.

– Se pegar atalhos, você não vai conseguir – falei em voz alta enquanto dirigia de volta até a academia. – Nada de atalhos para você, Goggins!

Fiz minha série na barra fixa inteirinha mais uma vez. Uma repetição a menos me custou outras 250, e haveria outros episódios parecidos. Toda vez que eu abreviava uma corrida ou uma sessão de natação por estar com fome ou cansado, voltava e me castigava com ainda mais força. Só assim conseguia domar os demônios da minha mente. Fosse como fosse, haveria sofrimento. Eu tinha que escolher entre o sofrimento físico, no presente, e a angústia mental de ficar me perguntando se aquela única repetição a menos, se aquela última volta na piscina, se aqueles 400 metros que eu tinha deixado de correr no asfalto ou na terra batida acabariam me custando a oportunidade da minha vida. A escolha era fácil. Quando o assunto eram os SEALs, eu não iria deixar nada a cargo do acaso.

Na véspera da prova ASVAB, quatro semanas antes do início do treinamento, alcançar o peso já não era mais uma preocupação. Eu já tinha baixado para 97,5 quilos, e estava mais rápido e mais forte do que nunca. Corria quase 10 quilômetros por dia, pedalava mais de 32 e nadava mais de três. Tudo isso no auge do inverno. Minha corrida preferida era o circuito de 9,66 quilômetros de Monon, uma trilha de bicicleta e caminhada que atravessava as árvores de Indianápolis. Lá era o reino dos ciclistas e das mães saradas com carrinhos de bebê, dos atletas de fim de semana e dos coroas. Àquela altura, Schaljo já tinha me passado a ordem de advertência dos Navy SEALs. Nela estavam todas as séries de evoluções que eu teria que completar na primeira fase do BUD/S, e eu não hesitei em dobrá-las. Sabia que, em geral, 190 homens se qualificavam para um treinamento típico dos SEALs, e apenas quarenta chegavam ao final. Eu não queria ser apenas um desses quarenta. Queria ser o melhor.

Mas primeiro tinha de passar na ASVAB. Eu vinha estudando em todos os segundos livres que tinha. Se não estava malhando, estava sentado à mesa da cozinha decorando fórmulas e repassando centenas de palavras de vocabulário. Com o treinamento físico correndo bem, toda a minha ansiedade grudou na ASVAB feito clipes de papel num ímã. Aquela seria minha última chance de fazer a prova antes de me tornar inelegível para o treinamento SEAL. Eu não era muito inteligente e, com base no meu desempenho acadêmico anterior, não havia nenhum bom motivo para acreditar que fosse passar com uma pontuação alta o suficiente para me qualificar para os SEALs. Se eu não conseguisse, meu sonho morreria e mais uma vez eu estaria à deriva, sem propósito.

A prova foi aplicada numa salinha de aula no forte Benjamin Harrison, em Indianápolis. Eram uns trinta candidatos, todos jovens como eu. A maioria tinha acabado de concluir o ensino médio. Cada um foi posto diante de um computador de mesa antigo. No último mês, o teste fora digitalizado, e eu não tinha experiência com computadores. Pensei que nem sequer fosse conseguir operar a máquina, quanto mais responder às questões, mas o programa se revelou à prova de idiotas e eu relaxei.

A prova ASVAB é dividida em dez partes, e eu estava indo de vento em popa até chegar à Compreensão Mecânica, minha prova de fogo. Dali a menos de uma hora teria uma boa noção e saberia se estivera mentindo para mim mesmo ou se tinha a fibra necessária para me tornar um SEAL. Toda vez que uma pergunta me deixava em dúvida, eu ticava minha folha de rascunho. Eram umas trinta questões nessa parte, e quando acabei a prova tinha chutado pelo menos umas dez. Precisava acertar algumas, ou estaria fora.

Depois de terminar a última parte, fui instruído pelo programa a enviar todas as respostas para o computador do administrador da prova na frente da sala, onde a pontuação seria calculada na hora. Espiei por cima do meu monitor e o vi sentado ali, à espera. Apontei com o mouse, cliquei e saí da sala. Quicando de nervosismo, fiquei andando de um lado para outro no estacionamento por alguns minutos antes de enfim entrar no meu Honda Accord, mas não dei a partida. Não consegui ir embora.

Passei quinze minutos sentado no banco do motorista olhando para o nada. Schaljo levaria pelo menos dois dias para me ligar e dizer o resultado, mas a resposta para o enigma do meu futuro já estava dada. Eu sabia exatamente onde estava e tinha que saber a verdade. Tomei coragem, tornei a entrar lá e fui até onde estava sentado o profeta.

– O senhor precisa me dizer quanto eu tirei nessa prova – falei.

O cara ergueu os olhos para mim, espantado, mas não cedeu.

– Sinto muito, filho. Isto aqui é o Governo Federal. Eles têm um jeito sistematizado de fazer as coisas. Não fui eu quem criou as regras, e não posso passar por cima delas.

– O senhor não faz ideia do que essa prova significa para mim, para a minha vida. Essa prova é tudo para mim!

Ele encarou meus olhos vidrados pelo que pareceram cinco minutos, então se virou para o seu computador.

– Estou violando todas as regras do manual – falou. – É Goggins, né?
– Aquiesci e dei a volta por trás da cadeira dele enquanto ele percorria os arquivos. – Aqui está. Parabéns, você tirou 65. É uma ótima pontuação.

Ele estava se referindo à minha pontuação geral, mas eu não estava nem aí para isso. Tudo dependia de eu conseguir fazer 50 pontos na parte que mais contava.

– Em Compreensão Mecânica eu tirei quanto?

Ele encolheu os ombros, clicou, rolou a página, e ali estava. Meu novo número preferido, brilhando na tela: 50.

– ÉÉÉÉ!!! – berrei. – ÉÉÉ! É ISSO AÍ!

Ainda havia um punhado de gente fazendo a prova, mas aquele era o momento mais feliz da minha vida e eu não consegui me segurar. Não parava de gritar "É!" a plenos pulmões. O administrador quase caiu da cadeira, e todo mundo naquela sala olhou para mim como se eu fosse louco. Ah, se eles soubessem como eu estava mesmo enlouquecido! Durante meses, eu tinha dedicado toda a minha existência àquele único instante, e agora iria aproveitar. Fui correndo até meu carro e gritei mais um pouco.

– VOCÊ FINALMENTE CONSEGUIU, GOGGINS!

No caminho de carro até em casa, liguei para minha mãe. Além de Schaljo, ela era a única pessoa a ter testemunhado minha metamorfose.

– Eu consegui – falei para ela, os olhos marejados. – Consegui! Eu vou virar um SEAL.

No dia seguinte, ao chegar ao trabalho, Schaljo ficou sabendo e me ligou. Ele já tinha mandado meu dossiê de recrutamento e acabara de saber que eu tinha sido aceito! Deu para perceber que estava feliz por mim e orgulhoso por saber que aquilo que vira em mim da primeira vez em que nos encontráramos se revelara real.

Mas nem tudo foi felicidade naqueles dias. Minha mulher tinha me dado um ultimato tácito, e eu agora tinha uma decisão a tomar. Abandonar a oportunidade pela qual tanto me esforçara e continuar casado, ou pedir o divórcio e ir tentar virar SEAL. No fim das contas, minha escolha não teve nada a ver com o que eu sentia por Pam ou com o pai dela. Ele tinha me pedido desculpas, aliás. Minha escolha teve a ver com quem eu era e quem queria ser. Eu era um prisioneiro da minha própria mente e aquela oportunidade era minha única chance de liberdade.

Comemorei minha vitória como um candidato a SEAL deve fazer: me exaurindo. Na manhã seguinte e nas três semanas que vieram depois, treinei na piscina com um cinto de 7 quilos amarrado na cintura. Nadava 50 metros por vez debaixo d'água e andava de uma ponta a outra da piscina submerso, segurando um tijolo em cada mão, tudo sem subir para respirar. A água não iria me derrotar dessa vez.

Depois de acabar, eu nadava de 1.600 a 3.200 metros, então seguia para um lago perto da casa da minha mãe. Lembre-se: era o estado de Indiana, no Meio-Oeste dos Estados Unidos, em pleno mês de dezembro. As árvores estavam peladas. Gelo pendia dos beirais das casas feito cristais e a neve cobria a terra até onde o olho alcançava, mas o lago ainda não estava inteiramente congelado. Eu entrava na água gélida usando uma calça camuflada, uma camiseta marrom de manga curta e calçando botas, deitava de costas e ficava olhando o céu cinza. A água gélida me cobria, a dor era lancinante – e eu adorava. Depois de alguns minutos, saía do lago e começava a correr, com água chapinhando dentro das botas e a cueca cheia de areia. Em questão de segundos a camiseta já estava colada no meu peito, congelada, e as barras da minha calça tinham virado gelo. Então eu corria pela trilha de Monon. O vapor escapava do meu nariz e da minha boca enquanto eu grunhia e passava zunindo por pessoas caminhando em marcha acelerada ou correndo. Civis. Elas viravam a cabeça quando eu aumentava a velocidade e disparava, igual a Rocky no filme. Eu corria o mais rápido que conseguia pelo máximo de tempo possível, de um passado que não mais me definia em direção a um futuro incerto. Tudo que sabia era que haveria dor. Que haveria propósito.

E que eu estava pronto.

## DESAFIO Nº 3

O primeiro passo da jornada rumo a uma mente calejada é sair regularmente da sua zona de conforto. Pegue seu diário outra vez e anote tudo aquilo que não gosta de fazer ou que deixa você pouco à vontade. Em especial as coisas que sabe que lhe fazem bem.

Agora vá fazer uma delas. Depois faça de novo.

Nas páginas a seguir, vou lhe pedir para espelhar em certo grau o que acabou de ler, mas você não precisa encontrar a própria tarefa impossível e realizá-la em tempo recorde. Não se trata de mudar sua vida de forma instantânea, mas de ir movendo o ponteiro aos poucos de forma a tornar essas mudanças sustentáveis. Isso significa descer até o nível mais micro e fazer diariamente algo que você acha um saco. Mesmo que seja tão simples quanto arrumar a cama, lavar a louça, passar roupa ou acordar antes de o dia raiar e ir correr 3 quilômetros diariamente. Quando isso se tornar confortável, passe a correr 8, depois 16 quilômetros.

Se você já faz todas essas coisas, encontre algo que não esteja fazendo. Todos temos áreas da vida que ignoramos ou que podemos melhorar. Encontre a sua. Muitas vezes optamos por nos concentrar em nossos pontos fortes, não nos fracos. Use esse tempo para transformar seus pontos fracos em fortes.

Fazer coisas – mesmo que pequenas – que lhe trazem desconforto ajudará você a se tornar mais forte. Quanto maior a frequência do desconforto, mais forte você vai ficar, e em pouco tempo desenvolverá um diálogo mental mais produtivo e mais positivo em situações de estresse.

Faça uma selfie ou um vídeo quando estiver na zona de desconforto e poste nas redes sociais descrevendo o que está fazendo e por quê. Não se esqueça de incluir as hashtags #discomfortzone #pathofmostresistance #canthurtme #impossibletask [zona de desconforto; caminho de maior resistência; tarefa impossível].

# CAPÍTULO QUATRO

# CAPTURA DE ALMAS

A primeira granada de atordoamento explodiu bem perto e a partir daí tudo se desenrolou em câmera lenta. Num minuto estávamos relaxando na sala coletiva, de bobeira, assistindo a filmes de guerra e nos preparando para a batalha que sabíamos estar por vir. Então aquela primeira explosão trouxe uma segunda, e de repente Pete Psicose estava na nossa frente, berrando a plenos pulmões, com as bochechas coradas feito maçãs do amor e a veia da têmpora direita latejando. Quando ele gritava, seus olhos se esbugalhavam e seu corpo inteiro tremia.

– Dispersar! Vai! Vai! Vai!

Minha equipe de bote correu para a porta em fila indiana, exatamente como tínhamos planejado. Lá fora, Navy SEALs disparavam seus M60 no escuro em direção a um inimigo invisível. Aquilo era o sonho ruim pelo qual passáramos a vida inteira esperando: o pesadelo lúcido que iria nos definir ou nos matar. Todos os nossos impulsos nos diziam para nos jogar no chão, mas, naquele momento, continuar em movimento era nossa única opção.

Os estampidos graves e repetitivos das metralhadoras penetravam nossas entranhas, o brilho luminoso alaranjado de outra explosão próxima causou um choque de violenta beleza e nossos corações pareciam britadeiras quando nos reunimos no Triturador para aguardar as ordens. Aquilo era uma guerra, sim, mas ela não seria travada em alguma costa distante. Como a maioria das batalhas que temos na vida, aquela dali seria vencida ou perdida em nossa própria mente.

Pete Psicose pisou firme no asfalto esburacado de tiro, a testa encharcada de suor e o cano do fuzil fumegando na noite de nevoeiro.

– Senhores, bem-vindos à Semana Infernal – disse ele, dessa vez com calma naquele seu sotaque arrastado e cadenciado de surfista da Califórnia. Olhou-nos de cima a baixo como um predador avaliando a presa. – O prazer será todo meu em ver os senhores sofrerem.

Ah, e nós iríamos sofrer mesmo. Psicose era quem ditava o ritmo, cantando as flexões, os abdominais e os infra alternados, os agachamentos com salto e as flexões com mergulho. Entre um e outro exercício, ele e seus colegas instrutores nos molhavam com uma mangueira de água congelante, sem nunca parar de fazer piadas. As repetições e séries se sucediam sem parecer ter fim.

Meus colegas de turma estavam próximos uns dos outros, cada qual pisando em sua silhueta de pegada de sapo. Acima de nós, uma estátua de nosso santo padroeiro: o Homem-Sapo, criatura alienígena das profundezas, com pés e mãos espalmadas, garras afiadas e uma barriga tanquinho. À esquerda ficava o malfadado sino de latão. Desde aquela manhã em que eu havia chegado em casa depois de matar baratas e fora sugado para o mundo dos Navy SEALs, aquele era o lugar que eu vinha buscando. O Triturador: um trecho de asfalto entranhado de história e sofrimento.

O Treinamento Básico de Demolição Submarina dos SEALs dura seis meses e se divide em três fases. A Primeira Fase é só treinamento físico, ou TF. A Segunda Fase é um treino de mergulho, no qual aprendemos a nos deslocar debaixo d'água e a usar sistemas de mergulho indetectáveis, de circuito fechado, que não soltam bolhas e reciclam nosso dióxido de carbono para transformá-lo em ar respirável. A Terceira Fase é o treino de guerra em terra. No entanto, quando a maioria das pessoas pensa no BUD/S, pensa na Primeira Fase, porque é nessas semanas que os novos recrutas vão sendo amaciados até a turma ser literalmente triturada e passar de 120 caras para a dura e reluzente coluna vertebral formada pelos 25 a 40 mais dignos de usar o Tridente. O símbolo que mostra ao mundo que ninguém deve se meter com a gente.

Os instrutores do BUD/S fazem isso obrigando os recrutas a se exercitarem além dos próprios limites, desafiando sua masculinidade e martelando padrões físicos objetivos de força, resistência e agilidade. Esses padrões são colocados à prova. Nessas primeiras três semanas de treinamento, nós tivemos, entre outras coisas, que subir uma corda de 10 metros, percorrer na velocidade máxima um circuito de obstáculos de 800 metros repleto de desafios do tipo *American Ninja Warrior* em no máximo dez minutos, e correr 6,5 quilômetros na areia fofa em menos de 32 minutos. Mas, se você quiser saber, para mim isso tudo foi brincadeira de criança. Nem sequer se compara ao ápice da Primeira Fase.

A Semana Infernal é algo totalmente diferente. É uma coisa medieval e pega você de surpresa, explodindo logo na terceira semana de treinamento. Quando a dor latejante em nossos músculos e juntas já está turbinada ao máximo, quando estamos vivendo noite e dia com a sensação agoniante de que a nossa respiração está acelerando mais do que o ritmo do nosso corpo, de que os nossos pulmões se enchem e se esvaziam feito sacos de lona apertados pelos punhos de um demônio, por 130 horas seguidas. É um teste que vai além da esfera física e que expõe o coração e o caráter da pessoa. Mais do que tudo, expõe nossa disposição mental – e é exatamente para isso que foi projetada.

Tudo isso acontece no Centro de Comando de Guerra Naval Especial na engomadinha ilha de Coronado, uma armadilha para turistas do sul da Califórnia aninhada junto à península de Point Loma e que protege a marina de San Diego das águas abertas do Oceano Pacífico. Mas nem mesmo o dourado sol da Califórnia era capaz de embelezar o Triturador, e graças a Deus que não. Eu gostava que ele fosse feio. Aquele pedaço de agonia era tudo que eu sempre quisera. Não porque eu amasse sofrer, mas porque precisava saber se tinha ou não a fibra necessária para fazer parte daquilo.

O fato é que a maioria das pessoas não tem.

Quando a Semana Infernal começou, pelo menos quarenta caras já tinham pedido para sair, e quando faziam isso eles eram obrigados a andar até o sino, tocá-lo três vezes, tirar o capacete e colocá-lo no chão de concreto. O toque do sino foi criado na época do Vietnã, porque um número enorme de recrutas desistia no meio dos exercícios e simplesmente saía andando em direção ao alojamento. O sino era um jeito de manter o controle para saber quem ia embora, mas desde então se transformou num ritual que o cara precisa executar para admitir que está desistindo. Para quem desiste, o sino é um encerramento. Para mim, cada toque soava como progresso.

Nunca gostei muito do Psicose, mas não podia banalizar as especificidades do seu trabalho. Ele e seus colegas instrutores estavam ali para selecionar o rebanho. Além do mais, ele não perseguia os mais fracos. Pegava bastante no meu pé e no de caras maiores do que eu também. Até os caras menores eram feitos de aço. Eu era só mais um no meio de uma frota de machos alfa vindos do leste e do sul do país, da classe trabalhadora e das ricas praias de surfe da Califórnia, alguns da terra do milho como eu e vários das pastagens do Texas. Toda turma de BUD/S tem o seu quinhão de fortões do interior do Texas. Nenhum estado dos Estados Unidos forma mais SEALs do que o Texas. Deve ser alguma coisa que colocam no churrasco, mas Psicose não tinha nenhum queridinho. Não importava de onde viéssemos ou quem fôssemos, ele colava na gente feito uma sombra da qual era impossível se livrar. Às gargalhadas, aos berros ou então falando baixinho bem na nossa cara para nos provocar, para tentar mexer com o cérebro de cada homem que ele estivesse tentando fazer desistir.

Apesar de tudo isso, a primeira hora da Semana Infernal na verdade foi até divertida. Durante a dispersão, naquela correria desenfreada de explosões, tiros e gritaria, você nem sequer pensa no pesadelo que está por vir. Você surfa a onda de adrenalina porque sabe que está cumprindo um rito de passagem dentro de uma tradição sagrada de combate. Quase eufóricos, os caras olham de um lado para outro no Triturador e pensam: "É isso aí, a gente chegou na Semana Infernal!" Ah, mas a realidade mais cedo ou mais tarde sabe dar um tapa na cara de todo mundo.

– Vocês chamam isso de esforço? – perguntou Pete Psicose para ninguém em especial. – Esta deve ser a turma mais lamentável que já passou pelo nosso programa. Vocês estão passando vergonha.

Ele adorava essa parte do trabalho. Passar por cima e pelo meio de nós, deixar pegadas com a bota em nossas poças de suor e saliva, de catarro, lágrimas e sangue. Ele se achava durão. Todos os instrutores se achavam, e isso era verdade porque eles eram SEALs. Esse fato por si só os punha num lugar especial.

– Vocês não teriam chegado aos meus pés quando passei pela Semana Infernal, disso eu tenho certeza.

Sorri comigo mesmo e continuei a fazer os exercícios enquanto Psicose passava. Ele tinha um físico de jogador de futebol americano, rápido e forte, mas será que tinha sido uma arma mortal durante a sua Semana Infernal? Duvido muito, senhor!

Ele cruzou olhares com seu superior, o oficial responsável pela Primeira Fase. Quanto a esse não restava qualquer dúvida. Ele não falava muito – e nem precisava. Tinha 1,85 de altura, mas sua sombra era maior que isso. E o cara ainda por cima era grande. Grande tipo 100 quilos de músculos compactos feito aço, sem um grama sequer de empatia. Ele parecia um gorila de costas prateadas e pairava acima de nós como um padroeiro da dor, fazendo cálculos silenciosos e anotações mentais.

– Fico rindo só de *pensar* nesses aspirantes chorando e desistindo feito uns moleques chorões esta semana – disse Psicose. Gorila Prateado fez um curto meneio de cabeça e Psicose me encarou em cheio. – Ah, e vocês vão desistir – disse baixinho. – Vou garantir que façam isso.

As ameaças de Psicose eram mais sinistras quando ele as fazia num tom de voz relaxado como esse, mas houve várias ocasiões em que seu olhar se tornava sombrio, sua testa se franzia, o sangue lhe subia ao rosto e ele soltava um grito que se alastrava da ponta dos pés até o cocuruto da sua cabeça calva. Uma hora depois de a Semana Infernal começar, ele se ajoelhou, chegou com o rosto a poucos centímetros do meu quando eu estava terminando mais uma série de flexões e soltou o verbo.

– Já para a água, seus bostas!

Àquela altura nós estávamos havia quase três semanas no treinamento e já tínhamos subido e descido correndo várias vezes a barreira de terra com 5 metros de altura que separava a praia do complexo de concreto onde ficavam os escritórios, os vestiários, os alojamentos e as salas de aula do BUD/S. Em geral, para irmos nos deitar na água rasa, totalmente vestidos, e depois rolar na areia até ficarmos cobertos dos pés à cabeça, antes de voltar correndo para o Triturador, mais pesados, encharcados e pingando água salgada e areia, o que aumentava o grau de dificuldade na hora da barra fixa. Esse ritual se chamava "molhar e enfarofar", e eles queriam que tivesse areia nos nossos ouvidos, dentro do nosso nariz e em cada orifício do nosso corpo, só que dessa vez estávamos a ponto de ser submetidos a algo chamado tortura das ondas, que é uma especialidade diferente de qualquer outra.

Conforme as instruções, corremos para o mar gritando feito *senseis*.

Inteiramente vestidos, de braços dados para formar uma corrente, fomos entrando na direção da arrebentação. O mar estava agitado naquela noite sem lua e batia quase na nossa cabeça. As ondas eram trovões em movimento que arremetiam e espumavam em séries de três ou quatro. A água fria roubava o ar de nossos pulmões enquanto as ondas nos chacoalhavam.

Era o início do mês de maio, e na primavera do hemisfério norte o mar na ilha de Coronado fica com uma temperatura entre 15 e 17°C. Ficávamos subindo e descendo na água num mesmo ritmo, um colar de pérolas de cabeças flutuantes vasculhando o horizonte em busca de qualquer indício da onda que rezávamos para ver chegando antes de ela nos submergir. Os surfistas do nosso grupo eram os primeiros a detectar o perigo e iam cantando cada onda para podermos mergulhar a cabeça bem a tempo. Depois de uns dez minutos ou algo assim, Psicose nos mandava sair do mar. Quase em hipotermia, saíamos do meio das ondas e ficávamos parados em posição de sentido enquanto o médico nos avaliava em busca de sinais de hipotermia. Esse ciclo continuava a se repetir. O céu estava todo manchado de laranja e vermelho. A temperatura ia caindo depressa à medida que a noite se aproximava.

– Senhores, podem se despedir do sol – disse Gorila Prateado.

Ele nos fez acenar para o sol poente. Era um reconhecimento simbólico de uma verdade inconveniente. Estávamos prestes a congelar até os ossos.

Uma hora depois, tornamos a nos dividir em nossas equipes de bote formadas por seis homens e ficamos uns junto aos outros, apertados para nos aquecer, mas foi inútil. Ossos chacoalhavam por aquela praia inteira. Queixos batiam e narizes fungavam, condição física que revelava a situação precária de mentes que iam se estilhaçando ao se dar conta, só então, de que aquele pesadelo estava apenas começando.

Mesmo nos dias mais difíceis da Primeira Fase, antes da Semana Infernal, quando o simples volume de cordas escaladas, flexões, repetições na barra fixa e abdominais infra alternados esmaga o seu espírito, você consegue encontrar uma saída. Porque você sabe que, por pior que aquilo seja, vai chegar em casa à noite, encontrar amigos para jantar, assistir a um filme e dormir na própria cama. A questão é que, mesmo nos piores dias, você pode se concentrar numa saída que é real.

Na Semana Infernal essa moleza não existe. Principalmente no dia um, quando já no início eles nos deixaram parados em pé, de braços dados encarando o Oceano Pacífico, e nos fizeram passar horas entrando e saindo do mar. Entre uma entrada e outra, recebíamos de presente um tiro de corrida na areia fofa para nos aquecer. Em geral eles nos mandavam carregar nosso bote inflável rígido ou então um tronco de madeira acima da cabeça, mas o calor, quando vinha, nunca durava muito, porque a cada dez minutos eles nos faziam voltar outra vez para o mar.

O relógio avançou devagar nessa primeira noite, à medida que o frio se entranhava em nós, colonizando de tal maneira a medula de nossos ossos que os tiros de corrida pararam de surtir efeito. Não haveria mais nenhuma bomba, nenhum disparo e muito poucos gritos. Em vez disso, um silêncio sepulcral se espalhou e enfraqueceu nosso espírito. No mar, só conseguíamos ouvir as ondas passando acima da nossa cabeça, a água salgada que engolíamos por acidente chacoalhando em nossas entranhas e nossos próprios dentes batendo.

Quando se está sentindo tanto frio assim e sob esse nível de estresse, a mente é incapaz de compreender as mais de 120 horas seguintes. Cinco dias e meio sem dormir não podem ser divididos em pequenos pedaços. Não existe nenhum jeito de atacar esse desafio de forma sistemática, motivo pelo qual, durante sua primeira dose de tortura nas ondas, qualquer pessoa que já tentou virar um Navy SEAL fez a si mesma uma simples pergunta: "O que é que eu estou fazendo aqui?"

Essas palavras inofensivas surgiam borbulhando no turbilhão da nossa mente toda vez que éramos tragados para dentro de uma onda monstruosa à meia-noite, já à beira da hipotermia. Porque ninguém *precisa* se tornar um SEAL. Não existia *alistamento obrigatório*. Virar SEAL é uma escolha. E o que essa única pergunta fácil revelava, no auge da batalha, era que cada segundo que continuávamos naquele treinamento era também uma escolha, o que fazia todo o conceito de querer virar SEAL parecer mero masoquismo. É uma tortura voluntária. E que não faz sentido algum para a mente racional – motivo pelo qual essa pergunta faz tantos homens surtarem.

Os instrutores sabem disso, claro, e é por essa razão que logo param de gritar. À medida que a noite avançava, Pete Psicose passou a nos consolar como um irmão mais velho. Oferecia-nos uma sopa quente, um banho morno de chuveiro, cobertores e uma carona de volta até o alojamento.

Essa era a isca que ele lançava para os desistentes morderem, e ele colecionava capacetes a torto e a direito. Estava capturando a alma daqueles que desistiam porque eles eram incapazes de responder a essa simples pergunta. Eu entendo. Quando ainda é domingo, quando você sabe que tem que chegar até sexta-feira e já está sentindo muito mais frio do que jamais sentiu, você acaba ficando tentado a acreditar que não vai conseguir e que ninguém conseguirá. Os casados pensavam: *Eu poderia estar em casa, de chamego com a minha linda mulher, em vez de aqui tremendo e sofrendo.* Os solteiros pensavam: *Eu poderia estar na rua conhecendo garotas.*

É difícil ignorar esse tipo de atração cintilante, mas aquela era minha segunda passagem pelos primeiros estágios do treinamento BUD/S. Eu já tinha provado o sabor amargo da Semana Infernal como integrante da Turma 230. Não cheguei ao fim, mas não por ter desistido. Eu fui retirado do programa por motivos de saúde depois de pegar uma dupla pneumonia. Contrariei ordens médicas três vezes e tentei continuar no jogo, mas eles acabaram me obrigando a voltar para o alojamento e me puseram de volta no dia um da semana um da Turma 231.

Eu ainda não estava totalmente curado da tal pneumonia quando minha segunda turma de BUD/S começou. Meus pulmões continuavam cheios de catarro, e a cada tosse que eu dava meu peito sacudia como se um ancinho estivesse raspando meus alvéolos por dentro. Mesmo assim, eu me sentia mais otimista dessa segunda vez porque estava preparado e porque a minha equipe de bote era formada por verdadeiros selvagens.

As equipes de bote do BUD/S são formadas por altura, porque esses são os caras que vão ajudar você a carregar seu bote para onde quer que vá depois de começada a Semana Infernal. Mas a altura por si só não garantia que os seus companheiros de equipe fossem durões, e a nossa era formada por um bando de desajustados totalmente fora de lugar ali.

Tinha eu, o dedetizador que precisara perder 50 quilos e fazer a prova ASVAB duas vezes só para conseguir entrar no treinamento dos SEALs – para depois ser tirado do programa quase na mesma hora. Tínhamos também o saudoso Chris Kyle. Você deve conhecê-lo como o mais mortal atirador de elite da história da Marinha americana. Ele atirava tão bem que os *hajjis* de Fallujah botaram sua cabeça a prêmio por 80 mil dólares, e ele se transformou numa lenda viva entre os fuzileiros navais que protegia quando fazia parte do Time Três dos SEALs. Ganhou uma Estrela de Prata e quatro Estrelas de Bronze por mérito, saiu das Forças Armadas e escreveu um livro, *Sniper americano*, que virou um sucesso do cinema estrelado por Bradley Cooper. Mas na época ele não passava de um mero peão de rodeio texano daqueles bem caipiras, que praticamente não abria a boca.

Havia também Bill Brown, mais conhecido como Bizarro Brown. A maioria das pessoas o chamava apenas de Bizarro, e ele detestava esse apelido porque tinha passado a vida inteira sendo tratado como uma aberração. Sob muitos aspectos, ele era a versão branca de David Goggins. Tivera uma infância difícil nas cidades ribeirinhas do sul de Nova Jersey. As crianças mais velhas do bairro faziam bullying com ele por causa do seu lábio leporino ou por ele ser lento em sala de aula, e foi assim que o apelido pegou. Ele brigou tantas vezes por ser chamado de Bizarro que acabou indo passar seis meses num centro de detenção juvenil. Aos 19 anos já estava morando sozinho num bairro barra-pesada, tentando pagar as contas do mês como frentista. Não estava dando certo. Ele não tinha casaco de frio nem carro. Locomovia-se para lá e para cá numa bicicleta de dez marchas enferrujada e ficava com o traseiro literalmente congelado. Um dia, depois do trabalho, ele entrou num escritório de recrutamento da Marinha porque sabia que precisava de estrutura e propósito, além de umas roupas quentes. Eles lhe falaram sobre os SEALs e ele ficou curioso, mas não sabia nadar. Assim como eu, aprendeu sozinho, e depois de três tentativas finalmente passou na prova de natação.

Quando deu por si, Brown estava no BUD/S, e o tal apelido de Bizarro foi junto. Ele se saiu muito bem no treinamento físico e passou mole pela Primeira Fase, mas não arrasava tanto assim em sala de aula. O treinamento de mergulho dos Navy SEALs é tão rigoroso intelectualmente quanto do ponto de vista físico, mas ele se virou e conseguiu chegar a duas semanas da formatura do BUD/S, quando, numa das últimas tarefas de guerra em terra, não conseguiu remontar a arma num exercício cronometrado conhecido como *prática de armamentos*. Brown acertou seus alvos, mas estourou o tempo, e amargamente levou bomba no BUD/S bem no final.

Mas não desistiu. Nada disso: Bizarro Brown não iria arredar pé. Eu já tinha escutado histórias a seu respeito antes de ele ir parar junto comigo na Turma 231. Ele tinha implicância com todo mundo, e eu gostei dele na mesma hora. Era duro na queda, e exatamente o tipo de cara com quem eu tinha me inscrito para ir à guerra. Quando carregamos nosso bote pela primeira vez do Triturador até a areia, fiz questão de que fôssemos os dois homens da frente, onde a embarcação é mais pesada.

– Aí, Bizarro! – gritei. – Nós vamos ser os dois pilares da Equipe de Bote Dois!

Ele olhou para mim e eu o encarei de volta cheio de marra.

– Não me chama assim, Goggins – disse ele, com uma cara feia.

– Bom, e você vê se não sai da posição, filho! Somos você e eu aqui na frente a semana toda!

– Positivo!

Assumi a liderança da Equipe de Bote Dois desde o começo, e fazer nós seis passarmos pela Semana Infernal era meu único foco. Todo mundo aceitou minha liderança porque eu já tinha mostrado meu valor, e não só no Triturador. Na véspera da Semana Infernal, enfiei na cabeça que precisávamos roubar a programação dos instrutores. Falei isso para meus colegas de bote numa noite em que estávamos num intervalo na sala de aula, que também fazia as vezes de sala de descanso. Ninguém prestou atenção. Alguns dos caras riram, mas todos os outros me ignoraram e retomaram seus papos fúteis.

Eu entendi por quê. Aquilo não fazia sentido. Como é que nós iríamos conseguir uma cópia da programação? E, mesmo que conseguíssemos, a expectativa do que iria acontecer não acabaria piorando tudo? E se fôssemos pegos? A recompensa valia o risco?

Eu achava que sim, porque já tinha sentido o gosto da Semana Infernal. Brown e alguns outros caras também, e nós sabíamos como era fácil pensar em desistir quando confrontados com níveis de dor e exaustão que não parecem possíveis. Cento e trinta horas de sofrimento podem muito bem ser mil horas quando você sabe que não pode dormir e que não vai haver nenhum alívio no futuro próximo. E nós sabíamos outra coisa também. A Semana Infernal era um jogo mental. Os instrutores usavam nosso sofrimento para cutucar e remover nossas defesas, não para encontrar os atletas em melhor forma física. Para encontrar as mentes mais fortes. Isso é algo que os desistentes só entendiam quando já era tarde demais.

Tudo na vida é um jogo mental! Sempre que somos tragados pelos dramas da vida, tanto os grandes quanto os pequenos, esquecemos que, por pior que a dor se torne, por mais insuportável que seja a tortura, tudo que é ruim tem um fim. Esse esquecimento acontece no exato segundo em que deixamos outras pessoas controlarem nossas emoções e atitudes, o que pode facilmente acontecer quando a dor está no auge. Durante a Semana Infernal, os homens que desistiram sentiram estar correndo numa esteira na velocidade máxima sem nenhum painel de controle ao alcance. Mas, quer eles tenham acabado por entender ou não, isso era uma ilusão na qual acreditaram.

Entrei na Semana Infernal sabendo que eu tinha me colocado lá, que eu queria estar lá e que tinha todas as ferramentas necessárias para vencer aquele perverso jogo mental. Isso me deu motivação para perseverar e me apropriar plenamente da experiência. Isso me permitiu ir com tudo, contornar regras e procurar uma brecha sempre e onde pudesse encontrá-la até o toque da corneta na sexta-feira à tarde. Para mim aquilo era uma guerra, e os inimigos eram os instrutores que diziam na nossa cara querer acabar com a gente e nos fazer desistir! Ter a programação deles na cabeça nos ajudaria a dividir o tempo memorizando o que viria a seguir. E, mais do que isso, nos proporcionaria uma vitória inicial. O que nos daria algo a que nos agarrar durante a Semana Infernal, quando os instrutores estivessem nos descendo o sarrafo.

– Aí, cara, eu não estou de brincadeira – insisti. – A gente precisa dessa programação!

Pude ver Kenny Bigbee, o único outro preto da Turma 231, arquear a sobrancelha do outro lado da sala. Ele estava na minha primeira turma no BUD/S e tinha se machucado logo antes da Semana Infernal. Agora também tinha voltado para uma segunda rodada.

– Você só pode estar de brincadeira – disse ele. – David Goggins voltou para a tora!

Kenny abriu um sorriso de orelha a orelha e eu me dobrei de tanto rir. Ele estava na sala dos instrutores escutando pelo rádio enquanto os médicos tentavam me tirar da minha primeira Semana Infernal. Foi durante um exercício de treinamento físico com toras. Nossas equipes de bote estavam carregando toras de madeira a doze mãos de um lado para outro da praia, todos ensopados, salgados e enfarofados de areia. Eu estava correndo com uma tora em cima do ombro e vomitando sangue. Um catarro sanguinolento escorria do meu nariz e da minha boca, e os instrutores periodicamente me agarravam e me mandavam sentar, porque tinham medo de eu cair morto. Mas, toda vez que eles viravam as costas, eu voltava para o exercício. Voltava para a tora.

Naquela noite, no rádio, Kenny não parava de escutar a mesma ladainha. "Precisamos tirar o Goggins de lá", dizia uma voz.

"Positivo, senhor. Goggins está sentado", chiava outra voz. Então, depois de alguns segundos, Kenny ouvia o rádio crepitar outra vez. "Ah, não, o Goggins voltou para a tora. Repetindo: Goggins voltou para a tora!"

Kenny adorava contar essa história. Com 1,77 de altura e 77 quilos, ele era mais baixo do que eu e não fazia parte da nossa equipe de bote, mas eu sabia que podia confiar nele. Na verdade, não havia ninguém melhor para aquele trabalho. Na Turma 231, Kenny fora escolhido para manter a sala dos instrutores limpa e arrumada, ou seja: ele tinha acesso. Nessa noite, entrou pé ante pé no território inimigo, pegou a programação numa pasta, xerocou e a recolocou no lugar antes de qualquer um dar por falta. E, simplesmente assim, nós obtivemos nossa primeira vitória antes mesmo de o maior jogo mental da nossa vida começar.

É claro que saber que alguma coisa está chegando é apenas uma parte pequena da batalha. Porque tortura continua sendo tortura, e na Semana Infernal o único jeito de passar é chegando ao outro lado. Com um olhar ou umas poucas palavras, eu me certificava de que os caras da nossa equipe estivessem dando tudo de si em todos os momentos. Quando estávamos em pé na praia segurando nosso bote acima da cabeça ou correndo de um lado para outro na areia segurando toras, nós dávamos tudo, e durante a tortura nas ondas eu ficava cantarolando a melodia da mais triste e mais épica música do filme *Platoon* enquanto entrávamos no Oceano Pacífico.

Sempre encontrei inspiração no cinema. *Rocky* ajudou a me motivar para realizar meu sonho de ser chamado para treinar como SEAL, mas *Platoon* ajudaria a mim e à minha equipe de bote a encontrar um alento durante as noites escuras da Semana Infernal, quando os instrutores zombavam da nossa dor, nos diziam quanto éramos fracos e nos mandavam vezes sem conta para dentro de um mar que batia na nossa cabeça. *Adágio para cordas* era a trilha de uma das minhas cenas preferidas de *Platoon* e, com o nevoeiro de gelar os ossos a nos envolver por todos os lados, eu abria os braços como Elias ao ser metralhado pelos vietcongues e cantava até quase estourar os pulmões. Tínhamos todos assistido juntos ao filme durante a Primeira Fase, e aquele meu teatro surtia o duplo efeito de irritar os instrutores e encher minha equipe de energia. Encontrar momentos para rir em meio à dor e ao delírio invertia toda a experiência melodramática para nós. Aquilo nos dava algum controle sobre nossas próprias emoções. Afinal de contas, aquele era um jogo mental – e eu não iria perder.

Mas os jogos mais importantes dentro do jogo maior eram as corridas que os instrutores organizavam entre as equipes de bote. Tudo no BUD/S era competição. Nós corríamos de um lado para outro da praia carregando botes e toras. Fazíamos corridas de remo e chegávamos até a fazer o circuito de obstáculos carregando uma tora ou um bote entre um obstáculo e outro. Nós os carregávamos equilibrados em vigas estreitas, por cima de toras girando e por pontes feitas de cordas. Lançávamos botes e toras por cima do muro alto, e os largávamos ao pé da rede de carga com 10 metros de altura enquanto escalávamos e passávamos por cima daquela coisa estúpida. A equipe vencedora era recompensada com descanso e as equipes perdedoras recebiam punições extras de Pete Psicose. Tinham que fazer séries de flexões e abdominais na areia molhada, depois subir correndo a barreira com o corpo tremendo de exaustão, no que pareciam fracassos em cima de fracassos. E Psicose ainda colocava o dedo na ferida. Ficava rindo da cara deles enquanto caçava os desistentes.

– Vocês são mesmo lamentáveis – dizia ele. – Espero que desistam, porque, se deixarem vocês servir, vocês vão arrumar um jeito de matar todos nós!

Vê-lo atormentar meus colegas de turma me causava uma sensação dúbia. Eu não me importava que ele fizesse seu trabalho, mas o cara curtia um bullying, e eu nunca tinha gostado de gente assim. Ele não largava do meu pé desde que eu tinha voltado para o BUD/S, e logo no começo decidi que iria lhe mostrar que ele não era capaz de me atingir. Entre uma rodada e outra de tortura nas ondas, quando a maioria dos caras fica o mais junto possível de modo a trocar calor, corpo a corpo, eu me mantinha afastado. Todos os outros tremiam. Eu nem sequer me mexia – e dava para ver quanto isso o incomodava.

**Durante a Semana Infernal**

O único luxo que tínhamos durante a Semana Infernal era o rango. Comíamos como reis. Eram omeletes, frango assado com batatas, bifes, sopa quente, macarrão à bolonhesa, todos os tipos de frutas, brownies, refrigerantes, café e muito mais. O porém era que tínhamos que atravessar correndo os 1.600 metros até lá, ida e volta, com o bote de 100 quilos na cabeça. Eu sempre saía do refeitório com um sanduíche de manteiga de amendoim escondido no bolso molhado e cheio de areia para devorar na praia quando os instrutores não estivessem olhando. Um dia, depois do almoço, Psicose resolveu nos fazer correr um pouco mais do que 1.600 metros. Na marca de 400 metros, quando ele acelerou o passo, ficou óbvio que não estava nos levando direto de volta para o Triturador.

– É melhor me acompanharem, rapazes! – berrou ele quando uma das equipes de bote ficou para trás.

Olhei para a minha.

– Não vamos largar do pé desse cara! Ele que se dane!

– Positivo – disse Bizarro Brown.

Fiel à sua palavra, ele havia ficado comigo na frente daquele bote – os dois pontos mais pesados – desde a noite de domingo, e estava se tornando mais forte a cada dia.

Psicose nos fez correr pela areia fofa por mais de 6,5 quilômetros. E fez o que pôde para nos despistar, mas nós não largamos do pé dele. Ele ia mudando a cadência. Num minuto corria depressa, então se agachava com as pernas bem abertas, segurava as partes íntimas e imitava um andar de elefante, depois passava um tempinho correndo devagar antes de disparar outra vez pela praia. Àquela altura, o bote mais próximo estava quase meio quilômetro para trás, mas nós estávamos no encalço dele. Imitávamos cada passo que ele dava e nos recusávamos a deixar aquele valentão obter qualquer tipo de satisfação às nossas custas. Ele podia ter conseguido fazer todos os outros comerem poeira, mas nós da Equipe de Bote Dois, não!

A Semana Infernal é a ópera do diabo, e vai aumentando num crescendo até atingir o ápice na quarta-feira e se manter assim até o fim, anunciado na sexta à tarde. Na quarta já estávamos no bagaço, com cada centímetro do corpo em carne viva. Nosso corpo inteiro era uma enorme framboesa purgando pus e sangue. Mentalmente nós éramos uns zumbis. Os instrutores nos mandavam fazer levantamentos de bote simples, e todos nós nos arrastávamos. Até mesmo a minha equipe mal conseguia levantar aquele bote. Enquanto isso, Psicose, Gorila Prateado e os outros instrutores ficavam de olho vivo, procurando fraquezas como sempre.

Eu sentia um ódio real dos instrutores. Eles eram o meu inimigo, e eu estava cansado de tentarem entrar na minha cabeça. Olhei para Brown, e pela primeira vez na semana inteira ele parecia abalado. A equipe toda estava assim. Sinceramente, eu também me sentia péssimo. Meu joelho estava uma bola, e cada passo que eu dava fazia meus nervos gritarem. Então eu estava à procura de algo para me servir de combustível. Acabei mirando em Pete Psicose. Estava de saco cheio daquele cara. Os instrutores pareciam tranquilos e à vontade. Nós estávamos desesperados, e eles tinham aquilo de que precisávamos: energia! Estava na hora de virar aquele jogo e entrar na cabeça deles.

Naquela noite, quando eles batessem o ponto e fossem para casa depois de um turno de oito horas, enquanto nós continuávamos a levar no couro, eu queria que ficassem pensando na Equipe de Bote Dois. Queria assombrá-los quando fossem para a cama. Queria ocupar a cabeça deles de tal forma que eles não conseguissem pensar em outra coisa. Queria que a Equipe de Bote Dois consumisse cada pensamento deles. Então dei início a um processo que hoje chamo de "captura de almas".

Virei-me para Brown.

– Sabe por que eu te chamo de Bizarro? – perguntei. Ele olhou para mim enquanto baixávamos o bote e em seguida tornávamos a suspendê-lo até acima da cabeça feito robôs enferrujados usando a bateria reserva. – Porque você é um dos caras mais casca-grossa que eu já vi na vida! – Ele abriu um sorriso. – E sabe o que eu digo para aqueles trouxas ali? – Apontei com o cotovelo para os nove instrutores reunidos na praia, tomando café, fumando e fazendo piadas. – Eu digo que eles podem ir se ferrar! – Bill aquiesceu e estreitou os olhos para nossos algozes enquanto eu me virava para o restante da equipe. – Agora vamos jogar este bote para cima e mostrar para eles quem é que manda!

– Coisa linda – disse Bill. – Vamos lá!

Em segundos, minha equipe inteira ganhou vida. Nós não fazíamos mais apenas levantar o bote até acima da cabeça e largá-lo com força no chão: nós o lançávamos, o pegávamos lá em cima, o encostávamos na areia e tornávamos a lançá-lo bem alto. Os resultados foram imediatos e inegáveis. Nossa dor e nossa exaustão diminuíram. Cada repetição nos tornava mais fortes e mais velozes, e a cada vez que jogávamos o bote para cima todos nós entoávamos:

– Nada atinge a Equipe Dois!

Agora que estávamos voando com um novo fôlego, tínhamos a atenção total dos instrutores. No dia mais difícil da semana mais difícil do treinamento mais difícil do mundo, a Equipe de Bote Dois estava em velocidade máxima, tirando sarro da Semana Infernal. A expressão no rosto dos instrutores já dizia tudo. Com a boca escancarada, eles pareciam testemunhar algo que ninguém nunca vira. Alguns desviaram os olhos, quase constrangidos. Só Gorila Prateado parecia satisfeito.

★ ★ ★

Desde essa noite na Semana Infernal, já usei o conceito de captura de almas incontáveis vezes. A captura de almas é um jeito de encontrar sua reserva de força e se deixar levar por um novo fôlego. Ela é a ferramenta à qual você pode recorrer para vencer qualquer competição e para superar qualquer obstáculo da vida. Pode usá-la para ganhar uma partida de xadrez ou para derrotar um adversário num jogo de política corporativa. Ela pode ajudar você a arrasar numa entrevista de emprego ou a tirar notas boas na escola e na faculdade. E, sim, ela pode ser usada para vencer qualquer tipo de desafio físico, mas lembre-se: esse é um jogo que você joga consigo mesmo. A menos que esteja participando de uma competição física, não estou sugerindo que tente dominar alguém ou humilhar a pessoa. Na verdade, o outro nem sequer precisa saber que você está nesse jogo. Ele é uma tática que lhe permite estar na sua melhor forma quando o dever chamar. É um jogo mental que se joga sozinho.

Capturar a alma de alguém significa que você conquistou uma vantagem tática. A vida consiste em procurar vantagens táticas. Por isso nós roubamos a programação da Semana Infernal, por isso não saímos do encalço do Psicose durante aquela corrida e por isso fiz aquela ceninha no mar cantarolando a música de *Platoon*. Todos esses incidentes foram atos de desafio que nos motivaram.

Mas o desafio nem sempre é a melhor forma de capturar a alma de alguém. Tudo depende do seu terreno. Durante o BUD/S, os instrutores não se importavam que você procurasse vantagens desse tipo. Eles respeitavam isso, contanto que você também estivesse arrasando no treinamento. Você precisa fazer seu dever de casa. Conhecer o terreno no qual está atuando, saber quando e onde pode forçar os limites, e quando deve andar na linha.

Então, na véspera da batalha, faça uma avaliação da sua mente e do seu corpo. Liste suas inseguranças e seus pontos fracos, e os do seu oponente também. Se estiver sofrendo bullying, por exemplo, e souber onde deixa a desejar ou quais são suas inseguranças, você pode se antecipar a qualquer ofensa ou rasteira que alguém tente lhe passar. Pode rir de si mesmo junto com quem estiver fazendo o bullying, o que vai tirar todo o poder dele. Se conseguir levar menos para o lado pessoal o que a pessoa estiver fazendo ou dizendo, ela vai ficar sem cartas na manga. Sentimentos são apenas sentimentos. Por outro lado, pessoas seguras de si não fazem bullying com os outros. Elas cuidam dos seus semelhantes. Então, se estiver sofrendo bullying, saiba que está lidando com alguém que tem áreas problemáticas que você pode explorar ou suavizar. Às vezes o melhor jeito de derrotar alguém na verdade é ajudar a pessoa. Se conseguir pensar duas ou três jogadas à frente, conseguirá dominar o processo mental de quem faz bullying, e se fizer isso terá capturado sua alma sem que a pessoa sequer perceba.

Nossos instrutores do SEAL faziam bullying conosco, e eles não entendiam o que eu estava fazendo durante aquela semana para manter a Equipe de Bote Dois afiada. Nem precisavam entender. Eu imaginava que eles tivessem obsessão pelas nossas façanhas durante a Semana Infernal, mas não tenho certeza. Isso era um estratagema que eu usava para manter a minha mente afiada e ajudar nossa equipe a sair vencedora.

Da mesma forma, se estiver competindo com alguém por uma promoção e conhecer seus próprios pontos fracos, você pode se preparar e se aprimorar antes da entrevista ou avaliação. Nesse caso, rir das próprias fraquezas não vai resolver o problema. Você precisa dominá-las. Enquanto isso, se estiver consciente das vulnerabilidades do oponente, você pode virá-las a seu favor. Mas tudo isso exige pesquisa. Mais uma vez: conheça o terreno, conheça a si mesmo – e é melhor conhecer seu adversário em detalhes.

No calor da batalha, tudo se resume à sua resistência. Caso se trate de um desafio físico difícil, você provavelmente terá que vencer os próprios demônios antes de poder capturar a alma do seu oponente. Isso significa ensaiar respostas para a pergunta simples que com certeza vai surgir feito um balão de pensamento numa história em quadrinhos: "O que é que estou fazendo aqui?" Se você souber que essa hora vai chegar e estiver com sua resposta pronta, estará um passo à frente para tomar a decisão instantânea de ignorar sua mente enfraquecida e seguir em frente. Saiba por que está na briga para poder continuar na briga!

E nunca esqueça: toda angústia emocional e física é finita! Tudo passa. Sorria para a dor, e veja-a diminuir por pelo menos um ou dois segundos. Se conseguir, você pode juntar esses segundos e aguentar mais tempo do que o seu oponente acha que aguenta, e isso pode bastar para lhe dar um novo fôlego. Não existe consenso científico em relação a esse segundo fôlego. Alguns cientistas acham que ele é resultado das endorfinas que inundam seu sistema nervoso; outros acham que é uma dose de oxigênio capaz de ajudar a quebrar o ácido lático, junto com o glicogênio e os triglicerídeos de que os músculos precisam para ter um alto desempenho. Há quem diga que é tudo puramente psicológico. O que sei é que nos forçar quando nos sentimos derrotados nos permitiu ter um segundo fôlego durante a pior noite da Semana Infernal. E, quando você está sendo impelido por esse novo fôlego, é fácil derrubar seu adversário e capturar uma alma. A parte difícil é chegar a esse ponto, porque o segredo da vitória muitas vezes é mostrar seu melhor desempenho justamente quando você se sente pior.

★ ★ ★

Depois de uma sessão de levantamento de bote, a turma inteira ganhou de presente uma hora de sono numa grande tenda verde que eles tinham armado na praia e enchido com camas de armar. Mesmo sem colchão, essas camas eram como uma nuvem de luxo forrada de algodão, pois assim que deitamos apagamos na hora.

Ah, mas Psicose não iria largar do meu pé. Ele me deixou dormir por um único minuto, então me acordou e me levou de volta até a praia para um tratamento especial. Finalmente viu uma oportunidade de entrar na minha cabeça e, apesar de eu ter ficado desorientado ao cambalear sozinho em direção ao mar, o frio me acordou. Decidi saborear minha hora extra particular de tortura nas ondas. Quando a água chegou à altura do peito, comecei outra vez a entoar a melodia de *Adágio para cordas*. Alto o suficiente para ele me ouvir acima do barulho das ondas. Essa música me encheu de vida!

Eu tinha entrado no treinamento dos SEALs para ver se tinha força suficiente para ser um deles e encontrei dentro de mim um monstro que nunca soubera existir. Um monstro ao qual, daí em diante, eu recorreria toda vez que a vida desse errado. Ao sair daquele mar, eu já estava me considerando invencível.

Quem me dera.

A Semana Infernal cobra seu preço de todo mundo, e mais tarde nessa noite, faltando 48 horas para o fim, fui fazer um acompanhamento médico para tomar uma injeção no joelho e diminuir o inchaço. Quando voltei para a praia, as equipes de bote estavam no mar no meio de um treino de remo. As ondas estavam fortíssimas e o vento rodopiava. Psicose olhou para Gorila Prateado.

– O que a gente vai fazer com ele?

Pela primeira vez Psicose hesitou, cansado de tentar me derrubar. Eu estava preparado para entrar no mar, pronto para qualquer desafio, mas Psicose já estava em outra. Ele estava pronto para me dar férias num spa. Nessa hora soube que o tinha vencido, que tinha capturado sua alma. Mas Gorila Prateado não pensava assim. Ele me passou um colete salva-vidas e prendeu uma lanterna na parte de trás do meu capacete.

– Vem comigo – falou, e saiu correndo pela praia.

Alcancei-o e corremos na direção norte por 1.500 metros. A essa altura, mal conseguíamos ver os botes e suas luzes balançando em meio à névoa além da arrebentação.

– Então tá, Goggins. Agora entra nadando e vai encontrar seu bote!

Ele tinha acertado uma bala certeira na minha insegurança mais profunda, perfurando minha autoconfiança. Fiquei tão atordoado que não soube o que dizer. Olhei para ele com uma cara que dizia: "Está de brincadeira comigo?" Àquela altura eu já nadava razoavelmente bem e a tortura das ondas não me dava medo, porque não ficávamos muito longe da praia, mas nadar em mar aberto congelante, a 1 quilômetro da praia, no meio de uma tempestade, para chegar num bote que não fazia a menor ideia de que eu estava indo para lá? Isso me parecia uma sentença de morte, e eu não tinha me preparado para nada desse tipo. Só que às vezes o inesperado surge de forma caótica, e sem qualquer aviso até mesmo os mais corajosos entre nós precisam estar preparados para assumir riscos e tarefas que parecem além das nossas capacidades.

Para mim, naquele instante, tudo se reduziu a como eu queria ser lembrado. Poderia ter recusado a ordem, e isso não teria me causado problemas porque eu estava sem companheiro de nado (no treinamento dos SEALs, você precisa estar sempre com um companheiro de nado), e era óbvio que ele estava me pedindo para fazer algo extremamente arriscado. Mas eu sabia também que meu objetivo ao entrar no treinamento ia além de conseguir chegar ao fim e ganhar um Tridente. Para mim, aquilo era uma oportunidade de competir com os melhores e de me destacar da manada. Então, mesmo sem conseguir ver os botes depois das ondas que estouravam, eu não tinha tempo a perder sentindo medo. Não havia absolutamente escolha nenhuma a fazer.

– Está esperando o quê, Goggins? Nada logo até lá e vê se não faz besteira!

– Positivo! – gritei, e corri para o mar.

O problema era que eu estava de colete salva-vidas, com o joelho machucado, de coturno, mal conseguia nadar e era quase impossível mergulhar para furar as ondas. Tinha que ficar me debatendo acima da espuma, minha mente tentando calcular tantas variáveis que o mar me pareceu mais frio do que nunca. Eu engolia água aos litros. Era como se o oceano estivesse abrindo minha boca à força, inundando meu organismo, e a cada gole meu medo aumentava.

Mal sabia eu que, na praia, Gorila Prateado estava se preparando para um resgate caso o pior acontecesse. Eu não sabia que ele nunca tinha posto outro homem naquela situação. Não me dei conta de que ele tinha visto algo especial em mim e, como qualquer líder forte, queria ver até onde eu aguentava, enquanto observava minha luzinha no capacete subir e descer, supernervoso. Ele me contou tudo isso numa conversa recente. Na ocasião, eu estava apenas tentando continuar vivo.

Finalmente consegui passar pela arrebentação e nadar mais uns 600 metros para o mar aberto, só para me dar conta de que seis botes vinham direto para cima de mim, surgindo e tornando a desaparecer atrás de ondas de quase 1,5 metro. Eles não sabiam que eu estava ali! A luz no meu capacete era fraca, e entre uma onda e outra eu não conseguia ver nada. Pensava que a qualquer momento um dos botes fosse descer da crista de uma delas e me atropelar. Eu só podia berrar na escuridão feito um leão-marinho rouco.

– Equipe de Bote Dois! Equipe de Bote Dois!

Foi um pequeno milagre meus companheiros terem me escutado. Eles deram meia-volta com nosso bote, e Bizarro Brown me agarrou com suas mãos imensas e me puxou para dentro como se eu fosse um peixe bem grande. Fiquei deitado no meio do bote, de olhos fechados, e comecei a bater os dentes pela primeira vez na semana inteira. Estava com tanto frio que não consegui esconder.

– Goggins, caramba! – disse Brown. – Você deve estar maluco! Está tudo bem?

Assenti uma única vez e me controlei. Eu era o líder daquela equipe e não podia me permitir demonstrar qualquer fraqueza. Tensionei cada músculo do corpo, e meu tremor foi diminuindo até parar.

– É assim que se lidera dando o exemplo – falei, cuspindo água salgada como um pássaro ferido.

Não consegui manter a seriedade por muito tempo. Minha equipe também não. Eles sabiam muito bem que aquela loucura não tinha sido ideia minha.

Com a Semana Infernal se encaminhando para o fim, nós nos vimos na trincheira artificial localizada logo depois do famoso trecho de praia de Coronado chamado Silver Strand. A trincheira era cheia de lama fria e completada com água gelada. Havia uma ponte de corda esticada de fora a fora por cima, duas linhas paralelas, uma para os pés, outra para as mãos. Um por vez, cada homem tinha que atravessar o trecho segurando nas cordas enquanto os instrutores as sacudiam com força para tentar fazê-lo cair. Manter esse tipo de equilíbrio exige uma força de core brutal, e nós estávamos todos exaustos, nas últimas. Para completar, meu joelho continuava bichado. Na verdade, estava até pior, e eu precisava tomar uma injeção de analgésico a cada doze horas. Apesar disso, quando meu nome foi chamado eu subi naquela corda, e quando os instrutores começaram a balançar contraí meu core e me segurei com o máximo de força que ainda me restava.

Nove meses antes, eu tinha chegado ao meu peso máximo, 135 quilos, e não conseguia correr nem sequer meio quilômetro. Na época, quando eu sonhava com outra vida, lembro-me de pensar que simplesmente passar pela Semana Infernal seria a maior honra da minha vida. Mesmo que eu nunca chegasse a me formar no BUD/S, sobreviver à Semana Infernal por si só já teria significado alguma coisa. Só que eu não fiz apenas sobreviver. Eu estava prestes a concluir a Semana Infernal como primeiro da turma, e pela primeira vez sabia ter a capacidade de ser um homem durão.

Eu antes focava tanto no fracasso que tinha medo até de tentar. Agora enfrentava qualquer desafio. Tinha passado a vida inteira com pavor de água, principalmente de água fria, mas ali, naquela última hora, desejei que o mar, o vento e a lama estivessem ainda mais gelados! Eu estava inteiramente transformado fisicamente, o que contou muito para meu sucesso no BUD/S, mas o que me fez mesmo passar pela Semana Infernal foi minha mente, e eu estava apenas começando a aproveitar o poder dela.

Era isso que eu estava pensando enquanto os instrutores faziam o melhor para me derrubar daquela ponte de corda, transformando-a numa espécie de touro mecânico. Segurei firme e consegui chegar mais longe do que qualquer outro na Turma 231 antes de a natureza levar a melhor e eu ser derrubado na lama gelada. Limpei a lama dos olhos e da boca e fiquei rindo feito um louco enquanto Bizarro Brown me ajudava a sair. Não muito tempo depois disso, Gorila Prateado chegou à borda da trincheira.

– Semana Infernal terminada! – gritou ele para os trinta caras que continuavam ali, tremendo na lama rasa. Todos assados e sangrando, inchados e machucados. – Vocês foram excelentes!

Alguns dos caras gritaram de alegria. Outros caíram no chão de joelhos, aos prantos, e agradeceram a Deus. Eu também olhei para o céu, puxei Bizarro Brown para um abraço e cumprimentei cada um da minha equipe. Todas as outras equipes de bote tinham perdido homens, mas não a Equipe de Bote Dois! Nós não perdemos homem nenhum e ganhamos todas as corridas!

Continuamos a comemorar enquanto embarcávamos num ônibus de volta ao Triturador. Quando chegamos, havia uma pizza grande para cada um, acompanhada por uma garrafa de quase dois litros de Gatorade e a cobiçada camiseta marrom. A pizza parecia um maná dos deuses, mas as camisetas tinham um significado maior. Assim que chega no BUD/S, você usa camisetas brancas diariamente. Depois de sobreviver à Semana Infernal, pode trocá-las por camisetas marrons. Aquilo era um símbolo de que tínhamos progredido para um nível mais alto e, após uma vida inteira composta praticamente de fracassos, eu com certeza me senti diferente.

Tentei curtir o momento como todo mundo, mas fazia dois dias que meu joelho não estava legal, então decidi ir dali para o médico. Quando estava saindo do Triturador, olhei para a direita e vi quase cem capacetes enfileirados. Eles pertenciam aos homens que tinham tocado o sino, e a fila passava da estátua e ia até a área reservada para as cerimônias oficiais. Li alguns nomes; eram caras de quem gostava. Sabia como eles estavam se sentindo, porque eu senti o mesmo quando minha turma do paraquedismo de resgate se formou sem mim. Essa lembrança tinha me dominado por anos, mas depois de 130 horas infernais, aquilo não me definia mais.

Todos tiveram que ir ao médico nessa noite, mas nosso corpo estava tão inchado que era difícil separar os ferimentos do desgaste geral. Eu só sabia que não conseguia dobrar o joelho direito e que precisava de muletas para me deslocar. Bizarro Brown saiu do check-up cheio de hematomas e machucados. Kenny saiu ileso e quase sem mancar, mas estava bastante dolorido. Felizmente, nosso exercício seguinte era a semana da caminhada. Tivemos sete dias para comer, beber e nos curar antes de o bicho pegar outra vez. Não era muito, mas foi tempo suficiente para a maioria dos malucos que tinha conseguido continuar na Turma 231 ficar boa.

E eu? Quando tiraram minhas muletas, meu joelho inchado ainda não tinha melhorado. Só que não dava tempo de ficar dodói. A diversão da Primeira Fase ainda não tinha terminado. Depois da semana da caminhada veio a *amarração de nós*, que, dito assim, pode não parecer grande coisa, mas foi muito pior do que eu imaginava. Esse treinamento específico era conduzido na parte funda da piscina, onde aqueles mesmos instrutores dariam o melhor de si para afogar a mim, o alvo fácil com a perna bichada.

Era como se o Diabo tivesse assistido ao espetáculo inteiro, aguardado o intervalo, e agora sua parte preferida estivesse chegando. Na véspera do dia em que o bicho voltaria a pegar no BUD/S, pude ouvir suas palavras ecoarem no meu cérebro estressado enquanto eu passava a noite inteira me virando para lá e para cá.

*Dizem que você gosta de sofrer, Goggins. Que você se acha um guerreiro. Aproveite a estadia prolongada no inferno!*

## DESAFIO Nº 4

Escolha qualquer situação competitiva na qual você se encontre atualmente. Quem é seu adversário? Um professor ou treinador, seu chefe, um cliente difícil? Não importa como eles o estejam tratando, só há um jeito não apenas de conquistar seu respeito, mas de virar a mesa: a excelência.

Isso pode significar arrasar numa prova, redigir um plano de trabalho ideal ou estourar a meta de vendas. Seja o que for, quero que você dê mais duro nesse projeto ou nessa aula do que jamais deu. Faça tudo exatamente como estão pedindo e, seja qual for o padrão estabelecido como o ideal, seu objetivo deve ser ultrapassá-lo.

Se o seu treinador não lhe der oportunidade de sair do banco, domine os treinos. Identifique o melhor jogador do seu time e cause uma boa impressão nele. Isso significa investir tempo fora da quadra ou do campo.

Assistir a vídeos para estudar as tendências do adversário, decorar jogadas e treinar na academia. Você precisa atrair a atenção do seu treinador.

Se for um professor, comece fazendo trabalhos de alta qualidade. Dedique mais tempo aos seus trabalhos. Escreva textos que nem sequer foram pedidos! Chegue cedo às aulas. Faça perguntas. Preste atenção. Mostre ao professor quem você é e quem quer ser.

Se for um chefe, trabalhe dia e noite. Chegue ao trabalho antes dele. Vá para casa depois de ele sair. Certifique-se de que ele veja o que você está fazendo e, quando chegar a hora de entregar o projeto, ultrapasse as expectativas ao máximo.

Seja com quem estiver lidando, seu objetivo é fazer a pessoa ver você conquistar o que ela mesma jamais teria conseguido. Você quer deixá-la pensando no quanto você é incrível. Pegue a negatividade dela e use-a para dominar com todas as suas capacidades a tarefa que ela lhe atribuir. Capture a alma dela! Depois poste nas redes e use as hashtags #canthurtme #takingsouls [captura de almas].

## CAPÍTULO CINCO

# MENTE BLINDADA

– Seu joelho não está com uma cara boa, Goggins.

Valeu, Doutor Óbvio. Faltando dois dias na semana da caminhada, eu tinha ido ao médico fazer um acompanhamento. Ele subiu a perna da minha calça camuflada e a dor invadiu meu cérebro quando ele apertou de leve minha patela direita, mas eu não podia demonstrar. Estava desempenhando um papel. Eu era um aluno exausto do BUD/S, mas de resto saudável e pronto para a briga. E para esse papel ser convincente eu não podia sequer fazer careta. Já sabia que meu joelho estava ruim e que as chances de eu conseguir passar por mais cinco meses de treinamento com uma perna só eram baixas, mas aceitar ser recuado outra vez significava suportar outra Semana Infernal, e aquilo era demais para eu processar.

– O inchaço não cedeu muito. Está doendo?

O médico também estava desempenhando um papel. Os candidatos a SEAL têm o seguinte acordo com a maior parte do pessoal de saúde do Comando de Guerra Naval Especial: eu não pergunto nada e você não me diz nada. Eu não queria facilitar o trabalho do médico revelando mais que o necessário, e ele não queria exagerar na precaução e destruir o sonho do sujeito sentado à sua frente. Ele tirou a mão e minha dor diminuiu. Tossi, e a pneumonia mais uma vez fez meus pulmões chacoalharem por dentro até eu sentir a fria verdade do estetoscópio dele na minha pele.

Desde o fim da Semana Infernal, eu vinha escarrando nacos marrons de muco. Passei os primeiros dois dias deitado dia e noite na cama cuspindo dentro de uma garrafa de Gatorade, onde guardava o catarro como se fosse moedas num cofrinho. Mal conseguia respirar, e também não dava para me mexer muito. Eu tinha mesmo sido um monstro na Semana Infernal, mas ela havia terminado e agora eu precisava lidar com o fato de o Diabo e aqueles instrutores também terem deixado uma marca em mim.

– Está tudo bem, doutor – falei. – Está só meio difícil de dobrar.

Era de tempo que eu precisava. Sabia atravessar a dor, e meu corpo quase sempre havia respondido com alto desempenho. Eu não ia desistir só porque meu joelho estava reclamando. Aquilo ia sarar em algum momento. O médico receitou remédios para reduzir a congestão nos meus pulmões e nos seios da face, e me deu ibuprofeno para o joelho. Em dois dias minha respiração já tinha melhorado, mas eu ainda não conseguia dobrar a perna direita.

Aquilo seria um problema.

De todos os momentos que eu julgara capazes de me derrotar no BUD/S, nunca tinha pensado num exercício de amarração de nós. Mas, realmente, não era coisa de escoteiro. Aquilo era uma simulação de amarração de nós debaixo d'água, na parte da piscina com 4,5 metros de profundidade. E, embora a piscina já não me inspirasse o mesmo pânico de antes, eu não conseguia boiar direito e sabia que *qualquer* exercício aquático poderia significar o meu fim, principalmente aqueles que exigiam boiar na vertical.

Antes mesmo da Semana Infernal, nós já tínhamos sido testados na piscina. Precisávamos executar resgates simulados dos instrutores e nadar 50 metros debaixo d'água sem pés de pato e sem subir para respirar. Esse nado começava com um passo gigantesco para cair na água, seguido por uma cambalhota completa para eliminar qualquer impulso inicial. Então, sem chutar a lateral da piscina, nadávamos respeitando as raias até o final da piscina de 25 metros. Do lado de lá, podíamos tomar impulso na parede para voltar. Ao chegar à marca dos 50 metros, subi e respirei com um arquejo. Meu coração continuou disparado até minha respiração voltar ao normal, e entendi que eu na verdade acabara de passar no primeiro de uma série de exercícios subaquáticos complicados destinados a nos ensinar a ter calma, tranquilidade e controle debaixo d'água, prendendo a respiração.

O exercício de amarração de nós era o seguinte da série, e não tinha a ver com nossa capacidade de atar nós variados nem com medir o máximo de tempo pelo qual conseguíamos prender a respiração. É claro que essas duas habilidades ajudavam numa operação anfíbia, mas o exercício tinha mais a ver com nossa capacidade de administrar vários fatores de estresse num ambiente insustentável para a vida humana. Apesar do meu estado de saúde, cheguei para o exercício com alguma autoconfiança. As coisas mudaram quando comecei a boiar na água.

Era assim que a simulação começava: oito alunos espalhados pela piscina, movendo mãos e pernas como fazem os atletas de nado sincronizado. Isso já era difícil o bastante com duas pernas boas, mas, como meu joelho direito não estava funcionando, fui forçado a boiar na vertical usando só o esquerdo. Isso fez o grau de dificuldade disparar junto com meus batimentos cardíacos – e sugou minha energia.

Cada aluno tinha um instrutor dedicado para esse exercício, e Pete Psicose pediu expressamente para ficar comigo. Minha dificuldade era óbvia, e Psicose, com seu orgulho ferido, estava ávido por um pouco de vingança. A cada giro da minha perna direita, ondas de dor explodiam como fogos de artifício. Mesmo com Psicose me encarando, não tive como esconder. Toda vez que eu fazia uma careta, ele sorria feito uma criança na manhã de Natal.

– Faz um nó direito! Depois um lais de guia! – gritou ele. Eu estava me esforçando tanto que era difícil recuperar o fôlego, mas Psicose nem ligou. – Agora!

Arquejei para sorver ar, dobrei o corpo na cintura e desci.

Eram cinco nós ao todo, e cada aluno recebia instruções para pegar seus 20 centímetros de corda e atar um de cada vez no fundo da piscina. Podíamos respirar uma vez entre um nó e outro, mas podíamos dar até cinco nós de um fôlego só. O instrutor ia cantando os nós, mas cada aluno ditava seu próprio ritmo. Não podíamos usar máscara nem óculos de natação para realizar o exercício, e o instrutor tinha que aprovar cada nó com um joinha antes de podermos subir à tona. Se ele em vez disso apontasse com o polegar para baixo, tínhamos de reatar o nó da forma correta, e, se voltássemos à tona antes de um determinado nó ser aprovado, isso significava o fracasso e uma passagem de volta para casa.

De volta à superfície, não havia tempo para descansar nem relaxar entre uma tarefa e outra. Equilibrar-se na água, boiando na vertical, era o refrão constante, o que para o cara com o joelho ruim significava batimentos cardíacos elevadíssimos e a queima contínua de oxigênio na corrente sanguínea. Tradução: os mergulhos eram mais do que desconfortáveis e desmaiar era uma possibilidade real.

Psicose ficava me fuzilando com os olhos através de sua máscara enquanto eu atava meus nós. Depois de meio minuto, aprovou os dois e voltamos à tona. Ele respirava tranquilamente, mas eu estava aos arquejos e ofegava feito um cão molhado e exausto. A dor no joelho era tanta que eu podia sentir o suor brotar na testa. Quando você começa a suar numa piscina que não está aquecida, sabe que tem alguma coisa errada. Eu estava sem ar, sem energia e com vontade de desistir, mas desistir daquele exercício significava desistir do BUD/S como um todo, e isso eu não iria fazer.

– Ah, não, Goggins, você se machucou? Entrou areia na sua cueca, foi? – perguntou Psicose. – Aposto que você não consegue dar os últimos três nós num fôlego só.

Ele disse isso com um sorrisinho, como se estivesse me desafiando. Eu conhecia as regras. Não precisava aceitar o desafio, mas isso teria deixado Psicose um pouquinho feliz demais – e isso eu não podia permitir. Assenti e continuei boiando na vertical, retardando o mergulho até minha pulsação se estabilizar e eu conseguir sorver um fôlego profundo e regenerador. Só que Psicose não deixou. Toda vez que eu abria a boca, ele jogava água na minha cara para me estressar ainda mais, tática usada quando os candidatos começavam a entrar em pânico. Isso tornou impossível respirar.

– Desce agora ou vai tomar bomba!

Meu tempo tinha se esgotado. Tentei engolir um pouco de ar antes de mergulhar, e em vez disso minha boca se encheu com a água que Psicose estava jogando na minha cara, e eu desci até o fundo da piscina prendendo a respiração sem ar nenhum. Meus pulmões estavam quase vazios, ou seja, senti dor desde o começo, mas consegui atar o primeiro nó em poucos segundos. Psicose examinou meu nó sem pressa nenhuma. Meu coração batucava um código Morse em alerta máximo. Eu podia senti-lo saltar dentro do peito, como se estivesse tentando se livrar da caixa torácica e sair voando rumo à liberdade. Psicose ficou olhando a corda de sisal, virou-a de cabeça para baixo e a examinou com os olhos e os dedos antes de me fazer um joinha em câmera lenta. Balancei a cabeça, desamarrei a corda e parti para o nó seguinte. Mais uma vez ele o inspecionou com atenção enquanto meu peito queimava e meu diafragma se contraía, tentando forçar o ar para dentro de meus pulmões vazios. O nível de dor no meu joelho era dez numa escala de dez. Estrelas surgiram na periferia do meu campo de visão. Aqueles múltiplos fatores de estresse estavam quase me derrubando, e eu senti que estava prestes a perder os sentidos. Se isso acontecesse, precisaria depender de Psicose para me levar até a superfície e me fazer voltar a mim. Será que eu realmente confiava naquele homem para fazer isso? Ele me odiava. E se não fizesse o que era preciso? E se meu corpo estivesse tão exaurido que nem mesmo uma respiração boca a boca conseguisse me reanimar?

Na minha mente estavam girando aquelas perguntas tóxicas e básicas que nunca vão embora. O que eu estava fazendo ali? Por que sofrer, quando podia desistir e voltar ao meu conforto? Por que arriscar um desmaio ou mesmo a morte por causa de um exercício de atar nós? Eu sabia que, se sucumbisse e voltasse à tona, minha carreira de SEAL teria terminado no ato, mas naquele instante não conseguia entender por que algum dia tinha me importado com isso.

Olhei para Psicose. Ele ergueu os dois polegares e abriu um grande sorriso pateta no rosto, como se estivesse assistindo a uma série de comédia. Sua fração de segundo de prazer com a minha dor me lembrou de todo o bullying e todas as provocações que eu havia sofrido quando adolescente, mas em vez de fazer papel de vítima e deixar as emoções negativas minarem minha energia e me forçarem a voltar à superfície, a mais um fracasso, foi como se uma nova luz se acendesse no meu cérebro e me permitisse inverter esse roteiro.

O tempo parou quando me dei conta, pela primeira vez, de que sempre tinha considerado minha vida inteira, todas as coisas pelas quais eu havia passado, da perspectiva errada. Sim, todo o abuso que eu suportara e a negatividade que precisara superar haviam me desafiado até o âmago, mas naquele instante parei de me ver como vítima das circunstâncias, e em vez disso encarei minha vida como o maior dos campos de treinamento. Minhas desvantagens vinham aquele tempo todo calejando minha mente, preparando-me para aquele instante na piscina com Pete Psicose.

Lembro-me do meu primeiríssimo dia na academia, ainda em Indiana. As palmas das minhas mãos eram macias e logo ficaram feridas nas barras por não estarem acostumadas a segurar o aço. Mas, com o tempo, após milhares de repetições, minhas palmas criaram um calo grosso para se proteger. O mesmo princípio se aplica à mentalidade. Se você não passar por dificuldades como abuso e bullying, fracassos e decepções, sua mente continuará macia e sensível. As experiências de vida, em especial as negativas, ajudam a calejar a mente. Mas a maneira como esses calos vão funcionar depende de você. Se decidir se ver como uma vítima das circunstâncias até a idade adulta, esses calos se transformarão num ressentimento que vai proteger você de tudo que for desconhecido. Você se tornará demasiado cauteloso e desconfiado, e possivelmente terá raiva demais do mundo. Terá medo da mudança e será uma pessoa fechada. Só que nada disso tornará sua mente resistente. Era nesse lugar que eu estava na adolescência, mas, depois da minha segunda Semana Infernal, eu tinha virado outra pessoa. Àquela altura, já havia lutado para superar muitas situações horríveis, e continuava aberto e pronto para mais. Minha capacidade de me manter aberto representava uma disposição de lutar pela minha própria vida, e isso me permitia suportar tormentas de dor e usar essa dor para calejar minha mente e superar a mentalidade de vítima. Essa forma de ver as coisas estava morta e enterrada debaixo de várias camadas de suor e carne rija, e eu estava começando a superar meus medos também. Essa percepção me deu a vantagem mental de que eu precisava para derrotar Pete Psicose mais uma vez.

Para lhe mostrar que ele não podia mais me machucar, sorri de volta, e a sensação de estar à beira de um desmaio desapareceu. De repente, eu me senti cheio de energia. A dor diminuiu e tive a sensação de que poderia ficar ali embaixo o dia inteiro. Psicose viu isso nos meus olhos. Atei o último nó com toda a calma, sem nunca deixar de fuzilá-lo com os olhos. Com um gesto das mãos, ele sinalizou para eu me apressar porque seu próprio diafragma começou a se contrair. Finalmente acabei, ele fez um joinha rápido e empurrou o fundo da piscina com os pés para subir, desesperado para tomar fôlego. Subi sem pressa nenhuma e fui me juntar a ele na superfície. Encontrei-o aos arquejos, enquanto eu me sentia estranhamente relaxado. Durante o treinamento de paraquedismo de resgate na Força Aérea, eu tinha amarelado na piscina. Dessa vez venci uma batalha importante dentro d'água. Foi uma grande vitória, mas a guerra ainda não tinha acabado.

Depois de passar no exercício dos nós, tínhamos dois minutos para subir até a borda, nos vestir e voltar para a sala de aula. Durante a Primeira Fase, esse tempo em geral é mais do que suficiente, mas muitos de nós – e não só eu – ainda estávamos nos curando da Semana Infernal, e não nos movíamos no nosso passo-relâmpago de sempre. Além do mais, depois de passar pela Semana Infernal, a Turma 231 tinha meio que mudado sua atitude.

A Semana Infernal é projetada para lhe mostrar que um ser humano é capaz de muito mais do que você desconfia. Ela abre sua mente para as verdadeiras possibilidades do potencial humano, e com isso vem uma mudança de mentalidade. Você não teme mais a água fria nem passar o dia inteiro fazendo flexões. Percebe que, façam eles o que fizerem com você, nunca conseguirão dobrá-lo, de modo que deixa de se apressar tanto para cumprir aqueles prazos arbitrários. Sabe que se não cumpri-los os instrutores vão puni-lo. Puni-lo com flexões, fazendo você ficar molhado e enfarofado, qualquer coisa para aumentar o grau de dor e desconforto, mas para nós, marombeiros que ainda continuávamos no jogo, a atitude era *Podem fazer o que quiserem, então!* Nenhum de nós temia mais os instrutores, e não iríamos mais nos apressar. Eles não gostaram nem um pouco disso.

Eu já tinha visto várias punições quando estava no BUD/S, mas a que recebemos nesse dia vai entrar para a história como uma das piores de todos os tempos. Depois de fazermos flexões até não conseguirmos mais nos levantar da borda daquela piscina, eles nos viraram de costas e nos mandaram fazer abdominais infra alternados. Cada elevação de perna era uma tortura para mim. Eu não parava de encostar as pernas no chão por causa da dor. Estava demonstrando fraqueza e, se você demonstra fraqueza, É AÍ QUE O BICHO PEGA!

Psicose e Gorila Prateado colaram em mim e começaram a se revezar. Fui emendando flexões, abdominais infra alternados e caminhada do urso até *eles* ficarem cansados. Dava para sentir as partes móveis do meu joelho se deslocarem, flutuarem e darem fisgadas toda vez que eu o dobrava para fazer a caminhada do urso – e a dor era pura agonia. Eu me movimentava mais devagar do que de costume e sabia que estava detonado. A mesma pergunta básica outra vez veio à tona. *Por quê?* O que eu estava tentando provar? Desistir parecia a única escolha sensata. O conforto da mediocridade parecia um alívio delicioso até Psicose gritar no meu ouvido:

– Mais rápido, Goggins!

Uma sensação incrível tornou a me invadir. Dessa vez eu não estava focado em superá-lo. Era a pior dor da minha vida, mas a vitória na piscina minutos antes me voltou à mente. Eu tinha enfim provado para mim mesmo ser um nadador razoável o suficiente para fazer parte dos Navy SEALs. Isso era uma façanha e tanto para um garoto que não sabia boiar direito e nunca tinha feito uma aula de natação na vida. E o motivo pelo qual eu havia chegado lá era por ter feito o trabalho necessário. A piscina tinha virado minha criptonita. Embora eu agora nadasse muito melhor como candidato a SEAL, ainda ficava tão estressado com os exercícios na água que tinha o costume de ir à piscina depois do treinamento no mínimo três vezes por semana. Escalava uma cerca de 5 metros de altura só para poder entrar lá depois do horário. Além do aspecto acadêmico, nada me dava tanto medo em relação ao BUD/S quanto as evoluções na piscina, e ao dedicar meu tempo a isso consegui criar um calo por cima desse medo e alcançar níveis inéditos debaixo d'água em situações de pressão.

Fiquei pensando no incrível poder de uma mente calejada naquele instante, enquanto Psicose e Gorila Prateado me faziam suar, e esse pensamento virou uma sensação que tomou conta do meu corpo e me fez andar com a rapidez de um urso em volta daquela piscina. Não acreditei no que estava fazendo. A dor intensa tinha desaparecido, e aquelas perguntas insistentes também. Eu estava me esforçando mais do que nunca, rompendo os limites da lesão e da tolerância à dor, carregado por um segundo fôlego proporcionado por uma mente calejada.

Depois da caminhada do urso voltei a fazer abdominais infra alternados e continuei sem dor! Meia hora mais tarde, quando estávamos indo embora da piscina, Gorila Prateado perguntou:

– Aí, Goggins, o que deu em você para virar o Super-Homem?

Só fiz sorrir e saí da piscina. Não quis dizer nada, porque ainda não entendia o que sei hoje.

Da mesma forma que usar a energia de um oponente para obter vantagem, recorrer à própria mente calejada no calor da batalha também pode mudar sua forma de pensar. Lembrar-se de todas as coisas pelas quais passou e de como isso fortaleceu sua disposição mental pode tirar você de um círculo vicioso de pensamento negativo e ajudar a superar os impulsos momentâneos para desistir, de modo a poder ultrapassar os obstáculos. E quando usa uma mente calejada e continua a enfrentar a dor, como eu fiz em volta da piscina naquele dia, isso pode ajudar você a ultrapassar os próprios limites, porque, ao aceitar a dor como um processo natural e se recusar a ceder e desistir, você consegue mobilizar o sistema nervoso simpático, que modifica seu fluxo hormonal.

O sistema nervoso simpático é responsável pelo nosso reflexo de luta ou fuga. Ele fica borbulhando logo abaixo da superfície, e quando você se sente perdido, estressado ou em dificuldades, como eu quando era uma criança maltratada, essa é a parte da sua mente que está no comando. Todos nós já sentimos isso. Naquelas manhãs em que sair para correr é a última coisa que quer fazer, mas aí vinte minutos depois de começar você se sente cheio de energia – isso se deve ao sistema nervoso simpático. O que eu descobri é que você pode recorrer a ele quando quiser, contanto que saiba administrar a própria mente.

Quando se permite ter pensamentos negativos sobre si mesmo, as dádivas de uma reação simpática ficam fora de alcance. Mas, se você conseguir administrar esses momentos de dor que acompanham o esforço máximo recordando tudo pelo que passou para chegar onde está na vida, estará numa posição melhor para perseverar e escolher lutar em vez de fugir. Isso lhe permitirá usar a adrenalina que acompanha a resposta simpática para se esforçar ainda mais.

Também é possível usar sua mente calejada para superar obstáculos relacionados aos estudos ou ao trabalho. Nesses casos, forçar-se a ultrapassar determinado obstáculo provavelmente não levará a uma resposta simpática, mas manterá sua motivação para superar qualquer dúvida que você possa ter em relação às próprias capacidades. Não importa qual seja a tarefa a ser cumprida, há sempre uma oportunidade para duvidar de si. Toda vez que decide ir atrás de um sonho ou fixar um objetivo, é provável que comece a pensar em todos os motivos pelos quais o sucesso é duvidoso. A culpa disso é do condicionamento evolutivo deturpado da mente humana. Mas não precisa deixar sua dúvida ficar no banco do motorista! Você pode até tolerá-la como um carona que fica dando pitacos no seu jeito de dirigir, mas se a puser no controle, a derrota estará garantida. Lembrar que você já passou por dificuldades antes e sempre sobreviveu para lutar outra vez modifica o diálogo dentro da sua cabeça, permitindo-lhe controlar e administrar a dúvida e manter o foco nos passos necessários para realizar a tarefa em questão, um depois do outro.

Dito assim parece simples, né? Mas não é. Pouquíssimas pessoas se dão ao trabalho de tentar controlar o modo como seus pensamentos e dúvidas vêm à tona. A grande maioria de nós se deixa escravizar pela própria mente e não faz o mínimo esforço para dominar seu processo mental, porque essa é uma tarefa permanente e ingrata, pois é impossível acertar sempre. Em média, temos 2 a 3 mil pensamentos por hora. Isso dá trinta a cinquenta pensamentos por minuto! Algumas dessas bolas vão passar pelo goleiro. É inevitável. Principalmente se você levar a vida no automático.

O treinamento físico é um contexto perfeito para aprender a administrar seu processo mental, porque, quando está se exercitando, seu foco tem uma probabilidade maior de se fixar num único ponto e sua resposta ao estresse e à dor é imediata e mensurável. Você dá tudo de si e bate o recorde pessoal que disse que bateria, ou desiste? Essa decisão raramente se reduz à simples capacidade física, e é quase sempre um teste de como você administra a própria mente. Se você se esforçar em cada trecho do percurso e usar essa energia para manter um ritmo forte, tem grandes chances de conseguir um tempo melhor. É verdade que há dias mais fáceis do que outros. E, no fim das contas, o tempo e a pontuação pouco importam. O motivo pelo qual é importante dar o melhor de si quando você quer desistir é porque isso ajuda a calejar a mente. É o mesmo motivo pelo qual deve dar o melhor de si no trabalho quando está menos motivado. Por isso adorei o treinamento físico do BUD/S e continuo adorando até hoje. Desafios físicos fortalecem minha mente e me deixam pronto para qualquer coisa que a vida me apresentar – e eles farão a mesma coisa por você.

No entanto, por melhor que você saiba usá-la, uma mente calejada não é capaz de remendar ossos quebrados. Na caminhada de 1.500 metros de volta ao complexo do BUD/S, a sensação de vitória se evaporou e pude sentir o dano que havia causado. Eu tinha vinte semanas de treinamento pela frente, dezenas de exercícios ainda por completar, e mal conseguia andar. Embora quisesse negar a dor que sentia no joelho, sabia que estava muito encrencado, então fui mancando direto para o departamento médico.

O médico não disse nada quando viu meu joelho. Só fez balançar a cabeça e me mandou ir tirar uma radiografia que mostrou a patela quebrada. No BUD/S, quando têm lesões que levam muito tempo para se curar, os reservistas são mandados para casa – foi o que aconteceu comigo.

Voltei de muletas para o alojamento, muito desanimado, e quando estava indo embora vi alguns dos caras que tinham desistido durante a Semana Infernal. Na primeira vez em que vira seus capacetes enfileirados debaixo do sino, eu sentira pena deles, porque conhecia a sensação de vazio que ficava ao desistir, mas vê-los cara a cara me lembrou que a derrota faz parte da vida e que agora todos nós precisávamos seguir em frente.

Como eu não tinha desistido, sabia que seria chamado de volta, mas não fazia ideia se isso significava ter que passar por uma terceira Semana Infernal ou não. Tampouco se depois de ser recuado duas vezes eu ainda tinha o mesmo desejo ardente de suportar mais um furacão de dor sem qualquer garantia de sucesso. Com meu histórico de lesões, como eu poderia fazer isso? Deixei o complexo do BUD/S com mais autoconhecimento e mais domínio sobre minha própria mente do que tinha antes, mas meu futuro continuava incerto.

★ ★ ★

Como sempre tive claustrofobia em aviões, decidi pegar o trem de San Diego até Chicago, o que me deu três dias para pensar. Minha mente estava mesmo uma bagunça. No primeiro dia, eu não sabia se queria mais ser SEAL. Já tinha superado muita coisa. Tinha passado pela Semana Infernal, entendido o poder de uma mente calejada e vencido o medo da água. Talvez já tivesse aprendido o suficiente sobre mim mesmo. O que mais eu precisava provar? No segundo dia, pensei em todos os outros trabalhos aos quais poderia me dedicar. Quem sabe eu devesse partir para outra e virar bombeiro? É um trabalho espetacular, e seria uma oportunidade de me tornar outro tipo de herói. Mas no terceiro dia, quando o trem entrou em Chicago, eu me tranquei num banheiro do tamanho de uma cabine telefônica e encarei meu Espelho da Responsa. *É isso mesmo que você está sentindo? Tem certeza que está disposto a desistir de ser SEAL e virar um bombeiro civil?* Passei cinco minutos me encarando, então balancei a cabeça. Não podia mentir. Eu precisava dizer a verdade para mim mesmo em voz alta.

– Eu estou com medo. Estou com medo de passar por todo aquele sofrimento outra vez. Estou com medo do dia um da semana um.

Àquela altura eu já estava divorciado, mas minha ex-mulher, Pam, foi me buscar na estação para me levar de carro até a casa da minha mãe em Indianápolis. Pam continuava morando em Brazil. Nós tínhamos mantido contato enquanto eu estava em San Diego, e depois de nos vermos no meio da multidão na plataforma da estação voltamos aos nossos antigos hábitos, e mais tarde fomos para a cama.

Passei o verão inteiro no Meio-Oeste, de maio até novembro, curando meu joelho e depois fazendo fisioterapia. Ainda era reservista da Marinha, mas continuava sem saber se voltaria ou não ao treinamento dos SEALs. Informei-me sobre o corpo de fuzileiros navais. Pesquisei sobre o processo de candidatura a diversas unidades de bombeiros, mas finalmente peguei o telefone, pronto para ligar para o complexo do BUD/S. Eles precisavam da minha resposta definitiva.

Fiquei sentado ali, segurando o telefone e pensando na provação que era a formação de SEAL. Ser obrigado a correr 10 quilômetros por dia só para comer, sem contar as corridas do treinamento. Visualizei tudo que teria que nadar e remar, como teria que carregar botes e toras na cabeça, como teria que passar o dia inteiro subindo e descendo aquele monte de areia. Imaginei as horas de abdominais, flexões, infra alternados e a pista de obstáculos. Recordei a sensação de rolar na areia, de passar o dia e a noite inteiros assado. Minhas lembranças eram uma experiência de corpo-mente e deu para sentir o frio nos ossos. Uma pessoa normal teria desistido. Teria dito "Bom, não era para ser", e se recusado a passar mais um minuto sequer se torturando.

Só que eu não era uma pessoa normal.

Enquanto eu discava o número, a negatividade foi surgindo feito uma sombra raivosa. Não pude deixar de pensar que eu tinha sido colocado na Terra para sofrer. Por que meus demônios pessoais, as Moiras, Deus ou Satanás simplesmente não me deixavam em paz? Eu não aguentava mais ter que provar meu próprio valor. Não aguentava mais calejar minha mente. Mentalmente, estava no bagaço. Ao mesmo tempo, estar no bagaço era o preço da resistência, e eu sabia que, se desistisse, aquelas sensações e pensamentos não iriam simplesmente desaparecer. O preço da desistência seria um purgatório até o fim da vida. Eu ficaria preso na certeza de não ter seguido na briga até o final. Ir a nocaute não é nenhuma vergonha. Vergonha, isso sim, é quando você joga a toalha. E se eu tinha nascido para sofrer, então iria engolir meu remédio amargo e pronto.

O oficial responsável pelo treinamento me deu as boas-vindas de volta e confirmou que eu recomeçaria do dia um da semana um. Conforme eu imaginara, minha camiseta marrom teria que ser trocada por uma branca, e ele ainda tinha mais uma nesguinha de alegria para dividir comigo:

– Só para você saber, Goggins – falou. – Essa é a última vez que vamos deixar você participar do treinamento do BUD/S. Se você se machucar, já era. Não vamos deixar você voltar outra vez.

– Positivo – respondi.

A Turma 235 iria se apresentar dali a apenas quatro semanas. Meu joelho ainda não estava cem por cento recuperado, mas era melhor eu estar pronto, porque o derradeiro teste estava prestes a começar.

Segundos depois de eu encerrar a ligação, Pam ligou e disse que precisava falar comigo. Era o momento certo. Eu iria sair da cidade novamente, e com sorte dessa vez seria para sempre. Precisava pôr tudo às claras com ela. Nós estávamos nos curtindo, mas aquilo sempre tinha sido uma coisa temporária para mim. Já fôramos casados e continuávamos sendo pessoas diferentes com visões de mundo totalmente distintas. Isso não tinha mudado, e pelo visto algumas das minhas inseguranças também não, já que elas continuavam a me fazer voltar ao que era conhecido. Loucura é fazer a mesma coisa várias vezes e esperar um resultado diferente. Nunca iríamos dar certo como casal, e estava na hora de dizer isso.

Mas ela deu sua notícia primeiro.

– Estou atrasada – falou ao irromper porta adentro com um saco de papel pardo na mão. – Tipo *atrasada*, entendeu?

Parecia animada e nervosa ao desaparecer dentro do banheiro. Deitado na minha cama olhando para o teto, ouvi o saco de papel farfalhar e uma embalagem sendo rasgada. Minutos depois, ela abriu a porta do banheiro com um teste de gravidez na mão e um sorriso enorme no rosto.

– Eu sabia – falou, mordendo o lábio inferior. – Olha, David, a gente está esperando um bebê!

Levantei-me devagar, ela me abraçou com toda a força, e sua animação partiu meu coração. Não era para ter sido assim. Eu não estava pronto. Meu corpo continuava machucado, eu tinha 30 mil dólares em dívidas no cartão de crédito e ainda era só um reservista. Não tinha um endereço nem um carro. Não tinha estabilidade, e isso me deixava muito inseguro. Além do mais, eu nem sequer estava apaixonado por aquela mulher. Foi o que disse a mim mesmo enquanto encarava o Espelho da Responsa por cima do ombro dela. O espelho que nunca mente.

Desviei o olhar.

Pam foi para casa dar a notícia aos pais. Acompanhei-a até a porta da casa da minha mãe, depois afundei no sofá. Em Coronado, tivera a sensação de ter feito as pazes com meu passado difícil e encontrado nele uma espécie de poder, e ali estava eu, sendo sugado outra vez pelos acontecimentos. Agora não se tratava apenas de mim e de meus sonhos de virar SEAL. Eu tinha uma família na qual pensar, o que aumentava em muito o que estava em jogo. Se fracassasse daquela vez, isso não significaria apenas que voltaria à estaca zero do ponto de vista emocional e financeiro, mas que levaria junto minha nova família. Quando minha mãe chegou em casa eu lhe contei tudo, e durante nossa conversa a comporta se abriu e todo o meu medo, minha tristeza e minhas dificuldades explodiram para fora. Segurei a cabeça entre as mãos e solucei.

– Desde que eu nasci até agora minha vida foi um pesadelo, mãe. Um pesadelo que só faz piorar. Quanto mais eu tento, mais difícil minha vida fica.

– Não tenho como negar isso, David – disse ela. Minha mãe conhecia o inferno e não iria me tratar feito criança. Ela nunca tinha feito isso. – Mas também conheço você bem o suficiente para saber que vai encontrar um caminho para sair dessa.

– Eu preciso encontrar – falei enquanto enxugava as lágrimas dos olhos. – Não tenho escolha.

Ela me deixou sozinho, e passei a noite inteira sentado naquele sofá. Minha sensação era de ter sido privado de tudo, mas ainda estar respirando, o que significava que precisava encontrar um jeito de seguir em frente. Precisava compartimentalizar a dúvida e encontrar forças para acreditar ter nascido para ser mais do que um homem exausto e rejeitado pelos Navy SEALs. Depois da Semana Infernal, eu sentira ter me tornado invencível, mas uma semana depois estava na lona. No fim das contas, eu não tinha conseguido subir de nível. Continuava sendo nada e ninguém – e se quisesse consertar minha vida estragada precisaria ser mais!

Naquele sofá, encontrei um jeito.

Àquela altura eu já tinha aprendido a assumir responsabilidade pelos meus próprios atos e sabia que era capaz de capturar a alma do adversário no calor da batalha. Tinha superado muitos obstáculos e me dado conta de que cada uma dessas experiências calejara tanto a minha mente que eu era capaz de encarar qualquer desafio. Tudo isso me dera a sensação de ter lidado com meus demônios do passado, mas não. Eu os havia ignorado. Minhas lembranças do abuso sofrido nas mãos do meu pai e de todas aquelas pessoas que tinham me chamado de "crioulo" não evaporaram depois de umas poucas vitórias. Esses momentos estavam profundamente ancorados no meu subconsciente, e por causa disso meus alicerces estavam rachados. Num ser humano, o caráter é o seu alicerce e, quando você constrói um monte de sucessos e empilha ainda mais fracassos em cima de um alicerce frágil, a estrutura do eu não fica sólida. Para desenvolver uma mente blindada, uma mentalidade calejada e resistente a ponto de se tornar à prova de balas, é preciso remontar à origem de todos os seus medos e inseguranças.

A maioria das pessoas varre os fracassos e seus piores segredos para debaixo do tapete, mas, quando nos deparamos com problemas, esse tapete é levantado e nossa escuridão torna a vir à tona, inunda nossa alma e influencia as decisões que determinam nosso caráter. Meus medos nunca foram só da água e meu nervosismo em relação à Turma 235 não tinha a ver com a dor da Primeira Fase. Isso tudo vinha das feridas infeccionadas que eu vinha carregando a vida inteira, e minha negação dessas feridas era uma negação de mim mesmo. Eu era meu pior inimigo! Quem estava decidido a me derrubar não era o mundo, nem Deus, nem o Diabo: era eu mesmo!

Eu estava rejeitando meu passado e, portanto, rejeitando a mim mesmo. Meu alicerce, meu caráter, era definido pela autorrejeição. Todos os meus temores vinham dessa ansiedade profunda que eu carregava por ser David Goggins, por causa de tudo que tinha vivido. Mesmo depois de chegar ao ponto de não ligar mais para o que os outros pensavam a meu respeito, *eu* ainda tinha dificuldade para aceitar *a mim mesmo*.

Qualquer um que tenha a mente e o corpo sãos é capaz de se sentar e pensar em vinte coisas que poderiam ter acontecido de um jeito diferente na vida. Em circunstâncias em que talvez não tenham tido uma chance justa ou em que escolheram o caminho de menor resistência. Se você for um dos poucos a reconhecer isso, se quiser calejar essas feridas e fortalecer seu caráter, cabe a você revisitar o próprio passado e fazer as pazes consigo mesmo, encarando esses incidentes e todas as influências negativas que eles tiveram, e aceitando-os como pontos fracos do seu caráter. Somente após identificar e aceitar suas fraquezas você finalmente vai parar de fugir do passado. Esses incidentes poderão então ser usados de maneira mais eficiente como combustível para torná-lo melhor e mais forte.

Ali mesmo, no sofá da minha mãe, enquanto a lua trilhava seu arco no céu noturno, encarei meus demônios. Encarei a mim mesmo. Não podia mais fugir do meu pai. Precisava aceitar que ele fazia parte de mim e que o seu caráter mentiroso e traidor me influenciava mais do que eu gostaria de admitir. Antes dessa noite, eu costumava dizer aos outros que meu pai tinha morrido, e não falava a verdade sobre minhas origens. Até nos SEALs eu contava essa mentira. E sabia por quê. Quando você leva uma surra, não quer reconhecer que isso aconteceu. Levar uma surra não faz você se sentir muito másculo, então o mais fácil é esquecer tudo e seguir em frente. Fingir que nada aconteceu.

Mas não mais.

À medida que eu avançava, tornou-se muito importante para mim reavaliar minha vida, porque, quando você examina as próprias experiências com uma lente de aumento e vê de onde seus problemas vieram, pode encontrar força no fato de ter suportado a dor e o abuso. Aceitar Trunnis Goggins como parte de mim me liberou para usar minhas origens como combustível. Eu me dei conta de que cada episódio de abuso na infância que poderia ter me matado me tornara duro na queda e afiado feito a espada de um samurai.

Era verdade que eu tivera azar, mas nessa noite comecei a considerar que a minha situação era como participar de uma corrida de 160 quilômetros com uma mochila de 23 quilos nas costas. Será que eu ainda conseguiria competir nessa corrida mesmo que todo mundo estivesse correndo sem carregar nada, pesando 75 quilos? Com que rapidez conseguiria correr depois de ter me livrado daquele peso morto? Eu ainda nem estava pensando em correr ultramaratonas. Para mim, a corrida era a própria vida, e quanto mais eu a avaliava, mais percebia quanto estava preparado para os difíceis acontecimentos que ainda estavam por vir. A vida tinha me posto no fogo, me tirado e me martelado repetidas vezes, e mergulhar novamente no caldeirão do BUD/S, passar por uma terceira Semana Infernal no mesmo ano, me daria um doutorado em dor. Eu estava prestes a me tornar a espada mais afiada que jamais existiu!

★ ★ ★

Apresentei-me para a Turma 235 com uma missão a cumprir e fiquei na minha durante a maior parte da Primeira Fase. No primeiro dia, eram 156 homens na turma. Continuei sendo um dos primeiros, mas dessa vez não estava disposto a ajudar ninguém a passar pela Semana Infernal. Meu joelho continuava dolorido e eu precisava focar toda minha energia em conseguir concluir o BUD/S. Tudo dependia dos seis meses seguintes, e eu não tinha ilusão alguma sobre como seria difícil chegar ao fim.

Veja por exemplo o que aconteceu com Shawn Dobbs.

Dobbs crescera pobre em Jacksonville, na Flórida. Teve que enfrentar alguns dos mesmos demônios que eu e entrou na turma cheio de arrogância. Logo de cara pude ver que ele era um atleta de elite nato. Era sempre o primeiro ou um dos primeiros nas corridas, zunia pelo circuito de obstáculos em oito minutos e meio depois de umas poucas repetições, e *sabia* que era bom. Mas, afinal, como dizem os taoistas, quem sabe não fala, e quem fala, bom, esse não sabe de nada.

Na noite antes de a Semana Infernal começar, ele disse um monte de baboseira sobre os candidatos da Turma 235. Já havia 55 capacetes no chão do Triturador, e ele tinha certeza de que seria um dos poucos a se formar no final. Citou o nome dos caras que *sabia* que passariam pela Semana Infernal e também disse várias bobagens sobre os caras que *sabia* que desistiriam.

Ele não tinha a menor ideia de que estava cometendo o erro clássico de se comparar com os colegas de turma. Sempre que os vencia num exercício ou tinha um desempenho melhor no treinamento físico, ele se orgulhava muito disso. Vencer aumentava sua autoestima e melhorava seu desempenho. No BUD/S é frequente e natural agir assim até certo ponto. Tudo isso faz parte da natureza competitiva dos machos-alfa que são atraídos para a formação de SEAL, só que ele não se deu conta de que durante a Semana Infernal você precisa de uma boa equipe de bote para sobreviver, o que significa depender dos seus colegas, não derrotá-los. Enquanto ele seguia falando, eu prestei atenção. Aquele cara não fazia ideia do que o aguardava nem do quanto a privação de sono e o frio deixam você inteiramente desorientado. Ele estava prestes a descobrir. Nas primeiras horas da Semana Infernal, teve um bom desempenho, e a mesma determinação de derrotar os colegas nos exercícios e nas corridas cronometradas se mostrou na praia.

Com 1,63 de altura e 85 quilos, Dobbs tinha a constituição física de um hidrante, mas, por ser baixo, foi posto numa equipe de bote formada por caras mais baixos que os instrutores chamavam de Smurfs. Na verdade, Pete Psicose lhes mandou fazer um desenho do Papai Smurf na frente do bote só para gozar da cara deles. Era esse o tipo de coisa que nossos instrutores faziam. Eles procuravam qualquer forma de quebrar você, e com Dobbs deu certo. Ele não gostou de ser posto com caras que considerava menores e mais fracos, e descontou o desagrado nos colegas de equipe. Passou o dia seguinte arrancando o couro da própria equipe de bote na nossa frente. Assumia a posição dianteira no bote ou na tora e imprimia um ritmo extenuante nas corridas. Em vez de checar com a equipe e maneirar um pouco para ter alguma reserva, ele dava tudo de si desde o início. Entrei em contato com ele recentemente, e ele disse recordar o BUD/S como se tivesse sido semana passada.

– Eu estava tentando me impor à minha própria equipe – disse ele. – Estava arrancando o couro deles de propósito, quase como se, ao fazê-los desistir, aquilo fosse virar uma marca no meu capacete.

Quando a manhã de segunda-feira chegou, ele tinha se saído bastante bem nessa empreitada. Dois dos seus colegas tinham desistido, o que significava quatro caras menores para carregar sozinhos o bote e a tora. Ele reconheceu que estava lutando contra os próprios demônios naquela praia. Que seu alicerce estava rachado.

– Eu era uma pessoa insegura, com baixa autoestima, tentando me impor, e o ego, a arrogância e a insegurança dificultaram a minha vida.

Tradução: a mente dele se desintegrou de formas que ele nunca tinha experimentado e que não voltou a experimentar desde então.

Na segunda-feira à tarde, fomos nadar na baía, e ao sair do mar ele estava sentindo dor. Bastava olhar para ele para ver que mal conseguia andar e que a sua mente estava por um fio. Cruzamos olhares, e pude ver que ele estava fazendo a si mesmo aquelas perguntas básicas, mas não conseguia encontrar uma resposta. Ele era muito parecido comigo quando eu estava no treinamento de paraquedismo de resgate tentando encontrar um jeito de sair. A partir desse dia, Dobbs passou a ter um dos piores desempenhos de toda a praia, o que só fez intensificar sua dor.

– Todas as pessoas que eu tinha classificado como vermes inúteis estavam me dando uma surra – disse ele.

Em pouco tempo, sua equipe se reduzira a dois homens e ele foi transferido para outra equipe de bote com caras mais altos. Quando eles suspendiam o bote acima da cabeça, ele nem sequer conseguia alcançá-lo, e todas as suas inseguranças relacionadas à altura e ao seu passado começaram a se abater sobre ele.

– Comecei a acreditar que ali não era o meu lugar – confessou. – Que eu era geneticamente inferior. Era como se eu tivesse superpoderes e os houvesse perdido. Eu estava num estado mental no qual nunca estivera antes, e não tinha nenhum mapa para me guiar.

Pense na situação dele. Aquele homem tinha se destacado durante as primeiras semanas do BUD/S. Tinha saído do nada e era um atleta espetacular. Tinha muitas experiências na vida nas quais poderia ter se apoiado. Já tinha calejado muito a própria mente, mas, como seu alicerce estava rachado, quando as coisas apertaram ele perdeu o controle da própria mentalidade e se tornou escravo da própria insegurança.

Na noite de segunda-feira, Dobbs foi ao departamento médico reclamando de dor nos pés. Estava certo de ter fraturas por estresse, mas quando tirou os coturnos seus pés não estavam inchados, nem pretos ou azuis como ele havia imaginado. Tinham uma aparência perfeitamente saudável. Sei disso porque eu também estava fazendo acompanhamento médico, sentado bem ao seu lado. Vi seu olhar vazio e soube que o inevitável estava prestes a acontecer. Aquela era a expressão que toma conta do rosto de um homem que entregou a própria alma. Eu tinha a mesma expressão ao desistir do paraquedismo de resgate. O que vai unir para sempre Shawn Dobbs e eu é o fato de eu ter sabido que ele iria desistir antes dele mesmo.

Os médicos lhe deram ibuprofeno e o mandaram de volta para o sofrimento. Lembro-me de ver Shawn amarrando o cadarço dos coturnos e de me perguntar em que momento ele finalmente iria desabar. Foi quando Gorila Prateado apareceu na sua caminhonete e berrou:

– Essa vai ser a noite mais fria da vida inteira de vocês!

Eu estava carregando o bote com minha equipe rumo ao infame Píer de Aço quando olhei para trás de relance e vi Shawn na traseira da caminhonete quentinha do Gorila Prateado. Ele tinha se rendido. Dali a poucos minutos, iria tocar o sino três vezes e pôr seu capacete no chão.

Em defesa de Dobbs, é preciso dizer que aquela Semana Infernal foi um pesadelo. Chovia sem parar dia e noite, ou seja, você nunca conseguia se aquecer nem se secar. Além disso, alguém do comando teve a brilhante ideia de que os alunos da turma não deveriam comer e beber feito reis na hora do rancho. Em vez disso, eles nos serviam comida militar pronta em quase todas as refeições. Achavam que assim nos testariam mais ainda. Tornariam a situação mais parecida com um campo de batalha da vida real. Isso também queria dizer que não havia absolutamente nenhum alívio, e sem calorias em abundância para queimar era difícil para qualquer um encontrar a energia necessária para superar a dor e a exaustão, quanto mais se manter aquecido.

Sim, era uma provação, mas eu estava adorando. Eu me alimentava da beleza bárbara de ver um homem ter a alma destruída, apenas para tornar a se levantar e superar todos os obstáculos no seu caminho. Nessa minha terceira tentativa, eu já sabia o que o corpo humano era capaz de aguentar. Sabia o que eu era capaz de aguentar, e isso me alimentava. Ao mesmo tempo, minhas pernas não estavam bem e meu joelho estava reclamando desde o primeiro dia. Até ali, a dor era uma coisa com a qual eu conseguia lidar pelo menos por mais um ou dois dias, mas a ideia de me lesionar era algo que eu precisava bloquear da mente. Pensar isso me levava para um lugar sombrio onde só havíamos eu, a dor e o sofrimento. Eu não conseguia focar nos meus colegas nem nos meus instrutores. Virei um verdadeiro homem das cavernas. Estava disposto a morrer para concluir aquele treinamento.

E eu não era o único. Tarde da noite na quarta-feira, faltando 36 horas para o fim da Semana Infernal, uma tragédia se abateu sobre a Turma 235. Estávamos na piscina para um exercício chamado "nado da lagarta", no qual cada equipe de bote nadava de costas, todos juntos, com as pernas de cada um presas em volta do peito do outro companheiro. Tínhamos de usar as mãos para nadar sincronizados.

Nos reunimos na piscina. Agora só restavam 26 candidatos, e um deles se chamava John Skop. O Sr. Skop era um colosso de 1,88 de altura e 102 quilos, mas estava doente desde o início e havia passado a semana inteira entrando e saindo do departamento médico. Enquanto 25 de nós estávamos em posição de sentido na beira da piscina, inchados, assados e sangrando, ele estava sentado na escada ao lado da piscina, batendo os dentes de frio. Parecia estar congelando, mas seu corpo irradiava ondas de calor. Seu corpo era um radiador ligado na potência máxima. Dava para sentir a 3 metros de distância o calor que ele irradiava.

Eu tinha tido pneumonia dupla durante minha primeira Semana Infernal, e conhecia a aparência e a sensação da doença. Os alvéolos de Skop estavam se enchendo de fluido. Como não conseguia limpá-los, ele mal conseguia respirar, o que aumentava ainda mais o problema. Quando não é controlada, a pneumonia pode causar edema pulmonar, o que pode ser fatal. E ele já estava quase lá.

Dito e feito: durante o nado da lagarta, suas pernas ficaram moles e ele afundou na piscina feito um boneco de chumbo. Dois instrutores pularam atrás dele, e daí em diante foi o caos. Mandaram-nos sair da água e formar uma fila rente à cerca, de costas para a piscina, enquanto os médicos tentavam ressuscitar o Sr. Skop. Ficamos ouvindo tudo e entendemos que as chances dele estavam diminuindo. Cinco minutos depois, ele ainda não estava respirando e fomos mandados para o vestiário. O Sr. Skop foi transportado para o hospital, e nós fomos instruídos a voltar correndo para a sala de aula do BUD/S. Ainda não sabíamos, mas a Semana Infernal já tinha acabado. Minutos depois, Gorila Prateado entrou e deu a notícia a sangue-frio.

– O Sr. Skop morreu – disse ele, correndo os olhos pela sala. Suas palavras tinham sido um soco no estômago para homens já nas últimas, após quase uma semana sem sono e sem trégua. Gorila Prateado não dava a mínima: – É esse o mundo no qual vocês vivem. Ele não foi o primeiro nem será o último a morrer no nosso ramo. – Ele olhou para o colega de quarto do Sr. Skop e completou: – Sr. Moore, não roube nenhuma das coisas dele.

Então se retirou como se aquele fosse um dia como outro qualquer.

Fiquei dividido entre a tristeza, a náusea e o alívio. Estava triste e nauseado com o fato de o Sr. Skop ter morrido, mas todos nós estávamos aliviados por termos sobrevivido à Semana Infernal. Além disso, a forma como Gorila Prateado tinha lidado com o ocorrido fora direta, sem frescuras, e me lembro de pensar que, se todos os SEALs fossem iguais a ele, aquele com certeza seria o mundo certo para mim. Sentimentos contraditórios, é verdade.

O fato é que a maioria dos civis não compreende que é preciso um certo nível de insensibilidade para fazer o trabalho que estamos sendo treinados para fazer. Para viver num mundo brutal, é preciso aceitar as verdades nuas e cruas. Não estou dizendo que isso seja bom. Não tenho necessariamente orgulho de ser assim. Mas o mundo das operações especiais é um mundo calejado e exige uma mente igualmente calejada.

A Semana Infernal havia terminado 36 horas mais cedo. Não houve pizza nem cerimônia de camiseta marrom no Triturador, mas 25 homens de possíveis 156 tinham chegado ao fim. Mais uma vez fui um dos poucos, e mais uma vez inchado feito um boneco inflável e de muletas faltando ainda 21 semanas de treinamento. Minha patela estava intacta, mas minhas duas canelas tinham sofrido pequenas fraturas. E foi ficando pior. Como estavam emburrados por terem sido obrigados a encerrar a Semana Infernal antes da hora, os instrutores decretaram o fim da semana da caminhada após apenas 48 horas. Por qualquer métrica que se usasse, minhas chances de me formar pareciam pequenas outra vez. Sempre que eu mexia o tornozelo, minhas canelas eram ativadas e eu sentia uma dor lancinante – o que era um problema monumental, porque uma semana típica no BUD/S pode demandar até 100 quilômetros de corrida. Imagine fazer isso com as duas canelas quebradas.

A maioria dos caras da Turma 235 morava numa base no Comando de Guerra Naval Especial em Coronado. Eu morava a uns 30 quilômetros de lá, num apartamento de quarto e sala com mofo que custava 700 dólares mensais em Chula Vista e que dividia com minha esposa grávida e minha enteada. Quando Pam engravidou, nós tornamos a nos casar. Comprei um Honda Passport novo financiado – o que me deixou com uma dívida em torno de 60 mil dólares – e nós três saímos de Indiana e fomos para San Diego recomeçar nossa família. Eu tinha acabado de passar pela Semana Infernal pela segunda vez no mesmo ano, e ela daria à luz nosso bebê por volta da data da formatura. Apesar disso eu não estava feliz nem na cabeça, nem na alma. Como poderia estar? Nós morávamos num buraco que eu mal conseguia pagar e meu corpo estava mais uma vez detonado. Se eu não conseguisse concluir o curso, nem sequer conseguiria bancar o aluguel, teria que recomeçar do zero e arrumar um novo trabalho. Eu não podia e não iria deixar isso acontecer.

Um dia antes de a Primeira Fase voltar a ficar intensa, raspei a cabeça e encarei meu reflexo. Fazia quase dois anos que vinha suportando uma dor extrema sem trégua e voltando para pedir mais. Tivera sucessos ocasionais, mas depois voltara a ser enterrado vivo no fracasso. Nessa noite, a única coisa que me permitiu seguir em frente foi a consciência de que tudo por que eu tinha passado ajudara a calejar minha mente. A questão era: quão espesso era esse calo? Quanta dor um homem era capaz de suportar? Será que eu tinha forças para correr com as pernas quebradas?

Na manhã seguinte, acordei às 3h30 da madrugada, peguei o carro e fui para a base. Fui mancando até o cubículo em que os alunos do BUD/S guardavam o equipamento, afundei sentado num banco e larguei a mochila a meus pés. Estava escuro ali dentro e lá fora, e eu estava inteiramente sozinho. Dava para ouvir as ondas quebrando ao longe enquanto vasculhava minha bolsa de mergulho. Enterrados debaixo do meu equipamento havia dois rolos de silver tape. Só consegui balançar a cabeça e sorrir, incrédulo, enquanto os pegava, sabendo quão insano era o meu plano.

Com todo o cuidado, calcei no pé direito uma meia preta grossa e comprida. A canela estava sensível, e até mesmo o mais leve movimento da articulação do tornozelo pontuava alto na escala de dor. Então passei a fita adesiva em volta do calcanhar, depois subi pelo tornozelo e desci de novo para o calcanhar, descendo por fim pelo pé e subindo pela canela até deixar toda a parte inferior da minha perna e meu pé bem apertados com o silver tape. Isso foi só a primeira camada. Então calcei outra meia preta comprida e tornei a embalar meu pé e tornozelo da mesma forma. Quando acabei, estava com duas camadas de meia e duas camadas de silver tape, e, uma vez calçado o coturno e amarrado o cadarço, meu tornozelo e minha canela ficaram protegidos e imobilizados. Satisfeito, embalei o pé esquerdo, e uma hora mais tarde era como se abaixo dos joelhos minhas duas pernas estivessem engessadas. Caminhar ainda doía, mas a tortura que eu sentira ao mexer o tornozelo era mais suportável. Ou pelo menos foi o que eu pensei. Teria certeza quando começássemos a correr.

Nossa primeira corrida de treinamento nesse dia foi meu batismo de fogo, e dei o melhor de mim para correr usando os músculos flexores do quadril. Em geral deixamos os pés e a parte inferior das pernas ditarem o ritmo. Eu tive que inverter isso. Concentrei-me intensamente em isolar cada movimento e em gerar movimento e potência nas pernas do quadril para baixo, e durante a primeira meia hora a dor foi a pior que eu já sentira. O silver tape cortava minha pele, enquanto o impacto fazia ondas de choque e de dor subirem pelas canelas fraturadas.

E aquela era só a primeira corrida no que prometiam ser cinco meses de dor incessante. Seria possível sobreviver àquilo, dia após dia? Pensei em desistir. Se o fracasso era o meu futuro e eu fosse ter que repensar a minha vida inteiramente, de que adiantava fazer aquilo? Por que adiar o inevitável? Será que eu não batia bem da cabeça? Todo e qualquer pensamento se reduzia à mesma pergunta básica: Por quê?

"O único jeito de garantir o fracasso é desistir agora!" Eu tinha começado a falar comigo mesmo. A gritar em silêncio para me fazer ouvir acima do alarido de dor que me esmagava a mente e a alma. "Aguenta a dor, ou o fracasso não vai ser só seu. Vai ser o fracasso da sua família!"

Imaginei a sensação que teria se realmente conseguisse levar aquilo até o fim. Se conseguisse suportar a dor exigida para completar aquela missão. Isso me fez aguentar quase outro quilômetro antes de mais dor se abater sobre mim e pôr-se a rodopiar dentro do meu corpo feito um furacão.

"É difícil para as pessoas passar pelo BUD/S com saúde, e você está fazendo o treinamento com as pernas quebradas! Quem mais cogitaria fazer uma coisa dessas?", perguntei. "Quem mais conseguiria correr um minuto que fosse com uma das pernas quebradas, quanto mais as duas? Só Goggins! Você está correndo há vinte minutos, Goggins! Você é uma máquina! Cada passo que você correr daqui até o fim só vai torná-lo mais durão!"

A última mensagem decifrou o código como se fosse uma senha. Minha mente calejada era a passagem que me permitia avançar, e quando batemos os quarenta minutos algo incrível aconteceu. A maré da dor baixou. O silver tape tinha ficado um pouco mais folgado e não estava mais cortando minha pele. Meus músculos e ossos estavam aquecidos o suficiente para aguentar um certo impacto. Ao longo do dia, a dor ia e vinha, mas tornou-se muito mais administrável, e quando ela aparecia eu me dizia que aquilo era uma prova de quanto eu era durão e de quanto estava ficando ainda mais durão.

Dia após dia, era o mesmo ritual. Eu chegava cedo, embalava os pés com silver tape, suportava meia hora de dor extrema, falava comigo mesmo para conseguir suportar, e sobrevivia. Aquilo não era nenhuma baboseira do tipo "fingir até conseguir". Para mim, o fato de eu ir lá todos os dias disposto a passar por algo como aquilo era *realmente* incrível. Os instrutores também me recompensaram por isso. Eles propuseram embalar minhas mãos e pés e me jogar na piscina para ver se eu conseguia nadar quatro voltas. Na verdade eles não propuseram: eles insistiram. Foi parte de um exercício que eles gostavam de chamar de blindagem contra o afogamento. Mas eu preferia chamar de afogamento controlado!

Com as mãos amarradas nas costas e os pés dobrados para trás, só nos restava usar a pernada do nado golfinho, e ao contrário de alguns dos nadadores experientes da nossa turma, que pareciam ter a mesma carga genética de um Michael Phelps, minha pernada de golfinho parecia um cavalinho de balanço estacionário, e gerava mais ou menos a mesma propulsão. Eu ficava continuamente sem ar, lutando para me manter próximo à superfície, esticando a cabeça feito uma tartaruga acima da água para conseguir respirar e em seguida submergir e chutar com força, tentando em vão ganhar impulso. Tinha treinado para aquilo. Passara semanas indo à piscina, e chegara a experimentar usar um short de borracha para ver se conseguia escondê-lo debaixo do uniforme para poder boiar melhor. A roupa fazia parecer que eu estava de fralda por baixo do short justo do uniforme e não adiantava nada, mas todo aquele treino me deixou suficientemente acostumado com a sensação de estar me afogando, então consegui aguentar e passar naquele teste.

Tivemos outro exercício brutal debaixo d'água na Segunda Fase, conhecida também como fase de mergulho. Mais uma vez envolvia boiar na vertical, o que sempre soa fácil quando escrevo, mas para aquela simulação tínhamos de carregar dois cilindros de 80 litros cheios e um cinto com pesos num total de 7 quilos. Usávamos pés de pato, mas bater as pernas com pés de pato aumentava o quociente de dor e o estresse nos meus tornozelos e nas canelas. Na água eu não podia usar o silver tape. Tinha que aguentar a dor.

Depois de paramentados, tínhamos que nadar de costas por 50 metros sem afundar. Em seguida virar de bruços e nadar mais 50 metros assim, permanecendo igualmente na superfície, totalmente carregados! Não podíamos usar nenhum dispositivo de flutuação, e manter a cabeça fora d'água causava uma dor intensa no pescoço, nos ombros, nos quadris e na lombar.

Os barulhos que vinham da piscina nesse dia são algo que eu nunca vou esquecer. Nossas tentativas desesperadas de nos manter na superfície e de respirar criavam uma mistura audível de pânico, frustração e esforço. Nós gorgolejávamos, grunhíamos e arquejávamos. Eu escutava gritos guturais e guinchos agudos. Vários caras afundaram, tiraram os cintos com pesos e se livraram dos cilindros, deixando-os irem se esborrachar no fundo da piscina para então subir depressa até a superfície.

Um único homem passou nesse exercício na primeira tentativa. Só tínhamos três chances para passar num exercício, e eu precisei de todas as três para passar nesse. Na última, me concentrei em fazer movimentos longos e fluidos com as pernas, usando mais uma vez os sobrecarregados músculos flexores do quadril. Quase não dei conta.

Quando chegamos à Terceira Fase, o módulo de treinamento de guerra em terra na Ilha de San Clemente, minhas pernas estavam curadas e eu soube que chegaria à formatura, mas só por ter sido a última etapa não quer dizer que tenha sido fácil. No complexo principal do BUD/S em Coronado aparecem vários curiosos. Oficiais de todas as patentes vão lá assistir ao treinamento, ou seja: há gente olhando por cima do ombro dos instrutores. Na ilha é só você e eles. Eles estão livres para serem cruéis. Foi exatamente por isso que eu adorei a ilha!

Numa tarde, fomos divididos em duplas e trios para construir esconderijos camuflados em meio à vegetação. Àquela altura já estávamos perto do fim, e todo mundo estava em excelente forma e sem medo de nada. Os caras estavam começando a ficar displicentes com a atenção aos detalhes, e isso irritou os instrutores, que mandaram todo mundo descer para um vale para nos aplicar uma punição clássica.

Haveria intermináveis flexões, abdominais, infra alternados e burpees avançados de oito tempos. Mas primeiro eles nos mandaram nos ajoelhar e cavar buracos com as mãos, buracos grandes o suficiente para ficarmos enterrados até o pescoço por um tempo não especificado. Eu estava cavando fundo com um sorriso atrevido no rosto que dizia "Vocês não podem me ferir" quando um dos instrutores inventou um jeito novo e criativo de me torturar.

– Goggins, levanta. Você está gostando demais disso aí.

Eu ri e continuei cavando, mas ele estava falando sério.

– Goggins, mandei levantar. Isso está te dando prazer demais.

Eu me levantei e fiquei de lado. Passei a meia hora seguinte vendo meus colegas de turma sofrerem sem mim. A partir de então, os instrutores pararam de me incluir nas punições. Quando a turma recebia ordens para fazer flexões, abdominais ou então ficar molhada e enfarofada, eles sempre me excluíam. Interpretei isso como um motivo de orgulho por ter enfim vencido a determinação de todos os funcionários do BUD/S, mas também sentia falta das punições. Porque eu via nelas oportunidades para calejar minha mente. E agora elas tinham acabado para mim.

Levando em conta que o Triturador era o palco central de grande parte do treinamento de um SEAL, faz sentido a formatura do BUD/S acontecer lá. As famílias vão de avião. Pais e filhos estufam o peito; mães, esposas e namoradas se emperiquitam todas e ficam lindas de morrer. Em vez de dor e infelicidade, tudo que se viu naquele trecho de asfalto foram sorrisos quando os formandos da Turma 235 se reuniram em seus uniformes brancos de gala debaixo de uma imensa bandeira americana tremulando à brisa do mar. À nossa direita estava o malfadado sino que 130 de nossos companheiros de turma haviam tocado para desistir daquele que talvez seja o treinamento mais desafiador das Forças Armadas. Cada um de nós foi apresentado e elogiado individualmente. Minha mãe chorou de alegria quando meu nome foi chamado, mas estranhamente eu não senti muita coisa além de tristeza.

No Triturador e depois no McP's, o pub predileto dos SEALs no centro de Coronado, meus companheiros se reuniam para tirar fotos com a família, radiantes de orgulho. No bar, a música tocava nas alturas enquanto todos enchiam a cara e curtiam como se tivessem acabado de ganhar alguma coisa. E, para ser sincero, isso me incomodou. Porque eu estava triste com o fato de o BUD/S ter acabado.

Mamãe e eu na formatura do BUD/S

Na primeira vez que me candidatei a SEAL, eu estava em busca de um ambiente que me destruiria por completo ou então me tornaria indestrutível. O BUD/S tinha sido esse ambiente. O treinamento me mostrou do que a mente humana é capaz e como usá-la para suportar mais dor do que eu jamais sentira, para aprender a conquistar coisas que eu sequer sabia serem possíveis. Como correr com as pernas quebradas, por exemplo. Depois de me formar, caberia a mim continuar a caçar tarefas impossíveis, porque, embora fosse uma conquista ser apenas o 36º formando BUD/S afro-americano na história dos Navy SEALs, minha jornada de superação estava apenas começando!

## DESAFIO Nº 5

Chegou a hora de fazer visualizações! Repetindo: em média, temos 2 a 3 mil pensamentos por hora. Em vez de focar em coisas que você não pode mudar, imagine-se visualizando as que pode. Escolha qualquer obstáculo no seu caminho ou então fixe um novo objetivo e visualize-se superando-o ou alcançando-o. Antes de realizar qualquer atividade desafiadora, eu começo pintando um quadro mental da aparência e da sensação do meu sucesso. Penso nele diariamente, e esse sentimento me ajuda a avançar quando estou treinando, competindo ou realizando qualquer tarefa que tenha escolhido.

Mas visualizar não significa apenas sonhar acordado com alguma cerimônia de premiação – seja ela real ou metafórica. Você precisa também visualizar os desafios que provavelmente vão surgir e determinar como vai lidar com esses problemas quando for a hora. Assim pode estar o mais preparado possível para a jornada. Hoje em dia, quando me apresento para uma corrida, eu primeiro percorro de carro todo o circuito, visualizando o sucesso, mas também os potenciais desafios, e isso me ajuda a controlar meu processo mental. Você não tem como se preparar para tudo, mas se fizer uma visualização estratégica com antecedência estará o mais preparado possível.

Isso significa também estar preparado para responder às perguntas básicas. Por que está fazendo isso? O que o está motivando em direção a essa conquista? De onde vem a escuridão que está usando como combustível? O que calejou sua mente? Quando se deparar com uma parede de dor e de dúvida, você vai precisar estar com essas respostas na ponta da língua. Para seguir em frente, vai ter que canalizar a própria escuridão, alimentar-se dela e recorrer à sua mente calejada.

Mas lembre-se: a visualização nunca compensará o trabalho que não foi feito. Não se pode visualizar mentiras. Todas as estratégias que eu uso para responder às perguntas básicas e vencer o jogo mental só são eficazes porque eu também dou duro. É muito mais do que o domínio da mente sobre a matéria. É preciso uma autodisciplina incansável para agendar o sofrimento no seu dia, todos os dias, mas se você fizer isso vai descobrir que do outro lado desse sofrimento existe toda uma outra vida esperando por você.

Esse desafio não precisa ser físico e a vitória nem sempre significa chegar em primeiro lugar. Ela pode significar que você enfim superou um medo da vida inteira ou qualquer outro obstáculo que antes o teria feito se entregar. Seja o que for, conte para o mundo a história de como criou sua mente blindada, #armoredmind, e aonde isso o levou.

## CAPÍTULO SEIS

# O IMPORTANTE NÃO É O TROFÉU

Tudo na corrida estava indo melhor do que eu poderia esperar. Havia nuvens suficientes no céu para amenizar o calor do sol, meu ritmo estava regular como a maré suave que batia nos cascos dos veleiros atracados na marina de San Diego, ali perto, e embora eu estivesse sentindo as pernas pesadas isso já era de se esperar, levando em conta como eu tinha "pegado leve" na noite anterior. Além do mais, elas pareciam estar se soltando quando fiz uma curva para completar minha nona volta – a nona milha ou quilômetro 14,5 – apenas uma hora e pouquinho depois de começar uma corrida de 24 horas.

Foi então que vi John Metz, diretor de corrida da San Diego One Day, me encarando na linha de largada/chegada. Ele erguia seu cartaz branco para informar a cada competidor seu tempo e sua posição em relação aos demais. Eu estava em quinto lugar, o que pelo visto ele não entendia. Fiz um meneio de cabeça rápido na direção dele para lhe garantir que sabia o que estava fazendo, que estava exatamente onde deveria.

Mas ele não se deixou enganar.

Metz era um veterano. Sempre educado, de fala mansa. Não parecia haver muita coisa capaz de abalá-lo, mas ele também era um ultramaratonista experiente, com três corridas de 80 quilômetros nas costas. Tinha alcançado ou batido a marca dos 160 quilômetros sete vezes e conseguido seu melhor desempenho – de 232 quilômetros em 24 horas – aos 50 anos! Por isso, o fato de ele parecer preocupado significou alguma coisa para mim.

Olhei para meu relógio, sincronizado a um monitor cardíaco que eu estava usando em volta do peito. Meus batimentos giravam em torno do meu número mágico: 145. Poucos dias antes, eu cruzara com meu antigo instrutor do BUD/S, Gorila Prateado, no Comando de Guerra Naval Especial. A maioria dos SEALs faz rodízios como instrutor entre uma mobilização e outra, e Gorila Prateado e eu trabalhávamos juntos. Quando lhe falei sobre a San Diego One Day, ele insistiu para eu usar um monitor cardíaco para controlar o ritmo. Gorila Prateado era um nerd de carteirinha em matéria de desempenho esportivo e recuperação, e observei-o rabiscar algumas fórmulas, e então se virar para mim e dizer:

– Mantenha seus batimentos cardíacos entre 140 e 145 e vai dar tudo certo.

No dia seguinte, ele me deu um monitor cardíaco de presente para o dia da corrida.

Se você quisesse demarcar um circuito de corrida capaz de massacrar um Navy SEAL como se fosse uma noz, mastigá-lo e depois cuspi-lo, o parque de Hospitality Point em San Diego não seria uma boa escolha. Esse circuito é um terreno tão fácil que chega a parecer um passeio. Turistas vão lá o ano inteiro admirar a vista deslumbrante da marina de San Diego desaguando em Mission Bay. A pista é quase toda de asfalto liso e totalmente plano, tirando um rápido aclive de pouco mais de 2 metros com a mesma inclinação de um acesso de carros típico de casa de subúrbio. Há gramados bem-cuidados, palmeiras e árvores fazendo sombra. Hospitality Point é tão convidativo que as pessoas com deficiência e convalescentes o frequentam o tempo todo com seus andadores para passeios vespertinos como parte da fisioterapia. Mas, no dia seguinte, depois de John Metz traçar seu circuito fácil de uma milha (ou 1.600 metros), o lugar se tornou o palco da minha destruição total.

Eu deveria ter percebido que estava à beira de um colapso. Quando comecei a correr, às dez da manhã do dia 12 de novembro de 2005, fazia seis meses que não corria mais de 1.500 metros, mas parecia estar em forma porque nunca tinha parado de malhar. Enquanto estava servindo no Iraque, naquele mesmo ano, na minha segunda missão com a Equipe Cinco dos SEALs, eu tinha voltado a pegar peso a sério, e minha única dose de exercícios aeróbicos eram vinte minutos no elíptico uma vez por semana. Tudo isso para dizer que o meu condicionamento cardiovascular estava péssimo, mas mesmo assim achei que fosse uma ideia brilhante tentar correr 160 quilômetros em 24 horas.

Tá, era mesmo uma ideia idiota desde o início, mas achei que fosse factível porque 160 quilômetros em 24 horas exige um ritmo de 9 minutos por quilômetro. Se fosse preciso, pensei que eu poderia até andar nesse ritmo. Só que eu não andei. Quando tocaram a corneta no começo da corrida, parti na velocidade máxima e fui direto para a frente do pelotão. A estratégia certa se o seu objetivo no dia da corrida for dar perda total.

Além do mais, eu não estava exatamente descansado. Na véspera da corrida, tinha passado na academia da Equipe Cinco dos SEALs quando estava saindo da base depois do trabalho e dei uma olhada lá para dentro como sempre fazia, só para ver quem estava malhando. Gorila Prateado estava na academia se aquecendo e me chamou.

– Aí, Goggins, bora puxar um ferro!

Eu ri. Ele me encarou.

– Vem cá, Goggins – disse ele, chegando mais perto. – Você acha que os vikings, quando estavam se preparando para invadir uma aldeia, acampados na mata com suas cabanas feitas de pele de veado, sentados em volta de uma fogueira, diziam *Aí, vamos tomar um chazinho de ervas e deitar cedo?* Ou será que eles diziam *Que nada, a gente vai é beber vodca de cogumelo e encher a cara*, para no dia seguinte, quando estivessem todos de ressaca e irritados, estarem com a disposição ideal para matar gente?

Gorila Prateado sabia ser um cara engraçado quando queria, e pôde ver minha hesitação enquanto eu considerava as alternativas. Por um lado, aquele homem seria para sempre meu instrutor do BUD/S e era um dos poucos a continuar sarado, malhando e vivendo diariamente o espírito SEAL. Eu sempre queria impressioná-lo. Puxar ferro na véspera da minha primeira maratona de 160 quilômetros com certeza iria impressionar aquele doido varrido. Além do mais, de um jeito bem maluco, a lógica dele fazia sentido para mim. Eu precisava preparar minha mente para ir à guerra, e marombar pesado seria o meu jeito de dizer: pode vir com toda a dor e todo o sofrimento que tiver, eu encaro! Mas, sinceramente, quem faz isso antes de correr 160 quilômetros?

Balancei a cabeça sem acreditar, joguei minha bolsa no chão e comecei a separar os pesos. Com um heavy metal aos berros nos alto-falantes, os dois marombeiros se juntaram para suar. A maior parte dos nossos exercícios se concentrou nas pernas, com longas séries de agachamentos e levantamento terra com 143 quilos. Entre uma coisa e outra, fazíamos supino com 102 quilos. Foi uma sessão puxada de maromba, depois da qual ficamos sentados no banco lado a lado vendo nossos quadríceps e panturrilhas tremendo de tanto esforço. Foi engraçado... até deixar de ser.

As ultramaratonas ficaram um pouco mais conhecidas de lá para cá, mas em 2005 quase ninguém tinha ouvido falar delas – muito menos da San Diego One Day –, e tudo aquilo era novidade para mim. Quando pensa em ultramaratonas, a maioria das pessoas imagina percursos de trilha por uma paisagem natural, e não corridas de circuito; mas aquela San Diego One Day tinha alguns corredores sérios competindo.

Era o Campeonato Nacional de 24h dos Estados Unidos, e atletas do país inteiro competiam na esperança de conquistar um troféu, um lugar no pódio e o modesto prêmio em dinheiro para o vencedor de, bem, 2 mil dólares. Não, não era um evento prestigioso cheio de patrocinadores corporativos, mas era o cenário de uma competição entre a equipe nacional de ultramaratonistas dos Estados Unidos e uma equipe do Japão. Cada país tinha duas equipes, uma de quatro homens e outra de quatro mulheres, e as duas corriam por 24 horas. Uma das principais atletas individuais na corrida também era japonesa. Chamava-se Sra. Inagaki, e desde o começo eu e ela ficamos correndo no mesmo ritmo.

Gorila Prateado apareceu naquela manhã para torcer por mim, acompanhado pela mulher e pelo filho de 2 anos. Eles foram se reunir na lateral do circuito com minha nova esposa, Kate, com quem eu havia me casado alguns meses antes, pouco mais de dois anos depois de meu segundo divórcio de Pam. Quando me viram, eles não conseguiram segurar o riso. Não só por Gorila Prateado ainda estar dolorido devido à nossa malhação da véspera e eu estar ali tentando correr 160 quilômetros, mas por causa do quanto eu parecia fora de lugar. Quando falei sobre isso com Gorila Prateado, não muito tempo atrás, a cena o fez rir outra vez.

Sra. Inagaki e eu durante as 100 milhas de San Diego

– Então, os ultramaratonistas são um pessoal meio esquisito, né? – disse Gorila Prateado. – E naquela manhã parecia haver ali uma porção de gente esquisita, todos com cara de professores universitários magrelos e comedores de granola, e ao lado deles um único camarada preto imenso que parecia um zagueiro de futebol americano, correndo pela pista todo malhadão e sem camisa... Ele claramente destoava do restante do grupo. Foi o que pensei quando vi o zagueiro de futebol americano correndo por aquela pista idiota junto com todos aqueles nerds magrelos. Quer dizer, eles eram corredores de elite. Não estou desmerecendo ninguém, mas eram todos supermeticulosos em relação à alimentação e tal, e você simplesmente tinha calçado o tênis e dito: vamo lá!

Ele não está errado. Eu praticamente não tinha pensado no meu plano de corrida. Tinha planejado tudo no supermercado na noite anterior, onde fora comprar uma cadeira dobrável para Kate e eu usarmos durante a corrida e meu combustível para o dia inteiro: um pacote de biscoitos salgados e dois packs de quatro shakes proteicos esportivos. Eu não bebi muita água. Não tinha levado em conta meus níveis de eletrólitos ou de potássio, nem comido nenhuma fruta fresca. Gorila Prateado me levou um pacote de rosquinhas de chocolate quando foi me ver, e eu as devorei em poucos segundos. Enfim, eu estava improvisando tudo. Apesar disso, no quilômetro 24 continuava em quinto lugar, ainda correndo no mesmo ritmo da Sra. Inagaki, enquanto Metz ia ficando cada vez mais nervoso. Ele correu até mim e me acompanhou enquanto falava.

– David, é melhor você diminuir o ritmo – disse ele. – Melhor correr um pouco mais devagar.

– Estou de boa – respondi, dando de ombros.

É verdade que naquele momento eu estava me sentindo bem, mas minha bravata era também um mecanismo de defesa. Eu sabia que, se começasse a planejar a corrida àquela altura, a complexidade daquilo tudo seria demais para a minha compreensão. Ficaria parecendo que eu precisava correr o céu inteiro. Pareceria impossível. Na minha mente, a estratégia era inimiga do momento presente, que era onde eu precisava estar. Tradução: em se tratando de ultramaratonas, eu era completamente imaturo. Metz não insistiu, mas seguiu me observando de perto.

Terminei o quilômetro 40 por volta da marca de quatro horas, e continuava em quinto lugar, sempre correndo com minha nova amiga japonesa. Gorila Prateado já tinha ido embora havia um tempão, e Kate era minha única equipe de apoio. Eu a encontrava a cada volta, sentada em sua cadeira dobrável, e ela me oferecia um gole de shake e um sorriso de incentivo.

Eu só tinha corrido uma maratona, quando estava servindo em Guam. Fora uma competição extraoficial, e eu correra com um colega SEAL num circuito que nós criamos na hora. Mas, na época, meu condicionamento cardiovascular estava excelente. Agora, ali, chegando aos 42 quilômetros pela segunda vez na vida, me dei conta de que tinha corrido para além do território conhecido. Eu ainda tinha vinte horas e quase *três maratonas* pela frente. Eram números incompreensíveis para mim, sem nenhum marco intermediário tradicional no qual eu pudesse me concentrar. Eu estava *mesmo* atravessando o céu inteiro. Foi quando comecei a pensar que aquilo poderia acabar mal.

Metz não parava de tentar me ajudar. A cada volta, lá vinha ele correr ao meu lado para ver como eu estava, e, sendo quem sou, sempre lhe dizia que estava tudo sob controle e que eu já tinha entendido tudo. O que era verdade. Eu tinha entendido que John Metz sabia do que estava falando.

Ah, sim, a dor estava ficando real. Meus quadríceps latejavam, meus pés estavam cheios de bolhas e sangrando, e aquela pergunta básica começara a borbulhar outra vez no meu lobo frontal: *Por quê? Por que correr 160 quilômetros sem treinar? Por que eu estava fazendo aquilo comigo mesmo?* Eram perguntas válidas, especialmente porque eu nem sequer tinha ouvido falar na San Diego One Day até três dias antes da corrida, só que dessa vez minha resposta foi diferente. Eu não estava em Hospitality Point para encarar meus próprios demônios nem para provar nada. Meu propósito para estar ali era maior que David Goggins. Aquela luta tinha a ver com meus antigos e futuros companheiros caídos, e com as famílias que eles deixam para trás quando as coisas dão errado.

Ou pelo menos foi isso que eu disse a mim mesmo no quilômetro 43.

★ ★ ★

Fora no meu último dia na escola de Queda Livre do Exército Americano em Yuma, Arizona, em junho, que eu recebera a notícia sobre a Operação Asas Vermelhas, uma operação fracassada nas montanhas remotas do Afeganistão. Tratava-se de uma missão de reconhecimento formada por quatro homens, incumbida de coletar informações sobre uma força pró-talibã em ascensão numa região chamada Sawtalo Sar. Se tivessem sucesso, o que eles descobrissem ajudaria a definir a estratégia para uma ofensiva mais ampla nas semanas subsequentes. Eu conhecia todos os quatro.

Danny Dietz tinha feito parte da Turma 231 do BUD/S comigo. Tinha se machucado e sido recuado assim como eu. Michael Murphy, o oficial responsável pela missão, tinha sido da Turma 235 comigo antes de ser recuado. Matthew Axelson tinha feito parte da minha Turma Hooyah quando me formei (falarei mais sobre a tradição da Turma Hooyah em breve), e Marcus Luttrell foi uma das primeiras pessoas que conheci na minha primeira passagem pelo BUD/S.

Antes do início do treinamento, toda turma de calouros do BUD/S dá uma festa, e os veteranos que ainda estiverem no treinamento são sempre convidados. A ideia é coletar o máximo de informação possível dos camisetas marrons, porque nunca se sabe o que poderá ajudar na hora de executar uma evolução crucial que pode fazer toda a diferença entre a formatura e o fracasso. Marcus tinha 1,93 de altura, pesava 102 quilos e, assim como eu, se destacava entre os convidados daquela festa. Eu também era um cara grandão, tinha voltado a pesar 95 quilos, e ele foi puxar papo comigo. Sob alguns aspectos, formávamos uma dupla esquisita: ele um texano duro na queda, eu um maluco autodidata dos milharais de Indiana. Mas Marcus tinha ouvido dizer que eu era bom corredor, e correr era o seu principal ponto fraco.

– Você tem alguma dica para mim, Goggins? – perguntou ele. – Porque eu não conseguiria correr nem se a minha vida dependesse disso.

Eu sabia que Marcus era um cara durão, mas a sua humildade o tornava autêntico. Quando ele se formou, poucos dias depois, fizemos parte da sua Turma Hooyah, ou seja, fomos os primeiros a quem eles puderam dar ordens. Eles abraçaram essa tradição dos SEALs e nos mandaram ficar molhados e enfarofados. Aquele era um rito de passagem dos SEALs, e foi uma honra dividir esse momento com ele. Depois disso, passei muito tempo sem vê-lo.

Pensei ter esbarrado com ele outra vez quando estava a ponto de me formar na Turma 235, mas quem fez parte da minha Turma Hooyah foi seu irmão gêmeo, Morgan Luttrell, da Turma 237, junto com Matthew Axelson. Nós poderíamos ter feito justiça poética, mas depois de formados, em vez de mandar os calouros ficar molhados e enfarofados, o que fizemos foi entrar no mar de uniforme de gala e tudo!

Eu tive um pouco a ver com isso.

Quando você é um Navy SEAL, das duas uma: pode estar mobilizado e operando em campo, ou instruindo outros SEALs, ou então estudando para aprender e aperfeiçoar suas habilidades. Passamos por mais instituições de ensino militares do que a maioria dos soldados porque somos treinados para fazer tudo, mas quando fiz o BUD/S nós não aprendemos queda livre. Saltávamos enganchados com fitas estáticas, que faziam nossos paraquedas se abrirem automaticamente. Na época, era preciso passar por uma seleção para frequentar a Escola de Queda Livre do Exército. Depois do meu segundo pelotão, fui escolhido para fazer parte do Time Verde, que é uma das fases de treinamento para ser aceito no Grupo Naval Especial de

Desenvolvimento de Guerra (DEVGRU, na sigla em inglês), uma unidade de elite dentro dos SEALs. Isso exigia que eu me qualificasse em queda livre. Exigia também que eu encarasse de frente meu medo de altura.

Começamos a formação nas salas de aula e nos túneis de vento de Fort Bragg, Carolina do Norte, que foi onde reencontrei Morgan, em 2005. Flutuando numa cama de ar comprimido dentro de um túnel de vento com 5 metros de altura, aprendemos a posição correta do corpo, como nos virar para a esquerda e para a direita e como avançar e recuar. Bastam movimentos muito sutis com as palmas das mãos para mudar de posição, e é fácil entrar num giro descontrolado, o que nunca é bom sinal. Nem todo mundo alcançou o pleno domínio dessas sutilezas, mas aqueles entre nós que o fizeram deixaram Fort Bragg depois dessa primeira semana de treinamento rumo a uma pista de pouso em meio aos campos de cactos de Yuma para começar a saltar de verdade.

Morgan e eu passamos quatro semanas treinando e convivendo no calor de 52ºC do verão no deserto. Saltamos dezenas de vezes de jatos de transporte C-130 de altitudes que iam de 4 a quase 6 mil metros, e não existe barato mais forte do que a descarga de adrenalina e a paranoia que vêm quando você despenca em velocidade máxima de uma altitude elevada em direção ao solo. Toda vez que saltávamos, eu não conseguia deixar de pensar em Scott Gearen, o paraquedista de resgate que tinha sobrevivido a um salto frustrado em altitude elevada e me inspirado a seguir aquele caminho quando eu o conhecera, ainda na época do ensino médio. Ele foi uma presença constante na minha lembrança durante o tempo que passei no deserto – e também um alerta. Uma prova de que algo pode sair terrivelmente errado em qualquer salto.

Quando saltei de um avião em grande altitude pela primeira vez, a única coisa que senti foi um medo extremo, e não consegui desgrudar os olhos do altímetro. Não consegui estar inteiro no salto porque o medo tinha embotado minha mente. Eu só conseguia pensar se o meu paraquedas iria abrir ou não. E perdi a emoção inacreditável da queda livre, a beleza das montanhas pintadas no horizonte e do céu infinito. À medida que me condicionei em relação ao risco, porém, minha tolerância em relação ao medo aumentou. O medo propriamente dito nunca passou, mas eu me acostumei com o desconforto, e em pouco tempo já era capaz de realizar várias tarefas durante um salto, além de também curtir o momento. Sete anos antes, eu estava percorrendo cozinhas de fast-food e destampando latões de lixo para exterminar pragas. Agora estava voando!

A última tarefa em Yuma era um salto à meia-noite com o equipamento completo. Nós carregávamos uma mochila de 23 quilos, um fuzil e uma máscara de oxigênio para a queda livre. Além disso, levávamos bastões luminosos, que eram fundamentais, porque, quando a rampa traseira do C-130 se abria, a escuridão era total.

Não dava para ver nada, mas mesmo assim saltamos para dentro daquele céu sem lua, oito de nós em fila indiana, um depois do outro. Era para formarmos uma flecha e, enquanto eu manobrava dentro do túnel de vento do mundo real para assumir meu lugar na formação, só conseguia ver luzes chispantes passando feito cometas num céu retinto. Meus óculos embaçaram, o vento me castigava. Caímos durante um minuto inteiro, e quando abrimos nossos paraquedas, por volta dos 1.200 metros, o barulho ensurdecedor passou de um tornado em força máxima para um silêncio sepulcral. O silêncio era tanto que dava para ouvir meu coração batendo dentro do peito. Foi puro êxtase e, após aterrissarmos todos em segurança, estávamos qualificados em queda livre! Não fazíamos ideia de que naquele mesmo instante, nas montanhas do Afeganistão, Marcus e sua equipe estavam presos numa batalha de tudo ou nada pela própria vida, no centro do que iria se tornar o pior incidente na história dos SEALs.

Uma das melhores coisas em relação a Yuma é que o sinal de celular é uma droga. Como não sou muito chegado em mandar mensagens de texto nem em falar ao telefone, isso me deu quatro semanas de paz. Quando você se forma em qualquer instituição militar, a última coisa que faz é limpar todos os locais que sua turma usou até deixá-los como se vocês nunca tivessem passado por lá. Coube a mim limpar os banheiros, que por acaso eram um dos únicos lugares em Yuma onde os celulares pegavam. Assim que entrei lá comecei a ouvir as notificações no meu aparelho. Recebi uma enxurrada de mensagens sobre o fracasso da Operação Asas Vermelhas, e quando as li fiquei com a alma despedaçada. Morgan ainda não estava sabendo, então saí do banheiro, fui procurá-lo e lhe dei a notícia. Eu tinha que fazer isso. Marcus e sua equipe estavam desaparecidos, supostamente mortos. Morgan assentiu, passou alguns segundos pensando, então disse:

– Meu irmão não está morto.

Morgan é sete minutos mais velho do que Marcus. Quando crianças, eles eram inseparáveis, e a primeira vez que ficaram longe um do outro por mais de um dia foi quando Marcus entrou para a Marinha. Morgan preferiu cursar o ciclo básico da faculdade antes de se alistar, e durante a Semana Infernal de Marcus tentou ficar acordado o tempo todo para mostrar solidariedade. Ele queria e precisava dividir com o irmão aquela sensação, mas é impossível simular a Semana Infernal. É preciso passar por ela para saber o que é, e os que sobrevivem são transformados para sempre. Na verdade, o período entre a Semana Infernal de Marcus e a de Morgan foi a única época em que houve qualquer distância emocional entre os irmãos – o que mostra a potência dessas 130 horas e de seu peso emocional. Depois de Morgan passar também pela experiência, tudo voltou a ficar bem. Ambos têm metade de um tridente tatuado nas costas. A tatuagem só fica completa quando eles estão lado a lado.

Na mesma hora Morgan pegou o carro e partiu para San Diego a fim de entender o que afinal estava acontecendo. Ainda não tinha recebido nenhuma informação direta sobre a operação, mas, quando chegou à civilização e o sinal de celular voltou, uma enxurrada de mensagens também inundou seu aparelho. Ele pisou fundo no acelerador do carro alugado e disparou a quase 200 por hora até a base em Coronado.

Morgan conhecia bem todos os integrantes da unidade do irmão. Axelson fora seu colega de turma no BUD/S, e à medida que as informações foram chegando ficou evidente para a maioria das pessoas que o seu irmão não seria encontrado com vida. Eu também pensei que ele estivesse morto, mas você sabe o que dizem sobre gêmeos.

– Eu sabia que o meu irmão estava em algum lugar, vivo – disse Morgan quando entrei em contato com ele, em abril de 2018. – Fiquei dizendo isso o tempo todo.

Eu tinha lhe telefonado para falar sobre os velhos tempos e lhe perguntar sobre a semana mais difícil da vida dele. De San Diego, ele pegou um avião até o rancho da família em Huntsville, no Texas, onde eles recebiam atualizações duas vezes por dia. Morgan contou que dezenas de colegas SEALs apareceram para demonstrar apoio, e durante cinco longos dias ele e a família foram dormir chorando toda noite. Para eles, era uma tortura saber que Marcus poderia estar vivo e sozinho em território inimigo. Quando os agentes do Pentágono chegaram, Morgan foi o mais claro possível:

– Marcus pode estar em mau estado, mas ele está *vivo*. Ou vocês vão lá encontrá-lo, ou vou eu!

A Operação Asas Vermelhas deu terrivelmente errado porque os *hajjis* pró-talibã em atividade naquelas montanhas eram muito mais numerosos do que o esperado. E, quando foram descobertos por aldeões, Marcus e sua equipe eram quatro caras contra uma milícia bem armada de trinta a duzentos homens (os números reportados da força pró-talibã variam). Nossos caras tomaram tiros de lança-mísseis e metralhadoras, e o combate foi duro. Quatro SEALs conseguem dar um show e tanto. Cada um de nós geralmente consegue causar o mesmo estrago de cinco soldados comuns – e eles os fizeram sentir sua presença.

A batalha foi travada na crista de um morro a uns 3 mil metros de altitude, onde a comunicação era problemática. Quando finalmente conseguiram estabelecer contato e o oficial responsável pela operação no quartel-general das operações especiais enfim se inteirou da situação, uma força de resposta rápida de Navy SEALs, fuzileiros navais e aviadores do 160º Regimento de Operações Especiais de Aviação foi reunida, mas eles se atrasaram horas devido à falta de transporte. Uma das características das equipes SEALs é que não temos transporte próprio. No Afeganistão nós pegamos carona com o Exército, e isso atrasou o socorro.

Os homens acabaram embarcando em dois helicópteros de transporte Chinook e quatro helicópteros de ataque (dois Black Hawks e dois Apaches), e decolaram em direção a Sawtalo Sar. Os Chinooks foram na frente, e ao se aproximarem da crista foram atingidos por munição de pequeno calibre. Apesar do ataque, o primeiro ficou pairando no ar para tentar desembarcar oito Navy SEALs no alto de uma montanha, mas eles eram um alvo grande, ficaram pairando por tempo demais e foram atingidos por um foguete. O helicóptero começou a rodopiar, bateu na montanha e explodiu. Todos os homens a bordo morreram. Os helicópteros restantes bateram em retirada e, quando conseguiram retornar com o pessoal de terra, todo mundo que tinha ficado para trás foi encontrado morto, inclusive os três colegas de equipe de Marcus na Operação Asas Vermelhas. Todo mundo, menos Marcus.

Marcus levou vários tiros do inimigo e passou cinco dias desaparecido. Foi salvo por aldeões afegãos que lhe deram abrigo e cuidaram dele. Finalmente tropas americanas o encontraram vivo no dia 3 de julho de 2005, quando ele se tornou o único sobrevivente de uma missão que tirou a vida de dezenove combatentes de operações especiais, entre eles onze Navy SEALs.

Você já deve ter escutado essa história. Marcus escreveu um livro de sucesso sobre ela, *O grande herói*, que virou um sucesso do cinema estrelado por Mark Wahlberg. Mas em 2005 tudo isso estava anos no futuro, e no rastro da pior perda em combate de toda a história dos SEALs eu estava em busca de uma forma de contribuir para as famílias dos homens que tinham morrido. Afinal, mesmo depois de uma tragédia como essa, as contas não param de chegar. Havia esposas e filhos com necessidades básicas que precisavam ser atendidas, e um dia as crianças cresceriam e também precisariam de dinheiro para pagar a faculdade. Eu queria ajudar de todas as formas que pudesse.

Poucas semanas antes disso tudo, tinha passado uma noite pesquisando as corridas mais difíceis do mundo, e acabara encontrando uma chamada Badwater 135. Eu nunca sequer ouvira falar em ultramaratonas, e a Badwater era a ultramaratona do ultramaratonista. Começava abaixo do nível do mar, no Vale da Morte, e terminava no final da estrada de Mount Whitney Portal, uma cabeça de trilha situada a 2.552 metros de altitude. Ah, e a corrida acontece no final de julho, quando o Vale da Morte não é apenas o lugar mais baixo do mundo, mas é também o mais quente.

As imagens daquela corrida que se materializaram no meu monitor me deixaram ao mesmo tempo aterrorizado e empolgado. O terreno parecia o mais árduo possível, e a expressão no rosto dos corredores torturados me fez pensar no que eu tinha visto na Semana Infernal. Até então, eu sempre havia considerado a maratona o ápice da corrida de resistência, e ali estava vendo que existiam vários níveis que iam além. Arquivei as informações na cabeça e pensei que um dia voltaria a elas.

Então veio o fracasso da Operação Asas Vermelhas, e eu jurei correr a Badwater 135 para angariar fundos para a fundação Special Operations Warrior, uma ONG criada em 1980 depois de uma promessa no campo de batalha, quando oito combatentes de operações especiais morreram na queda de um helicóptero durante a célebre operação de resgate de reféns no Irã, deixando dezessete crianças órfãs. Os combatentes que sobreviveram juraram garantir que todas essas crianças tivessem dinheiro para cursar a faculdade. Seu trabalho continua até hoje. Menos de um mês depois de uma morte, como aquelas que ocorreram na Operação Asas Vermelhas, os dedicados funcionários da fundação entram em contato com os parentes dos falecidos.

– Nós somos aquela tia enxerida – disse Edie Rosenthal, diretora-executiva da ONG. – Passamos a fazer parte da vida de nossos alunos.

A fundação banca a pré-escola das crianças e também aulas particulares durante o ensino fundamental. Além disso, organiza visitas a faculdades e sedia grupos de apoio. Ajuda com formulários de candidatura, compra livros, laptops e impressoras, e cobre o custo dos estudos em qualquer instituição na qual um de seus alunos conseguir entrar, além de hospedagem e alimentação. A ONG banca também formações de ensino técnico. Quem escolhe são as crianças. Hoje, enquanto escrevo isto, a fundação tem 1.280 crianças no programa.

A ONG é uma organização incrível, e foi pensando nela que, às sete da manhã em meados de novembro de 2005, telefonei para Chris Kostman, diretor de corrida da Badwater 135. Tentei me apresentar, mas ele me cortou, ríspido:

– Você sabe que horas são?!

Afastei o fone do ouvido e passei alguns segundos olhando para o aparelho. Naquela época, às sete da manhã de um dia normal, eu já tinha malhado duas horas e estava pronto para começar o trabalho. Aquele cara ainda estava meio dormindo.

– Positivo – respondi. – Torno a ligar às nove.

Minha segunda ligação não correu muito melhor, mas pelo menos ele sabia quem eu era. Gorila Prateado e eu já tínhamos conversado sobre a Badwater, e ele havia mandado uma carta de recomendação para Kostman. Gorila Prateado já participou de triatlos, foi capitão de um time no Eco--Challenge e viu vários candidatos à Olimpíada tentarem fazer o BUD/S. No e-mail para Kostman, ele escreveu:

> Chris, você com certeza deve receber vários pedidos de iniciantes querendo ser dispensados das exigências para entrar na corrida, mas eu realmente agradeceria muito se você e seu pessoal pudessem considerar seriamente

este caso. O pedido não é para mim, mas sim em nome de um sujeito que trabalha para mim... Então apresento aqui o cara que vai se inscrever para participar da prova: Dave Goggins. Fui instrutor dele no BUD/S em 2001, e rapidamente o identifiquei como alguém incrivelmente talentoso. Sua força e resistência são fora do normal. Ele se formou como SEAL e foi voluntário na Escola de Army Rangers, que concluiu como formando de honra, um feito e tanto. [...] Como é instrutor na minha equipe [...] fica praticamente impossível cumprir os pré-requisitos para entrar na prova. É simplesmente o melhor atleta de resistência, com a maior resistência mental que eu já vi. Apostaria minha reputação de oficial da Marinha e de SEAL ao afirmar que ele conseguiria completar a prova e terminar entre os primeiros 10%. [...] Se fosse aceito, ele iria correr com o logo da Equipe Navy SEAL dos Estados Unidos, além de estar angariando fundos para a fundação Special Operations Warrior. Grato por considerar o meu pedido.

O fato de ele me colocar no alto de sua lista, um garoto saído do nada, teve e até hoje tem um significado imenso para mim.

Mas, para Chris Kostman, aquilo não queria dizer nada. Ele não poderia ter se mostrado mais indiferente. Esse tipo de indiferença só pode advir da experiência real. Aos 20 anos, Chris havia competido na prova de ciclismo Race Across America, e antes de assumir como diretor de corrida da Badwater já tinha corrido três ultramaratonas de 160 quilômetros no inverno do Alasca e completado um triatlo Ironman, que se encerra com uma corrida de 125 quilômetros. Pelo caminho, tinha visto dezenas de atletas supostamente excelentes serem esmagados pelo rolo compressor das ultramaratonas.

Atletas de fim de semana vivem se inscrevendo e completando maratonas com poucos meses de treinamento, mas a diferença entre correr uma maratona e se tornar um ultra-atleta é bem maior. E a Badwater era o ápice absoluto do universo ultra. Em 2005, havia cerca de 22 corridas de 160 quilômetros nos Estados Unidos, e nenhuma tinha a mesma combinação de ganho de elevação e calor inclemente que a Badwater 135. Só para realizar a corrida, Kostman precisava obter autorização e apoio de cinco instituições públicas do país, entre elas o Serviço Florestal Nacional, o Serviço de Parques Nacionais e a Patrulha Rodoviária da Califórnia. Então ele sabia que se deixasse qualquer novato entrar na corrida mais difícil do mundo, no auge do verão, esse cara poderia morrer, e sua corrida evaporaria da noite para o dia. Não: se ele fosse me deixar competir na Badwater, eu teria que fazer por merecer. Porque, se eu fizesse jus à minha inscrição, lhe daria pelo menos alguma garantia de que eu provavelmente não iria me desmilinguir e virar uma espécie de carniça fumegante na beira da estrada em algum lugar entre o Vale da Morte e Mount Whitney.

No seu e-mail, Gorila Prateado tentava argumentar que, como eu vivia ocupado trabalhando como SEAL, deveria ser dispensado dos pré-requisitos exigidos para competir na Badwater: concluir pelo menos uma corrida de 160 quilômetros ou uma corrida de 24 horas tendo percorrido no mínimo 160 quilômetros. Se eu fosse autorizado a participar, Gorila Prateado lhe garantia que eu terminaria entre os dez primeiros. Kostman não deu a menor trela. Ele havia passado anos ouvindo atletas experientes lhe pedirem para dispensá-los das exigências, entre eles um maratonista campeão e um campeão de sumô (não é piada!), e nunca havia aberto uma exceção.

– Se eu tenho uma qualidade, é agir da mesma forma com todo mundo – disse Kostman quando lhe telefonei pela segunda vez. – Nós temos determinadas exigências para entrar na nossa corrida, e é assim que é. Mas olha, vai ter uma corrida de 24 horas em San Diego nesse fim de semana – emendou ele com uma voz cheia de sarcasmo. – Vai correr 160 quilômetros e depois a gente volta a se falar.

Chris Kostman tinha me obrigado. Eu estava despreparado como ele desconfiava. O fato de querer correr a Badwater não era mentira, e eu pretendia treinar para isso, mas para sequer ter essa chance eu precisava correr 160 quilômetros da noite para o dia. Se decidisse não fazê-lo, depois de toda aquela tiração de onda de SEAL da Marinha, o que isso iria provar? Que eu não passava de mais um farsante ligando para ele cedo demais numa quarta-feira de manhã. E foi assim, e por esse motivo, que eu acabei correndo a San Diego One Day com três dias de preparação.

★ ★ ★

Superada a marca do quilômetro 80, não consegui mais acompanhar a Sra. Inagaki, que seguiu em frente correndo feito uma coelha. Perseverei, correndo com dificuldade, em plena fuga dissociativa. A dor me atingia em ondas. Minhas coxas pareciam estar cheias de chumbo. Quanto mais pesadas elas se tornavam, mais torta ficava minha passada. Eu girava o quadril para tentar manter as pernas em movimento e lutava contra a gravidade para conseguir erguer o pé do chão um milímetro que fosse. Ah, sim, meus pés. Meus ossos estavam ficando mais instáveis a cada segundo, e meus dedos dos pés tinham passado quase dez horas batendo na parte da frente dos tênis. Mesmo assim, continuei correndo. Não depressa. Não com muito estilo. Mas continuei.

Minhas canelas foram o dominó seguinte a cair. Cada sutil rotação da articulação do tornozelo parecia terapia de choque, como um veneno a fluir pela medula óssea da minha tíbia. Aquilo trouxe lembranças dos meus dias de silver tape na Turma 235, mas dessa vez eu não tinha levado nenhuma fita adesiva. Além do mais, se parasse por uns poucos segundos que fosse, seria impossível recomeçar a correr.

Alguns quilômetros adiante, comecei a sentir espasmos nos pulmões, e meu peito chiava enquanto eu cuspia nacos de catarro marrom. Fiquei com frio. Fiquei sem ar. Uma névoa se acumulou em volta da luz halógena dos postes de rua, rodeando as lâmpadas de arco-íris elétricos que imprimiam ao evento inteiro uma sensação sobrenatural. Ou vai ver só eu estava nesse outro mundo. Um mundo no qual a língua materna era a dor, uma língua sincronizada com as lembranças.

A cada tosse que me rasgava os pulmões, eu voltava à minha primeira turma do BUD/S. Estava de volta à tora, cambaleando atrás dos outros, com os pulmões sangrando. Dava para sentir e ver que aquilo estava acontecendo outra vez. Será que eu estava dormindo? Será que estava sonhando? Abri bem os olhos, puxei as orelhas e dei tapas no meu próprio rosto para acordar. Levei os dedos à boca e ao queixo para ver se havia sangue ali, e encontrei uma camada translúcida de saliva, suor e catarro escorrendo do meu nariz. Os nerds de Gorila Prateado agora estavam todos em volta de mim, correndo em círculos e apontando, sacaneando *o único*: o único homem preto da corrida. Mas será que estavam mesmo? Tornei a olhar. Todos que passavam por mim estavam focados. Cada um na sua própria zona de dor. Eles não estavam sequer me vendo.

Eu estava perdendo o contato com a realidade aos poucos, porque minha mente estava se dobrando sobre si mesma, carregando a dor física descomunal com o lixo emocional sombrio que ela fora desencavar nas profundezas da minha alma. Tradução: eu estava sofrendo num nível inimaginável, reservado aos idiotas que acham que as leis da física e da fisiologia não se aplicam a eles. Caras arrogantes como eu, que pensam poder forçar os limites com segurança só por terem atravessado um par de Semanas Infernais.

É, bom, *aquilo* eu nunca tinha feito. Nunca tinha corrido 160 quilômetros com treinamento zero. Será que alguém na história da humanidade sequer já tinha tentado fazer algo tão idiota assim? Será que aquilo *podia* ser feito? Versões dessa pergunta básica iam passando pela tela do meu cérebro como um cronômetro digital. Bolhas de pensamento sanguinolentas brotavam da minha pele e da minha alma.

*Por quê? Por quê? Por que você continua a fazer isso consigo mesmo?!*

No quilômetro 111 cheguei ao aclive, aquele desnível de 2 metros equivalente a uma entrada de garagem que faria qualquer corredor de trilha experiente gargalhar. Ele fez meus joelhos fraquejarem e me empurrou para trás como se fosse um caminhão de carga em ponto morto. Cambaleei, tentei me apoiar no chão com a ponta dos dedos e quase emborquei. Levei dez segundos para subir o aclive. Cada um deles se esticou como se fosse um elástico, fazendo ondas de dor se irradiarem dos meus dedos dos pés até o espaço atrás dos meus globos oculares. Eu tossia e escarrava, meu estômago embrulhava. O colapso era iminente. E era o que eu merecia.

No quilômetro 112, não consegui dar mais nenhum passo. Kate tinha posicionado nossa cadeira dobrável na grama perto da linha de largada/chegada, e ao me aproximar todo bambo eu a vi triplicada, seis mãos se estendendo na minha direção e me guiando até a cadeira. Estava tonto e desidratado, com falta de potássio e de sódio.

Kate era enfermeira; eu tinha treinamento em primeiros socorros. Então fui ticando minha própria lista mental. Sabia que minha pressão arterial devia estar perigosamente baixa. Ela tirou meus tênis. A dor nos meus pés não era nenhuma ilusão digna de Shawn Dobbs. Minhas meias brancas compridas estavam endurecidas com o sangue das unhas quebradas e bolhas estouradas. Pedi a Kate para pegar com John Metz ibuprofeno e qualquer outra coisa que ela achasse que pudesse ajudar. E, enquanto ela ia fazer isso, o estado do meu corpo seguiu piorando. Minha barriga roncou, e quando olhei para baixo vi urina com sangue escorrendo pela minha perna. Uma diarreia líquida se acumulou no espaço entre meu traseiro e uma cadeira dobrável que nunca mais seria a mesma. E pior: eu tinha de esconder aquilo, porque sabia que se Kate visse que eu estava mal daquele jeito iria me implorar para desistir da maratona.

Eu tinha corrido 112 quilômetros em doze horas sem treinamento nenhum, e aquela era minha recompensa. À minha esquerda, na grama, restavam quatro garrafinhas de shakes de proteína. Só mesmo um troglodita marombeiro como eu escolheria essa bebida proteica grossa para se hidratar. Ao lado estava meio pacote de biscoitos salgados, cuja outra metade agora coagulava e se revirava dentro do meu estômago e dos meus intestinos se transformando numa gororoba alaranjada.

Passei vinte minutos sentado ali, segurando a cabeça entre as mãos. Corredores passavam por mim se arrastando, flanando ou cambaleando enquanto eu sentia o tempo se esgotando para aquele meu sonho apressado e mal planejado. Kate voltou, se ajoelhou e me ajudou a amarrar os tênis outra vez. Ela não sabia como eu estava mal e ainda não tinha desistido inteiramente de mim. Isso já era alguma coisa, e nas mãos ela trazia um substituto bem-vindo para os biscoitos e o shake. Passou-me o ibuprofeno, depois dois cookies e dois sanduíches de manteiga de amendoim com geleia, que eu engoli com Gatorade. Então me ajudou a me levantar.

O mundo oscilou à minha volta. Mais uma vez Kate se duplicou, depois se triplicou, mas ficou me segurando até meu mundo se estabilizar e eu dar um único e solitário passo. E a dor inimaginável voltou. Eu ainda não sabia, mas meus pés estavam cheios de fraturas por estresse. O preço da arrogância é alto no circuito das ultras, e minha conta tinha chegado. Dei outro passo. E mais outro. Fiz uma careta. Meus olhos lacrimejaram. Mais um passo. Kate me soltou. Eu segui andando.

Devagar.

Excessivamente devagar.

Quando parei no quilômetro 112, eu estava muito acima do ritmo que precisava manter para percorrer 160 quilômetros em 24 horas, mas agora estava fazendo cada quilômetro em doze ou treze minutos, que era a maior velocidade na qual eu conseguia avançar. A Sra. Inagaki passou por mim como se nada fosse e olhou para trás. Havia dor nos olhos dela também, mas ainda mantinha a aparência de atleta. Já eu parecia um zumbi, e fui perdendo todo o precioso tempo que havia economizado e vendo minha margem de erro virar pó. *Por quê?* De novo, a mesma pergunta chata. *Por quê?* Quatro horas depois, quase às duas da madrugada, cheguei ao quilômetro 130 e Kate me deu a notícia:

– Não acho que você vá conseguir cumprir o tempo nesse ritmo – disse ela, andando ao meu lado e me incentivando a tomar mais shake.

Ela não dourou a pílula. Falou aquilo num tom direto e reto. Olhei para ela com catarro e shake escorrendo pelo queixo, e um olhar desprovido de vida. Por quatro horas, cada passo aflitivo havia exigido um máximo de foco e esforço, mas não era o bastante, e, a menos que conseguisse encontrar um pouco mais, meu sonho de filantropia cairia por terra. Engasguei, tossi. Tomei outro gole do shake.

– Positivo – falei, baixinho.

Sabia que ela tinha razão. Meu ritmo continuou a diminuir, e meu estado só fazia piorar.

Foi quando finalmente me dei conta de que aquele combate não tinha a ver com a Operação Asas Vermelhas nem com as famílias dos combatentes mortos. Até certo ponto tinha, mas nada disso me ajudaria a correr mais 30 quilômetros antes das dez da manhã. Não: aquela corrida ali, a Badwater, todo o meu desejo de ir até o limite da destruição, tudo isso tinha a ver comigo. Com quanto eu estava disposto a sofrer, com quanto mais conseguiria suportar e quanto precisaria me esforçar. Se eu quisesse concluir aquela corrida, aquilo teria de passar para o nível pessoal.

Baixei os olhos para minhas pernas. Ainda dava para ver um rastro de xixi e sangue secos na parte interna da coxa, e pensei comigo mesmo: *Quem neste mundo desgraçado ainda continuaria nesta briga? Só você, Goggins! Você não treinou, não sabe xongas de hidratação ou desempenho... Tudo que você sabe é que se recusa a desistir.*

*Por quê?*

Engraçado: os seres humanos tendem a pensar em seus objetivos e sonhos mais desafiadores, aqueles que exigem o maior esforço sem prometer absolutamente nada em troca, quando estão aconchegados em suas zonas de conforto. Eu estava no trabalho quando Kostman me apresentara aquele desafio. Tinha acabado de tomar um banho de chuveiro quentinho. Estava confortável. E, pensando bem, toda vez que me senti inspirado a fazer algo difícil eu estava num ambiente acolhedor, porque tudo parece factível quando estamos de bobeira no sofá com um copo de limonada ou um milk-shake de chocolate na mão. Quando estamos confortáveis, não somos capazes de responder àquelas perguntas básicas que fatalmente vão surgir no calor da batalha, porque nem sequer temos noção de que elas vão surgir.

Mas essas respostas são muito importantes quando você não está mais no seu quarto com o ar-condicionado ligado e debaixo do seu cobertor fofinho. Quando seu corpo está detonado e derrotado, quando você se vê diante de uma dor lancinante e de cara com o desconhecido, nessa hora sua mente foge ao controle, e é aí que essas perguntas se tornam tóxicas. Se você não tiver se preparado com antecedência, se permitir à sua mente continuar indisciplinada num ambiente de sofrimento intenso (não vai parecer, mas essa é realmente uma escolha sua), a única resposta que provavelmente vai encontrar será aquela que fará a pergunta se calar o mais rápido possível.

*Eu não sei.*

A Semana Infernal mudou tudo para mim. Ela me ofereceu a disposição mental necessária para me inscrever naquela corrida de 24 horas faltando menos de uma semana, porque durante a Semana Infernal você experimenta todas as emoções da vida, todos os seus altos e baixos, em seis dias. Em 130 horas você ganha décadas de sabedoria. Por isso criou-se aquela distância entre os irmãos gêmeos depois de Marcus passar pelo BUD/S. Ele tinha adquirido o tipo de autoconhecimento que só pode advir de ser reduzido a nada e encontrar mais alguma coisa dentro de si. Morgan só aprendeu a falar essa língua depois de viver a mesma coisa na própria pele.

Depois de sobreviver a duas Semanas Infernais e participar de três, eu já era falante nativo desse idioma. A Semana Infernal era um lar para mim. Ela era o lugar mais justo no qual eu já tinha estado. Não havia evoluções cronometradas. Nada valia nota e não existia troféu nenhum. A Semana Infernal era uma guerra total entre mim e eu mesmo, e foi exatamente nesse lugar que fui parar outra vez ao ser reduzido ao meu estado mais lamentável no parque de Hospitality Point.

*Por quê? Por que você continua fazendo isso consigo mesmo, Goggins?!*

– Porque você é um cara durão! – gritei.

As vozes dentro da minha cabeça eram tão insistentes que tive que reagir gritando. Tinha encontrado algo ali. Senti na mesma hora uma energia crescer ao me dar conta de que o simples fato de ainda estar no páreo era um milagre. Só que não. Deus não tinha descido do céu e me abençoado. *Quem tinha feito aquilo era eu!* Eu continuava correndo quando deveria ter desistido cinco horas antes. *O motivo pelo qual ainda tenho uma chance sou eu mesmo.* E me lembrei de outra coisa. Aquela não era a primeira vez que eu assumia uma tarefa aparentemente impossível. Comecei a ir mais rápido. Ainda andando, mas não parecia mais um sonâmbulo. Eu tinha vida! Continuei a escavar meu passado, revirando meu pote de biscoitos imaginário.

Lembrei que, quando era criança, por mais difícil que a nossa vida fosse, minha mãe sempre dava um jeito de encher nosso pote de biscoitos. Ela comprava pacotes de wafers e de biscoito recheado, cookies, e toda vez que aparecia com uma nova leva de biscoitos ela os derramava dentro do pote. Com a permissão dela, nós podíamos pegar um ou dois de cada vez. Era como uma minicaça ao tesouro. Lembro da alegria de mergulhar a mão dentro daquele pote me perguntando o que iria encontrar, e antes de enfiar o biscoito na boca eu sempre me demorava primeiro admirando-o, principalmente quando estávamos na pior em Brazil. Virava o biscoito na mão e fazia minha própria prece de agradecimento. Tive essa sensação novamente, a de ser esse menino, preso num instante de gratidão por um presente tão simples quanto um biscoito. Senti-a de um modo visceral, e usei esse conceito para encher um novo tipo de pote de biscoitos. Dentro dele estavam todas as vitórias que eu já tivera.

Como a vez em que fora obrigado a estudar três vezes mais do que qualquer um no último ano do ensino médio só para me formar. Isso era um biscoito. Ou quando passei na prova ASVAB no último ano, depois outra vez para entrar no BUD/S. Mais dois biscoitos. Lembrei-me de ter perdido mais de 45 quilos em menos de três meses, de ter superado meu medo da água, de ter me formado como primeiro da turma no BUD/S e de ter sido escolhido soldado alistado de honra na Escola de Army Rangers (mais sobre isso adiante). Tudo isso eram biscoitos recheados com pedações de chocolate.

Não eram meros flashbacks. Não fiquei apenas folheando meus arquivos da memória: eu realmente mergulhei no estado emocional que havia experimentado durante essas vitórias, e ao fazer isso consegui acessar mais uma vez meu sistema nervoso simpático. Minha adrenalina assumiu o comando, a dor começou a diminuir justo o suficiente, e minha velocidade aumentou. Comecei a balançar os braços e alargar a passada. Meus pés fraturados continuavam num estado lamentável, sangrando, cheios de bolhas, com as unhas saindo de quase todos os dedos, mas eu continuei, e em pouco tempo era eu quem estava ultrapassando corredores com expressões de dor a toda velocidade, correndo contra o relógio.

Desse dia em diante, o pote de biscoitos virou um conceito que uso sempre que preciso de um lembrete de quem sou e das coisas de que sou capaz. Todos nós temos um pote de biscoitos dentro de nós, porque a vida, sendo o que é, sempre nos testou. Mesmo se você estiver se sentindo para baixo e derrotado pela vida agora, garanto que consegue pensar numa ou duas ocasiões nas quais se superou e sentiu o sabor do sucesso. E nem precisa ser uma vitória grande. Pode ser algo pequeno.

Sei que todos nós queremos a vitória plena hoje, mas, quando eu estava aprendendo a ler, ficava feliz quando conseguia entender todas as palavras de um parágrafo. Sabia que ainda tinha um longo caminho pela frente para passar de um nível de leitura do terceiro fundamental para o de um aluno do último ano do ensino médio, mas mesmo uma pequena vitória como essa bastava para me manter interessado em aprender e descobrir mais dentro de mim mesmo. A pessoa não perde quase 50 quilos em três meses sem perder primeiro 2,5 em uma semana. Esses primeiros quilos foram uma conquista pequena, e falando assim não parecem grande coisa, mas na época eles foram a prova de que eu era capaz de emagrecer e de que o meu objetivo, por mais improvável que fosse, não era impossível!

O motor de um foguete não dispara sem que haja primeiro uma pequena fagulha. Todos nós precisamos de pequenas fagulhas, pequenas conquistas na vida para alimentar as grandes. Pense nas suas pequenas conquistas como gravetos. Quando você quer acender uma fogueira, não começa pondo fogo numa tora grande. Você cata um pouco de barba-de-velho, um montinho de feno ou um pouco de capim seco. Acende isso, depois vai pondo pequenos gravetos e gravetos maiores até poder colocar a tora no fogo. Porque são as pequenas fagulhas, as que acendem pequenas fogueiras, que acabam gerando calor suficiente para incendiar a floresta inteira.

Se você ainda não tiver nenhuma grande conquista à qual recorrer, tudo bem. Suas pequenas vitórias são os biscoitos que você vai saborear – certifique-se de saboreá-los bem. Sim, eu pegava pesado comigo mesmo quando me olhava no Espelho da Responsa, mas também me aplaudia sempre que podia reivindicar uma pequena vitória, porque todos nós precisamos disso, e pouquíssimas pessoas dedicam tempo suficiente para celebrar os próprios sucessos. É claro que na hora nós podemos curti-los, mas por acaso algum dia olhamos para trás e tornamos a sentir a vitória, várias vezes? Talvez isso lhe soe narcisista. Mas não estou falando sobre ficar apegado aos dias de glória. Não estou sugerindo que você chateie seus amigos com todas as suas histórias de como você *já foi* um herói, uma heroína. Ninguém quer escutar isso. Estou falando de usar os sucessos do passado para alimentar seus sucessos novos e maiores. Porque, no calor da batalha, quando o bicho pega na vida, nós precisamos de inspiração para superar nossa própria exaustão, a depressão, a dor e a infelicidade. Precisamos acender uma porção de fogueiras pequenas para podermos nos transformar num incêndio abrasador.

Só que recorrer ao pote de biscoitos quando as coisas estão dando errado exige foco e determinação, porque, de início, o cérebro não quer ir para lá. Ele quer lembrá-lo de que você está sofrendo e que o seu objetivo é impossível. Quer que você pare para ele poder parar a dor. Essa noite em San Diego foi a mais difícil da minha vida fisicamente. Eu nunca tinha me sentido tão destruído, e não havia nenhuma alma para capturar. Não estava competindo por um troféu. Não tinha ninguém no meu caminho. Eu só precisava recorrer a mim mesmo para continuar seguindo em frente.

O pote de biscoitos se tornou minha reserva de energia. Sempre que a dor se tornava excessiva, eu punha a mão lá dentro e pegava um. A dor nunca foi embora, mas eu só a sentia em ondas porque meu cérebro estava ocupado com outras coisas, e isso me permitiu abafar as perguntas básicas e fazer o tempo encolher. Cada volta se transformava na volta da vitória, e eu comemorava um biscoito diferente, mais uma pequena fogueira. O quilômetro 130 virou 131, e uma hora e meia depois eu estava nos 15 quilômetros finais. Tinha corrido 145 quilômetros sem treinamento nenhum! Quem é que faz uma coisa dessas? Uma hora mais tarde, eu estava no quilômetro 153, e depois de quase dezenove horas correndo quase sem parar, eu tinha conseguido! Tinha chegado ao quilômetro 160! Mas seria isso mesmo? Como eu tinha perdido a conta, corri mais uma volta só por garantia.

Depois de correr mais de 162 quilômetros, com minha maratona enfim encerrada, cambaleei até minha cadeira dobrável, e Kate cobriu meu corpo com um poncho camuflado enquanto eu tremia em meio à névoa. Meu corpo exalava vapor. Minha visão estava borrada. Lembro-me de sentir algo morno na perna, olhar para baixo e ver que estava urinando sangue outra vez. Sabia o que viria a seguir, mas os banheiros químicos ficavam a uns 12 metros de onde eu estava – o que naquela hora equivalia a 60 ou 6 mil metros. Tentei me levantar, mas estava tonto demais e tornei a cair sentado na cadeira, um objeto imóvel. Dessa vez foi bem pior. Meu traseiro e a minha lombar ficaram inteiramente cobertos de fezes mornas.

Kate sabia que isso tinha cara de emergência. Ela correu até nosso carro e deu ré até o montinho de grama ao meu lado. Minhas pernas estavam rígidas como fósseis petrificados em rocha, e me apoiei nela para me sentar no banco de trás. Ela estava histérica ao volante e queria me levar direto para o pronto-socorro, mas eu quis ir para casa.

Nós morávamos no segundo andar de um complexo de apartamentos em Chula Vista, e me apoiei nas costas dela com os braços em volta de seu pescoço para ela me ajudar a subir a escada. Ela me apoiou na parede enquanto abria a porta do nosso apartamento. Dei alguns passos para dentro de casa antes de apagar.

Voltei a mim alguns minutos mais tarde, no chão da cozinha. Minhas costas ainda estavam sujas de cocô e minhas coxas, de sangue seco e urina. Meus pés estavam cheios de bolhas e sangrando em doze lugares. Sete das minhas dez unhas dos pés estavam penduradas, presas apenas por pedacinhos de pele morta. Nós tínhamos uma banheira com chuveiro dentro, e Kate abriu o chuveiro antes de me ajudar a engatinhar até o banheiro e entrar na banheira. Lembro-me de ficar ali deitado, nu, com a água do chuveiro caindo em mim. Estava tremendo, me sentia e parecia estar morto, e então comecei a fazer xixi outra vez. Só que, em vez de sangue ou urina, o que saiu de dentro de mim parecia uma grossa bile marrom.

Desesperada, Kate foi para o corredor e ligou para minha mãe, que tinha ido à corrida com um amigo que por acaso também era médico. Quando ouviu meus sintomas, ele sugeriu que eu poderia estar em falência renal e que precisava ir para o pronto-socorro imediatamente. Kate desligou, entrou no banheiro feito um furacão e me encontrou deitado de lado, em posição fetal.

– David, a gente precisa ir para o pronto-socorro agora!!!

Ela continuou falando, aos gritos e aos prantos, tentando me alcançar em meio à névoa, e eu escutei a maior parte do que ela dizia, mas sabia que se fôssemos para o hospital eles me dariam analgésicos, e eu não queria mascarar aquela dor. Tinha acabado de realizar o feito mais incrível de toda minha vida. Aquilo fora mais difícil do que a Semana Infernal, mais importante para mim do que virar SEAL e mais desafiador do que servir no Iraque, porque daquela vez eu tinha feito algo que não sabia se alguém já havia feito antes. Tinha corrido 162 quilômetros sem preparação nenhuma.

Entendi então que vinha me subestimando. Que existia todo um nível de desempenho físico a ser explorado. Que o corpo humano é capaz de suportar e realizar bem mais do que a maioria de nós pensa ser possível – e que tudo começa e termina na mente. Aquilo não era uma teoria. Não era algo que eu tivesse lido num livro. Eu tinha vivido aquilo na pele em Hospitality Point.

Aquela última parte. Aquela dor e aquele sofrimento. Aquilo era a minha cerimônia de premiação. Algo que eu tinha conquistado. Aquilo era a confirmação de que eu havia dominado minha própria mente, pelo menos por um tempo, e de que o que acabara de realizar era algo especial. Enquanto estava ali deitado, todo encolhido na banheira, tremendo em posição fetal, saboreando a dor, pensei outra coisa. Se eu era capaz de correr 162 quilômetros com zero treinamento, imagine o que conseguiria fazer com um pouco de preparação.

## DESAFIO Nº 6

Faça um inventário do seu pote de biscoitos. Abra seu diário outra vez. Anote tudo ali. Lembre-se: não se trata de um passeio agradável pela sua sala de troféus particular. Não se limite a anotar suas maiores conquistas. Inclua também os obstáculos que você superou, como parar de fumar ou vencer a depressão ou uma gagueira. Liste as pequenas tarefas que não conseguiu cumprir no começo da vida, mas que tentou de novo pela segunda ou terceira vez e acabou realizando. Sinta como foi superar essas dificuldades, esses adversários e vencer. E então: mãos à obra.

Estabeleça objetivos ambiciosos antes de cada sessão de malhação e deixe essas vitórias do passado conduzirem você a novos recordes pessoais. Se for uma corrida ou pedalada, inclua um tempo para fazer treinos intervalados e se desafie a superar seu quilômetro mais rápido. Ou então simplesmente sustente seu ritmo cardíaco máximo por um minuto inteiro, depois dois. Se estiver em casa, foque nos abdominais ou nas flexões. Faça quantos conseguir em dois minutos. Depois tente bater seu recorde. Quando a dor vier e tentar impedir você de alcançar seu objetivo, ponha a mão no pote, pegue um biscoito e deixe que ele lhe sirva de combustível!

Se o seu foco for o crescimento intelectual, treine para estudar com mais afinco e por mais tempo do que nunca, ou para ler um número recorde de livros em determinado mês. Seu pote de biscoitos pode ajudar aqui também. Porque, se você se sair bem e de fato se desafiar, vai chegar a um ponto, em qualquer exercício, no qual a dor, o tédio ou a dúvida vão surgir, e você precisará resistir para superá-los. O pote de biscoitos é seu atalho para assumir o controle do próprio processo mental. Use-o dessa forma! O objetivo aqui não é fazer você se sentir um herói ou uma heroína só por diversão. É lembrar como você é um guerreiro, de modo que possa usar essa energia para alcançar o sucesso mais uma vez no calor da batalha!

Poste suas lembranças e os novos sucessos que elas alimentaram nas redes sociais, e use as hashtags #canthurtme #cookiejar [pote de biscoitos].

## CAPÍTULO SETE

# A ARMA MAIS PODEROSA DE TODAS

Vinte e sete horas depois de saborear uma dor intensa e gratificante, e ainda surfando a onda da minha maior conquista até então, eu estava de volta à minha mesa de trabalho na segunda-feira de manhã. Gorila Prateado era meu oficial superior, e eu tinha autorização dele e todas as justificativas do mundo para tirar uns dias de folga. Mas não: inchado, dolorido e arrasado, obriguei-me a me levantar da cama, fui mancando até o trabalho, e mais tarde nessa mesma manhã liguei para Chris Kostman.

Estava ansioso para dar esse telefonema. Fiquei imaginando a deliciosa surpresa na voz dele após saber que eu aceitara seu desafio e correra 162 quilômetros em menos de 24 horas. Talvez houvesse até um pouco de respeito retroativo quando ele me inscrevesse oficialmente na Badwater. Mas não: minha ligação caiu na caixa postal. Deixei-lhe um recado educado que ele nunca retornou, e dois dias depois mandei-lhe um e-mail.

> Como vai o senhor? Eu corri os 160km necessários para me qualificar em 18 horas e 56 minutos. [...] Gostaria de saber o que preciso fazer agora para entrar na Badwater [...] para podermos começar a angariar fundos para a fundação [Special Operations Warrior]. Obrigado mais uma vez.

A resposta dele veio no dia seguinte e me pegou de surpresa.

Parabéns por ter concluído os 160km. Mas depois disso você parou? A ideia de um evento de 24 horas é correr por 24 horas. [...] Enfim, [...] fique atento ao período de inscrição. [...] A corrida vai ser entre 24 e 26 de julho.
Cordialmente,
Chris Kostman

Não pude deixar de levar a resposta dele para o lado pessoal. Numa quarta-feira, ele tinha me sugerido correr 160 quilômetros em 24 horas no sábado seguinte. Eu conseguira correr a distância em menos tempo do que o exigido, e nem assim ele estava impressionado? Kostman era um veterano das ultramaratonas, então sabia que por trás dessa minha corrida havia uns dez obstáculos de desempenho e limiares de dor que eu tivera que superar. É claro que nada disso significava grande coisa para ele.

Deixei passar uma semana para esfriar a cabeça antes de lhe escrever de volta, e nesse meio-tempo pesquisei outras ultramaratonas para incrementar meu currículo. Havia muito poucas com o ano tão avançado. Encontrei uma de 80 quilômetros em Catalina, mas só distâncias de três dígitos seriam capazes de impressionar um cara como Kostman. Além do mais, uma semana inteira tinha transcorrido desde a San Diego One Day, e meu corpo continuava absolutamente destruído. Eu não tinha corrido nem um metro depois de chegar ao quilômetro 162. Minha frustração ficou piscando junto com o cursor enquanto eu redigia minha resposta.

Obrigado pela sua resposta. Dá para ver que o senhor curte conversar tanto quanto eu. O único motivo pelo qual ainda o estou importunando é porque essa corrida e a causa por trás dela são importantes. [...] Se o senhor souber de alguma outra corrida preliminar que ache que eu deva fazer, por favor me fale. [...] Obrigado por me avisar que eu deveria ter corrido as 24 horas completas. Da próxima vez não vou esquecer.

Ele levou mais uma semana inteira para responder e não me deu sequer uma migalha a mais de esperança, mas pelo menos pontuou seu texto de sarcasmo.

Oi, David.

Se você conseguir correr mais algumas ultras entre agora e o período de inscrição, que vai de 3 a 24 de janeiro, ótimo. Se não, apresente a melhor candidatura possível quando as inscrições forem abertas e cruze os dedos.

Obrigado pelo seu entusiasmo,

Chris

Àquela altura, eu estava começando a gostar bem mais de Chris Kostman do que das minhas chances de conseguir correr a Badwater. O que eu não sabia, porque ele nunca chegou a me dizer, era que ele era um dos cinco integrantes do comitê de inscrições da ultramaratona, que avalia mais de mil candidaturas por ano. Todos os jurados avaliam cada candidatura e, com base em sua pontuação cumulativa, os noventa melhores entram na corrida por mérito. Pelo visto, meu currículo era magrinho e eu não ficaria entre os noventa melhores. Por outro lado, Kostman tinha dez curingas no bolso. Ele já poderia ter me garantido uma vaga, mas por algum motivo continuou me pressionando. Mais uma vez eu teria que provar estar à altura e não me contentar com as exigências mínimas para poder participar. Para me tornar SEAL, tivera que passar por três Semanas Infernais, e agora, se quisesse mesmo correr a Badwater e conseguir dinheiro para famílias necessitadas, precisaria encontrar um jeito de tornar minha inscrição irrecusável.

No link que ele mandou junto com sua resposta, encontrei mais uma ultramaratona marcada para antes do período de inscrição da Badwater. A corrida se chamava Hurt 100, algo como "as cem milhas da dor", e seu nome não mentia. Uma das mais difíceis corridas de aventura do mundo, com 160 quilômetros, ela acontecia numa floresta tropical de tripla cobertura na ilha de Oahu. Para atravessar a linha de chegada, eu teria de correr quase 7.500 metros de subidas e descidas verticais. Um grau de loucura comparável ao Himalaia. Fiquei encarando a descrição do percurso. Ele era cheio de picos abruptos e descidas vertiginosas. Parecia o eletrocardiograma de um coração com arritmia. Eu não tinha como correr aquilo sem me preparar. Não havia como chegar ao fim sem pelo menos algum treino, mas naquele início de dezembro eu ainda estava sentindo tanta dor que subir a escada para chegar em casa era pura tortura.

No fim de semana seguinte, subi a Interestadual 15 até Las Vegas para a maratona da cidade. Não foi uma decisão por impulso. Meses antes de eu sequer ouvir as palavras "San Diego One Day", Kate, minha mãe e eu tínhamos circulado a data de 5 de dezembro no calendário. Era 2005, o primeiro ano em que a Maratona de Las Vegas largava do Strip, e nós queríamos fazer parte disso! Só que eu não tinha treinado para a maratona, aí veio a San Diego One Day, e quando chegamos a Vegas eu não tinha ilusão nenhuma em relação ao meu grau de condicionamento. Tinha tentado correr na manhã anterior à viagem, mas ainda estava com fraturas por estresse nos pés, meus tendões mediais estavam frouxos e, mesmo usando uma atadura especial que servia para estabilizar meus tornozelos, não consegui correr nem meio quilômetro. Então eu não estava pretendendo correr quando chegamos ao resort e cassino Mandalay Bay no dia da corrida.

A manhã estava esplendorosa. A música tocando no máximo, milhares de rostos sorridentes na rua, o ar puro do deserto um pouco friozinho e o sol brilhando. As condições não têm como ficar muito melhores do que isso para uma maratona, e Kate estava pronta para participar. Seu objetivo era concluir o percurso em menos de cinco horas, e pela primeira vez na vida eu estava feliz por ficar na torcida. Minha mãe desde o começo tinha planejado caminhar, e meu plano era caminhar ao lado dela o quanto conseguisse, depois chamaria um táxi para ir até a linha de chegada incentivar minhas moças a romper a fita.

Nós três entramos no meio da multidão quando o relógio batia as sete horas. Então alguém foi até o microfone para iniciar a contagem regressiva oficial. "Dez... nove... oito..." Quando chegou ao um, uma corneta soou e, como o cão de Pavlov, algo dentro de mim fez clique. Até hoje não sei o que foi. Talvez eu tenha subestimado meu espírito competitivo. Talvez fosse por saber que os Navy SEALs deviam ser os guerreiros mais resistentes do mundo. Nós tínhamos que correr com as pernas quebradas e os pés fraturados. Ou assim dizia a lenda que eu havia engolido tempos antes. Seja o que for, algum gatilho disparou, e a última coisa que me lembro de ter visto enquanto a corneta ecoava pela rua foi o choque e a preocupação genuínos na expressão de Kate e da minha mãe enquanto eu saía correndo pelo boulevard e desaparecia na dianteira.

A dor foi forte nos primeiros 500 metros, mas depois disso a adrenalina assumiu o comando, e cheguei ao marco da primeira milha, ou dos primeiros 1.600 metros, às 7h10. Continuei correndo como se o asfalto estivesse derretendo sob meus pés. Aos 10 quilômetros, meu tempo era de mais ou menos 43 minutos. É um bom tempo, mas eu não estava ligado no relógio, porque, levando em conta como estava me sentindo na véspera, eu não conseguia acreditar que tinha mesmo corrido 10 quilômetros! Meu corpo estava destruído. Como aquilo estava acontecendo? A maioria das pessoas com lesões como as minhas estaria com os dois pés imobilizados, e ali estava eu, correndo uma maratona!

Cheguei ao quilômetro 21, a metade do percurso, e olhei para o relógio oficial. Ele marcava "1:35:55". Fiz as contas e percebi que eu estava no páreo para me qualificar para a maratona de Boston, mas ainda faltava um pouquinho. Na minha faixa etária, eu precisava terminar em menos de 3:10:59 para me qualificar. Eu ri, incrédulo, e tomei um copo de Gatorade. Em menos de duas horas, o jogo tinha virado, e eu talvez nunca voltasse a ter aquela oportunidade. Àquela altura eu já tinha visto tantas mortes, tanto na vida pessoal quanto em combate, que sabia que o futuro não estava garantido.

Não foi fácil. Nos primeiros 21 quilômetros, eu tinha surfado uma onda de adrenalina, mas na segunda metade senti cada segundo, e no quilômetro 29 cheguei a um impasse. Esse é um tema recorrente para quem corre maratonas, porque é no quilômetro 29 que em geral as reservas de glicogênio do corredor ficam baixas. Comecei a ficar exausto e arquejar. Sentia as pernas tão pesadas que era como se estivesse correndo na areia fofa do deserto do Saara. Precisava parar e dar um tempo, mas não quis, e três difíceis quilômetros adiante já me sentia rejuvenescido. Cheguei ao relógio seguinte no quilômetro 35. Ainda estava no páreo para Boston, mas tinha me atrasado trinta segundos. Para me qualificar, precisava dar tudo de mim naqueles últimos 7 quilômetros.

Puxei forças lá do fundo, comecei a levantar as coxas bem alto e alarguei minha passada. Ao fazer a curva e disparar em direção ao Mandalay Bay, eu era um homem possuído. Milhares de pessoas tinham se reunido na calçada, gritando e assobiando. Tudo isso era um lindo borrão para mim enquanto eu passava em disparada para chegar à linha de chegada.

Corri meus últimos 3 quilômetros a um ritmo de 4,5 minutos por quilômetro, terminei a corrida com pouco mais de 3:08 e me qualifiquei para a maratona de Boston. Em algum lugar nas ruas de Las Vegas, minha esposa e minha mãe travariam o próprio combate e superariam os próprios obstáculos para concluir a corrida. Enquanto esperava por elas sentado num trecho de gramado, fiquei pensando em outra pergunta básica que não conseguia largar. Era uma pergunta nova, não baseada em medo, nem estimulada pela dor, nem autolimitadora. Aquela parecia ser uma pergunta aberta.

*Do que será que eu sou capaz?*

O treinamento dos SEALs tinha me levado ao limite várias vezes, mas toda vez que ele me castigava eu levantava para aguentar mais um golpe. Essa experiência me tornou resistente, mas também me deixou querendo mais, e o dia a dia da vida de um SEAL simplesmente não era assim. Então viera a San Diego One Day, e agora aquilo. Eu havia concluído uma maratona num ritmo de atleta de elite (para um praticante de fim de semana), quando não deveria ter sequer caminhado 1 quilômetro. Ambas eram façanhas físicas inacreditáveis que não pareciam possíveis. Mas tinham acontecido.

*Do que será que eu sou capaz?*

Não soube responder a essa pergunta, mas na linha de chegada naquele dia, quando olhei em volta e refleti sobre o que acabara de fazer, ficou claro que todos nós, sem perceber, estamos deixando de aproveitar muita coisa. Habitualmente nos contentamos com menos do que o nosso melhor: no trabalho, nos estudos, em nossos relacionamentos e no campo ou na pista de corrida. Nos contentamos individualmente, ensinamos nossos filhos a se contentarem também, e tudo isso reverbera, se funde e se multiplica dentro de nossas comunidades e da nossa sociedade como um todo. E não estou me referindo a um fim de semana de má sorte em Vegas, no qual você não consegue mais sacar dinheiro no caixa eletrônico; não é desse tipo de perda que estou falando. Naquele momento, o custo de deixar passar tanta excelência neste nosso mundo eternamente imperfeito me pareceu incalculável, e até hoje parece. Desde então nunca parei de pensar nisso.

★ ★ ★

Fisicamente, me recuperei da corrida em Vegas em poucos dias. Ou seja, voltei ao meu novo normal: tendo que lidar com a mesma dor forte porém tolerável com a qual tinha chegado em casa depois da San Diego One Day.

As dores persistiram até o sábado seguinte, mas para mim a convalescença tinha terminado. Precisava começar a treinar, ou não iria aguentar a trilha da Hurt 100 e não haveria Badwater. Eu vinha lendo sobre preparação para ultramaratonas e sabia que era vital começar a incluir algumas semanas em que corresse 160 quilômetros. Tinha só cerca de um mês para ganhar força e resistência antes do dia da corrida, 14 de janeiro.

Como meus pés e canelas não estavam nem perto de recuperados, inventei um novo método para estabilizar tanto os ossos do pé quanto os tendões. Comprei umas palmilhas de alta performance, cortei-as no mesmo contorno da sola dos meus pés, e enrolei os tornozelos, calcanhares e a parte inferior das canelas com atadura de compressão. Também pus uma pequena calcanheira nos tênis para corrigir minha postura ao correr e aliviar a pressão. Depois do que havia suportado, foi preciso usar muitos acessórios para me permitir correr (quase) sem dor.

Correr 160 quilômetros por semana quando se tem um emprego em tempo integral não é fácil, mas isso não era desculpa. Meu trajeto de 26 quilômetros de Chula Vista até Coronado se tornou meu circuito diário. Na época em que morei lá, Chula Vista tinha múltipla personalidade. A parte mais legal, mais nova e de classe média onde morávamos era cercada por uma selva de concreto de ruas mal conservadas e perigosas. Era essa a parte na qual eu corria assim que o dia raiava, passando por baixo de viadutos da autoestrada e margeando armazéns de expedição da Home Depot. Aquela não era a versão de San Diego que se vê nos folhetos de turismo.

Eu sentia cheiro de escapamento e lixo podre, via ratos correndo e tinha que desviar de acampamentos de sem-teto antes de chegar a Imperial Beach, onde pegava a ciclovia de 11 quilômetros da praia de Silver Strand. A ciclovia fazia uma curva para o sul passando pelo emblemático hotel de Coronado, o Hotel del Coronado, da virada do século XX, e por uma profusão de condomínios de luxo em arranha-céus com vista para a mesma faixa de areia usada pelo Comando de Guerra Naval Especial, onde eu passava meus dias saltando de aviões e disparando armas. Estava vivendo a lenda dos Navy SEALs, tentando continuar autêntico!

Eu corria esse trecho de 26 quilômetros no mínimo três vezes por semana. Em alguns dias também voltava para casa correndo, e às sextas-feiras incluía uma corrida com pesos: punha dentro da minha mochila militar dois pesos de 11 quilos, e corria assim, carregado, por até 32 quilômetros para aumentar a força dos quadríceps. Adorava acordar às cinco da manhã e começar a trabalhar já tendo feito três horas de exercício aeróbico, enquanto a maioria dos meus colegas nem sequer tinha acabado de tomar café. Aquilo me dava uma vantagem mental, mais autoconsciência e uma autoestima gigantesca, o que fazia de mim um instrutor SEAL melhor. É essa a recompensa de acordar com o dia raiando para ir praticar exercício físico: você melhora em todos os aspectos da sua vida.

Na minha primeira semana de treino para valer, corri 124 quilômetros. Na semana seguinte, corri 175, incluindo uma corrida de 19 quilômetros no dia de Natal. Na semana seguinte, estiquei a distância para 180, incluindo uma corrida de 30 quilômetros no primeiro dia do ano, e na semana depois disso peguei um pouco mais leve para dar um descanso para as pernas, mas mesmo assim corri 91 quilômetros. Tudo isso foi na rua, mas eu estava me preparando para uma corrida de trilha, e nunca tinha corrido nesse tipo de terreno. Tinha feito off-road à beça, mas nunca tinha percorrido uma longa distância numa única trilha com o tempo contado. A Hurt 100 era um circuito com 32 quilômetros, e eu ouvira dizer que apenas uma pequena parte dos que começavam a corrida concluíam todas as cinco voltas. Aquela era minha última chance de incrementar meu currículo para a Badwater. Muita coisa dependia de um desfecho favorável, e ainda havia muito que eu não sabia sobre essa corrida e sobre o mundo das ultramaratonas.

Peguei um avião para Honolulu alguns dias antes da corrida e me hospedei no Halekoa, um hotel militar onde soldados da ativa e veteranos costumavam ficar com a família ao visitar a cidade. Tinha estudado os mapas e já sabia o básico em relação ao terreno, mas como nunca o vira de perto peguei o carro, fui até o Centro de Natureza do Havaí na véspera da corrida e fiquei admirando as montanhas aveludadas cor de jade. Só dava para ver uma risca íngreme de terra vermelha desaparecendo no meio da densa vegetação. Subi a trilha pouco menos de 1 quilômetro, mas não consegui ir além disso andando. Eu estava pegando leve antes da corrida, e os primeiros 1.600 metros eram só subida. Tudo que havia mais além teria que permanecer um mistério por mais um tempinho.

| | AM | NOON | PM |
|---|---|---|---|
| WEEK 3 TOTAL=111.5 WEEK 3 | | | |
| MON 26 DEC TOTAL: 15m | 15miles | | |
| TUE 27 DEC TOTAL: 20m | 20.0miles | FIRST DAY NEW SHOES | |
| WED 28 DEC TOTAL: 14m | | 14.0miles | |
| THU 29 DEC TOTAL: 11m | | 11.0miles | |
| FRI 30 DEC TOTAL: 16.5m | | 16.5miles | |
| SAT 31 DEC TOTAL: 16.0m | 11.4miles | 4.6miles | |
| SUN 1 JAN TOTAL: 19.0m | 17.0miles | | 2.0mi |
| WEEK 3 TOTAL = 111.5 miles | | | |

Log de treinamento para a Hurt 100, Semana 3

Havia só três postos de hidratação no circuito de 32 quilômetros, e a maioria dos atletas não dependia de ninguém e se alimentava por conta própria. Eu ainda era novato, e não fazia a menor ideia do que precisava em matéria de combustível. Às 5h30 da manhã do dia da corrida, conheci uma mulher quando estávamos saindo do hotel. Ela sabia que eu era novato e perguntou o que eu tinha levado para me abastecer. Mostrei-lhe meu parco estoque de géis energéticos de sabores variados e minha mochila de hidratação.

– Você não trouxe cápsulas de sal? – perguntou ela, chocada.

Dei de ombros. Não fazia a menor ideia do que fossem cápsulas de sal. Ela despejou uma centena delas na palma da minha mão.

– Tome duas a cada hora. Elas evitam cãibras.

— Positivo.

A mulher sorriu e balançou a cabeça, como se pudesse antever minha futura desgraça.

Comecei forte e me sentindo ótimo, mas pouco depois de iniciada a corrida, entendi que estava encarando um circuito matador. Não digo isso por causa da inclinação nem do ganho de elevação. Tudo isso eu já esperava. A questão eram todas as pedras e raízes que me pegavam de surpresa. Tive sorte por não ter chovido nos dias anteriores ao evento, pois só tinha meus tênis normais de corrida para calçar, e eles tinham pouquíssima tração. Aí minha mochila de hidratação quebrou no quilômetro 10.

Deixei para lá e segui correndo, mas sem fonte de água seria obrigado a depender dos postos de hidratação, e eles ficavam a quilômetros de distância um do outro. Minha equipe de apoio (de uma pessoa só) nem sequer estava comigo ainda. Kate estava relaxando na praia e só tinha planos de aparecer mais tarde na corrida, e isso por culpa exclusivamente minha. Eu a convencera a me acompanhar prometendo-lhe umas férias, e cedo naquela manhã insistira para ela curtir o Havaí e deixar o sofrimento comigo. Com ou sem mochila de hidratação, minha disposição mental era conseguir ir de posto de hidratação em posto de hidratação e ver o que acontecia.

Antes de a corrida começar, tinha ouvido as pessoas falarem de Karl Meltzer. Vira-o se alongando no aquecimento. O apelido dele era Speedgoat, Cabrito Veloz, e ele estava tentando se tornar a primeira pessoa a concluir a corrida em menos de 24 horas. Para os outros havia um limite de 36 horas. Minha primeira volta levou quatro horas e meia e fiquei me sentindo bem depois, o que já era esperado por conta de todas as corridas longas que tinha feito na preparação, mas também fiquei preocupado porque cada volta exigia subir e descer quase 1.500 metros, e a concentração necessária para prestar atenção em cada passo e não torcer o tornozelo intensificava meu cansaço mental. Toda vez que eu sentia uma fisgada no ligamento medial, era como se o vento tivesse batido num nervo exposto, e eu sabia que uma única queda bastaria para torcer meu tornozelo bambo e encerrar a corrida para mim. Sentia essa pressão a cada segundo, e por isso estava queimando mais calorias do que o previsto. E isso era um problema porque eu tinha muito pouco combustível, e sem fonte de água não conseguia me hidratar de forma eficiente.

Entre uma volta e outra eu me entupi de água, e num trote vagaroso, com o líquido a chapinhar na barriga, ataquei minha segunda volta, subindo aquela ladeira de 1.600 metros e quase 250 metros de elevação montanha adentro. Foi quando começou a chover. Nossa trilha de terra vermelha em poucos minutos virou lama. As solas dos meus tênis ficaram recobertas por uma camada de barro e escorregadias como dois esquis. Tive que atravessar poças mergulhando até o meio das canelas, escorregando nas descidas e derrapando nas subidas. Era um esporte de corpo inteiro. Mas pelo menos tinha água. Toda vez que eu ficava com sede, inclinava a cabeça para trás, abria bem a boca e sentia o gosto da chuva, que passava por uma tripla cobertura de vegetação e chegava com cheiro de folhas apodrecidas e excrementos animais. Esse cheiro de besta-fera invadiu minhas narinas, e eu só conseguia pensar no fato de ainda precisar correr mais quatro voltas!

No quilômetro 48, meu corpo trouxe algumas boas notícias. Mas talvez fosse melhor ele ter ficado quieto. A dor nos tendões dos meus tornozelos tinha desaparecido... porque meus pés tinham inchado o bastante para estabilizá-los. Seria uma coisa boa a longo prazo? Provavelmente não, mas no circuito das ultras você vai resolvendo as coisas à medida que acontecem. Enquanto isso, meus quadríceps e panturrilhas doíam como se tivessem sido martelados. É, eu tinha corrido bastante, mas quase sempre – inclusive nos treinos com pesos – no terreno plano feito uma panqueca de San Diego, não em trilhas escorregadias na mata.

Kate estava me esperando quando completei minha segunda volta, e depois de passar a manhã relaxando na praia de Waikiki ficou horrorizada ao me ver surgindo do meio da bruma feito um zumbi da série *The Walking Dead*. Sentei-me e bebi o máximo de água que consegui. Àquela altura, a notícia de que aquela era minha primeira corrida de trilha já tinha se espalhado.

Você alguma vez já teve um fracasso bem público ou passou por um dia/semana/mês/ano muito ruim e as pessoas à sua volta se sentiram obrigadas a comentar aquilo que causava toda a sua humilhação? Talvez elas tenham lhe lembrado todas as formas como você poderia ter garantido outro desfecho? Agora imagine absorver toda essa negatividade, mas ainda por cima ter que correr mais 97 quilômetros todo suado na selva debaixo de chuva. Divertido, né? É, eu era o assunto na boca de todo mundo na corrida. Bom, eu e Karl Meltzer. Ninguém conseguia acreditar que ele estivesse mirando numa experiência de menos de 24 horas, e era igualmente incompreensível eu ter me apresentado para fazer uma das corridas de trilha mais traiçoeiras do planeta mal equipado e despreparado, e sem nunca ter participado de nenhuma corrida de trilha. Quando comecei minha terceira volta, já éramos apenas quarenta atletas entre os quase cem que haviam largado, e comecei a correr do lado de um cara chamado Luis Escobar. Pela décima vez, escutei as mesmas palavras:

– Quer dizer que esta é a sua primeira corrida de trilha? – perguntou ele. Fiz que sim com a cabeça. – Você realmente escolheu a corrida err...

– Estou sabendo.

– É que é uma corrida muito técn...

– Pois é. Eu sou um idiota. Já ouvi muito isso hoje.

– Tudo bem, cara. Todo mundo aqui é idiota. – Ele me passou uma garrafinha d'água. Estava carregando três. – Toma aqui. Fiquei sabendo o que aconteceu com a sua mochila de hidratação.

Como aquela era minha segunda vez, eu estava começando a entender o ritmo de uma ultramaratona. Cada corrida era uma dança constante entre competição e camaradagem que me lembrava o BUD/S. Luis e eu estávamos ambos correndo contra o relógio e um contra o outro, mas queríamos que o outro conseguisse terminar. Estávamos ali ao mesmo tempo sozinhos e juntos. E ele tinha razão. Éramos dois idiotas.

Anoiteceu, e nos vimos mergulhados numa noite na selva escura feito breu. Corríamos lado a lado, com os fachos de nossas lanternas de cabeça unidos para projetar uma luz mais abrangente, mas quando nos separamos só dava para ver uma bola amarela quicando na trilha à minha frente. Incontáveis armadilhas permaneciam invisíveis: troncos na altura da canela, raízes escorregadias, pedras cobertas de líquen. Escorreguei, me desequilibrei, caí e falei palavrão. Os ruídos da selva estavam por toda parte. E não era só o mundo dos insetos que atraía minha atenção. No Havaí, em todas as ilhas do arquipélago, a caça ao porco selvagem com arco e flecha nas montanhas é um passatempo popular, e os caçadores muitas vezes deixam seus pit bulls presos na mata para apurar o faro dos cães. Eu podia ouvir os rosnados de cada um desses cachorros ávidos por sangue, e ouvi também alguns porcos guincharem. Pude sentir o cheiro do seu medo e da sua raiva, do seu xixi, do seu estrume e do seu hálito azedo.

A cada latido ou ganido que soava por perto, meu coração dava um pulo e eu me sobressaltava num terreno tão escorregadio que se lesionar era uma possibilidade real. Um passo em falso bastaria para me fazer sair rolando para fora da corrida e para longe do processo de seleção da Badwater. Pude imaginar Kostman ouvindo a notícia e meneando a cabeça, como se já soubesse desde o início que aquilo ia acontecer. Hoje o conheço bem e ele nunca quis me prejudicar, mas naquela época era assim que a minha mente funcionava. E nas montanhas íngremes e escuras de Oahu, minha exaustão exacerbava meu estresse. Eu estava me sentindo próximo do meu limite absoluto, mas ainda faltavam quase 65 quilômetros para eu terminar a corrida!

Na volta do circuito, após uma longa e técnica descida para dentro da floresta escura e úmida, vi na trilha à minha frente a silhueta de outra lanterna traçando círculos. O corredor se movia formando arabescos, e quando o alcancei vi que era um húngaro chamado Akos Konya que eu conhecera em San Diego. Ele tinha sido um dos melhores corredores a competir em Hospitality Point, onde percorrera quase 216 quilômetros em 24 horas. Eu gostava de Akos e tinha um baita respeito por ele. Parei e fiquei vendo o sujeito se mover em círculos interligados, percorrendo várias vezes o mesmo trecho de terreno. Será que estava procurando algo? Será que estava tendo uma alucinação?

– Akos, cara, está tudo bem? – perguntei. – Precisa de ajuda?

– David! Não, eu... Está tudo bem – respondeu ele.

Seus olhos pareciam dois discos voadores. Ele estava em pleno delírio, mas eu mesmo mal estava dando conta e não soube muito bem o que poderia fazer por ele a não ser avisar aos funcionários da corrida no posto de hidratação seguinte que ele estava vagando em transe pela mata. Como eu já disse, no circuito das ultras existe camaradagem mas também competição, e, como Akos não estava sentindo nenhuma dor evidente e tinha recusado minha ajuda, precisei deixar a civilidade de lado. Faltando duas voltas inteiras para o fim, não tinha outra escolha senão seguir em frente.

Cambaleei de volta até a linha de largada e me joguei na cadeira, tonto. A escuridão era digna do espaço sideral, a temperatura estava caindo e continuava a chover forte. Eu estava no limite das minhas capacidades, e não sabia se conseguiria dar mais um passo. Tinha a sensação de ter usado

99% do meu tanque de combustível, no mínimo. Minha luz reserva tinha acendido e meu motor estava começando a engasgar, mas eu sabia que, se quisesse concluir aquela corrida e conseguir entrar na Badwater, precisava encontrar mais combustível.

Mas como se forçar a prosseguir quando a única coisa que você sente a cada passo é dor? Quando o sofrimento é um fio a permear cada célula do seu corpo, implorando para você parar? É uma situação complicada, porque o limiar de sofrimento varia de pessoa para pessoa. O impulso de sucumbir, esse sim, é universal. Sentir que você já deu tudo de si e que é justificável ir embora deixando a tarefa por terminar.

A esta altura tenho certeza de que você já percebeu que eu não preciso de muito para desenvolver uma obsessão. Há quem critique esse meu grau de paixão, mas eu não me identifico com a mentalidade prevalente que tende a dominar a sociedade americana atual, que nos diz para ir levando ou nos propõe a aprender a fazer mais com menos esforço. Atalhos não geram resultados permanentes. O motivo que me faz abraçar minhas próprias obsessões e exigir e desejar mais de mim mesmo é ter aprendido que somente quando me forço a ir além da dor e do sofrimento, a ultrapassar o que percebo como meus próprios limites, sou capaz de realizar mais, tanto do ponto de vista físico quanto mental, tanto em corridas de resistência quanto na vida como um todo.

E acredito que o mesmo se aplique a você.

O corpo humano é um stock car. Nós podemos ser diferentes por fora, mas debaixo do capô todos temos reservas de potencial imensas e um limitador que nos impede de alcançar nossa velocidade máxima. Num carro, esse dispositivo regula a entrada de combustível e de ar para o motor não superaquecer, o que coloca um teto no desempenho. É uma questão mecânica: é só retirar o limitador e ver seu carro disparar acima dos duzentos por hora.

No animal humano o processo é mais sutil.

Nosso limitador de velocidade está enterrado bem fundo na nossa mente, entrelaçado à nossa própria identidade. Ele sabe o que e quem amamos e odiamos, já leu toda nossa história de vida, e molda a forma como vemos a nós mesmos e como gostaríamos de ser vistos. Ele é o software que nos fornece feedbacks personalizados: na forma de dor e exaustão, mas também de medo e insegurança, e usa tudo isso para nos incentivar a parar antes de arriscarmos tudo. Mas o fato é que o limitador não tem controle absoluto. Ao contrário de um motor de combustão, o nosso não consegue nos fazer parar se não lhe dermos ouvidos e concordarmos em desistir.

Infelizmente, a maioria das pessoas desiste após alcançar apenas 40% do esforço máximo. Mesmo quando sentimos ter atingido nosso limite absoluto, ainda temos mais 60% para dar! Isso é por causa do limitador! Quando você entende isso, tudo se resume a simplesmente aumentar sua tolerância à dor, desapegar da sua identidade e das suas próprias histórias autolimitadoras e conseguir, assim, atingir 60%, depois 80% e mais ainda, sem desistir. Chamo isso de Regra dos 40%, e o motivo que a torna tão poderosa é que, ao segui-la, você vai destravar sua mente para alcançar níveis inéditos de desempenho e excelência no esporte e na vida, e suas recompensas serão bem mais profundas do que o simples sucesso material.

A Regra dos 40% pode ser aplicada a tudo que fazemos. Porque na vida quase nada acontece exatamente como esperamos. Sempre haverá desafios, seja no trabalho ou nos estudos, ou quando nos sentimos testados em nossas relações mais íntimas e importantes. Em algum momento, todos nós ficamos tentados a nos esquivar de compromissos, a desistir de nossos objetivos e sonhos, e a desistir da nossa própria felicidade por muito pouco. Porque nos sentimos vazios, como se não tivéssemos mais nada para dar, quando na verdade não usamos nem metade do tesouro enterrado nas profundezas da nossa mente, do nosso coração e da nossa alma.

Eu conheço a sensação de se aproximar de um beco sem saída energético. Nem sei dizer quantas vezes já estive nessa situação. Entendo a tentação de se subestimar, mas sei também que esse impulso é movido pelo desejo da sua mente por conforto, e que esse desejo não está lhe dizendo a verdade. Isso é a sua identidade tentando encontrar proteção, e não ajudar você a crescer. Ela não está tentando alcançar a grandeza ou a plenitude, mas manter as coisas como estão. Só que a atualização de software de que você precisa para desligar seu limitador de velocidade não está disponível de uma hora para a outra. Leva vinte anos para ganhar vinte anos de experiência, e a única forma de ultrapassar seus 40% é calejando a sua mente, dia após dia. Ou seja: você vai ter que ir atrás da dor como se sua vida dependesse disso!

Imagine se você lutasse boxe e, no primeiro dia no ringue, levasse um soco no queixo. Ia doer à beça, mas no seu décimo ano de boxe você já não se deixaria deter por um único soco. Conseguiria absorver doze assaltos de surra, depois voltar no dia seguinte e lutar outra vez. Não teria sido o soco que perdera potência. Seus adversários seriam ainda mais fortes. A mudança teria acontecido dentro do seu cérebro. Você teria calejado a sua mente. Ao longo do tempo, sua tolerância para o sofrimento mental e físico teria se expandido, porque seu software teria aprendido que você pode suportar bem mais do que um soco e que, se perseverar em qualquer tarefa que estiver tentando derrubar você, vai colher recompensas.

Você não luta boxe? Digamos que goste de correr, mas está com um dedinho do pé quebrado. Aposto que, se continuar correndo com o dedinho quebrado, em pouco tempo será capaz de correr com as pernas quebradas. Dito assim parece impossível, não é? Mas eu sei que é verdade porque já corri com as pernas quebradas, e saber isso me ajudou a suportar todo tipo de sofrimento no circuito das ultras, o que acabou se revelando uma fonte cristalina de autoconfiança da qual bebo toda vez que meu tanque fica vazio.

Só que ninguém usa seus 60% de reserva imediatamente ou de uma vez. O primeiro passo é lembrar que sua primeira onda de dor e cansaço é o seu limitador de velocidade em ação. Se for capaz de fazer isso, você passará a controlar seu diálogo mental e poderá lembrar a si mesmo que não está tão esgotado quanto pensa. Que ainda não deu tudo de si. Que não chegou nem perto disso. Pensar assim fará você continuar no páreo, e isso vale 5% de bônus. É claro que é mais fácil falar do que fazer.

Não foi fácil iniciar a quarta volta da Hurt 100, porque eu sabia quanto aquilo iria doer. E quando você está se sentindo nas últimas, desidratado, exausto e arrebentado aos 40%, encontrar os tais 60% a mais parece impossível. Eu não queria continuar sofrendo. Ninguém quer! Por isso dizem que o cansaço faz de todo mundo um covarde. É a mais pura verdade.

Veja bem: naquele dia eu não sabia nada sobre a Regra dos 40%. Foi na Hurt 100 que comecei a pensar nisso pela primeira vez, mas já tinha chegado a um impasse muitas vezes, e aprendera a me manter presente e com a mente aberta o suficiente para recalibrar meus objetivos até mesmo no pior dos momentos. Sabia que continuar no páreo é sempre o primeiro passo mais difícil – e também o mais gratificante.

É claro que é fácil manter a mente aberta quando você sai da aula de ioga e vai dar um passeio na praia, mas é um trabalho árduo manter a mente aberta em meio ao sofrimento. O mesmo vale para quem está diante de um desafio grande no trabalho ou nos estudos. Talvez você esteja fazendo uma prova de cem questões e saiba que foi mal nas cinquenta primeiras. Nesse ponto, é extremamente difícil manter a disciplina necessária para se forçar a continuar levando a prova a sério. É também imperativo esforçar-se até o fim, porque em todo fracasso há algo a ganhar, mesmo que seja apenas experiência para a prova seguinte que você terá que fazer. Porque a prova seguinte virá. Isso é garantido.

Comecei minha quarta volta sem convicção nenhuma. Ia simplesmente esperar para ver no que dava, e na metade da subida fiquei tão tonto que tive que me sentar um pouco debaixo de uma árvore. Dois corredores passaram por mim, um depois do outro. Perguntaram como eu estava, mas eu acenei para seguirem em frente. Disse que estava tudo bem.

É, estava tudo superbem. Eu era um verdadeiro Akos Konya.

De onde estava, dava para ver a crista do morro lá em cima, e isso me incentivou a pelo menos caminhar até o topo. Se depois disso eu ainda quisesse desistir, disse a mim mesmo que então sairia da prova e que não seria vergonha nenhuma não concluir a Hurt 100. Fiquei repetindo isso para mim mesmo várias vezes, porque é assim que o nosso limitador funciona. Ele massageia nosso ego e ao mesmo tempo nos faz parar antes de alcançar nossos objetivos. Quando cheguei ao alto da subida, porém, o terreno mais elevado mudou minha perspectiva. Vi outro lugar lá longe e decidi percorrer também aquele pequeno trecho de lama, pedras e raízes antes de desistir de vez.

Chegando lá, avistei uma longa descida e, mesmo que o terreno fosse difícil, aquilo me pareceu bem mais fácil do que subir. Sem perceber, eu tinha chegado a um ponto em que era capaz de montar uma estratégia. Na primeira subida, fiquei tão tonto e tão fraco que tive um instante de puro sofrimento que paralisou minha mente. Não havia espaço para estratégia. Eu só queria desistir, mas ao avançar só mais um pouquinho tinha conseguido dar um reset no meu cérebro. Tinha me acalmado e me dado conta de que conseguiria dividir a corrida em pequenos pedaços. Continuar no jogo dessa forma me deu esperança, e a esperança é um troço que vicia.

Dividi a corrida assim. Fui colecionando fichas de 5% e encontrando mais energia, depois queimando-a conforme o tempo ia passando e a madrugada corria. Fiquei tão cansado que quase cochilei em pé, o que é um perigo numa trilha com tantas curvas fechadas e despenhadeiros. Qualquer participante poderia facilmente ter pegado no sono enquanto andava e ter caído. A única coisa que me mantinha acordado era a condição terrível da trilha. Caí sentado no chão dezenas de vezes. Meus tênis de asfalto não eram apropriados para a floresta. Minha sensação era estar correndo sobre o gelo, e as quedas inevitáveis sempre me abalavam, mas pelo menos também me faziam acordar.

Correndo um pouquinho, depois caminhando um trecho, consegui avançar até o quilômetro 124, a descida mais difícil de todas. Foi então que vi Karl Meltzer, o Cabrito Veloz, chegando ao alto da montanha atrás de mim. Ele estava usando uma lanterna na cabeça e outra no pulso, além de uma cartucheira com duas garrafas grandes no quadril. Contra a luz rosada do dia que raiava, ele desceu o declive na velocidade máxima, percorrendo um trecho que me fizera cambalear e me agarrar nos galhos das árvores para continuar em pé. Estava prestes a terminar a prova com uma volta de vantagem em relação a mim, a 5 quilômetros da linha de chegada, e a bater um recorde naquela corrida, 22 horas e 16 minutos. Mas o que mais lembro é como ele parecia gracioso correndo ao incrível ritmo de 4 minutos por quilômetro. Meltzer levitava acima da lama, num outro patamar de zen: seus pés mal tocavam o chão, e era uma coisa linda de se ver. O Cabrito Veloz era a resposta viva, de carne e osso, para a pergunta que não me saía da cabeça desde a maratona de Las Vegas:

*Do que será que eu sou capaz?*

Ver aquele homem casca-grossa deslizar pelo terreno mais desafiador do mundo me fez perceber que existe toda uma outra categoria de atleta por aí, e que parte disso existia também dentro de mim. Na verdade, dentro de todos nós. Não estou dizendo que a genética não tenha seu papel no desempenho esportivo ou que todo mundo tenha uma capacidade ainda não descoberta de correr 1 quilômetro em dois minutos e meio, de enterrar a bola na cesta igual ao LeBron James, de arremessar como Steph Curry ou correr a Hurt 100 em 22 horas. Nem todos nós temos o mesmo piso ou o mesmo teto, mas cada um tem muito mais dentro de si do que imagina e, em se tratando de esportes de resistência como as ultramaratonas, todo mundo pode realizar feitos que antes considerava impossíveis. Para isso precisamos mudar nossa mentalidade, estar dispostos a apagar a nossa identidade e fazer o esforço extra de sempre encontrar a energia a mais para podermos nos tornar mais.

Precisamos remover nosso limitador.

Naquele dia, no circuito da Hurt 100, depois de ver Meltzer correndo como se fosse um super-herói, terminei minha quarta volta sentindo dor no corpo inteiro e parei para vê-lo comemorar rodeado por sua equipe. Ele acabara de conquistar algo que ninguém nunca tinha feito, e eu ali, com mais uma volta inteira para dar. Minhas pernas pareciam de borracha, meus pés estavam inchados. Eu não queria continuar, mas sabia também que quem estava falando era a minha dor. Meu verdadeiro potencial continuava indeterminado. Pensando bem, eu diria que já tinha dado 60% de mim, ou seja, ainda tinha quase metade do meu tanque.

Queria dizer para você que dei tudo de mim e arrebentei na quinta volta, mas eu ainda não passava de um turista no Planeta das Ultramaratonas. Eu ainda não dominava minha mente. Estava no laboratório, ainda na fase das descobertas, e percorri toda a quinta e última volta caminhando. Levei oito horas, mas tinha parado de chover, o brilho tropical do sol quente do Havaí era incrível, e consegui completar a tarefa. Concluí a Hurt 100 em 33 horas e 23 minutos, pouco antes do tempo máximo permitido de 36 horas e bem o bastante para um nono lugar. Só 23 atletas terminaram a corrida, e um deles fui eu.

Fiquei tão detonado depois da prova que duas pessoas tiveram que me carregar até o carro e Kate precisou me levar até o quarto numa cadeira de rodas. Quando chegamos, ainda tínhamos trabalho a fazer. Como eu queria terminar minha inscrição na Badwater o quanto antes, demos um trato no meu formulário sem tirar nem um cochilo.

Poucos dias depois, Kostman me mandou um e-mail avisando que eu fora aceito na Badwater. Foi uma sensação incrível. Aquilo significava também que, nos seis meses seguintes, eu teria dois empregos em tempo integral. Eu era um Navy SEAL em plena preparação para a ultramaratona de Badwater. Dessa vez eu seria estratégico e específico, pois sabia que para alcançar meu melhor desempenho – se quisesses passar dos 40%, usar todo o meu tanque e acessar meu potencial total –, precisava primeiro dar a mim mesmo essa oportunidade.

Não tinha pesquisado nem me preparado bem o suficiente para a Hurt 100. Não levara em conta o terreno difícil, não tivera equipe de apoio na primeira parte da corrida e não tinha fonte de hidratação reserva. Não tinha levado duas lanternas, o que teria me ajudado durante a longa noite escura, e embora tivesse certeza de ter dado tudo de mim, não tivera sequer uma chance de acessar meus 100%.

Na Badwater seria diferente. Pesquisei noite e dia. Estudei o percurso, anotei as variações de temperatura e elevação e criei gráficos. Não estava interessado apenas na temperatura do ar. Fui mais a fundo, e sabia até a temperatura do asfalto no dia mais quente de toda a história do Vale da Morte. Pesquisei vídeos da corrida no Google e passei horas assistindo. Li blogs de corredores que a tinham concluído, anotei suas dificuldades e suas técnicas de treinamento. Peguei o carro rumo ao norte até o Vale da Morte e explorei todo o percurso. Ver o terreno assim de perto revelou sua brutalidade.

Os primeiros 68 quilômetros eram inteiramente planos, uma travessia da fornalha divina ligada na potência máxima. Aquela seria minha melhor oportunidade para cravar um ótimo tempo, mas para sobreviver eu precisaria de duas equipes motorizadas se revezando e montando estações de resfriamento a cada meio quilômetro. Pensar nisso me deixou empolgado, mas eu ainda não estava vivendo a experiência em si. Estava ouvindo música com as janelas abertas, num dia de primavera num deserto todo florido. Eu estava confortável! Tudo ainda não passava de uma fantasia!

Marquei os melhores locais para montar as estações de resfriamento. Anotei os pontos onde o acostamento era largo e onde teriam que evitar estacionar. Também anotei a localização dos postos de gasolina para comprar água e gelo. Não eram muitos, mas estavam todos mapeados. Depois de correr pelo corredor polonês do deserto, eu teria um alívio do calor e pagaria por ele com altitude. A etapa seguinte da corrida era uma subida de 29 quilômetros até o desfiladeiro de Towne Pass, a mais de 1.400 metros de altitude. O sol a essa altura já estaria se pondo, e após percorrer esse trecho de carro eu encostei, fechei os olhos e visualizei a coisa toda.

Pesquisar é uma das partes da preparação; a outra é visualizar. Depois daquela subida até Towne Pass, eu iria encarar uma descida esmagadora de 14,5 quilômetros. Dava para ver o aclive serpenteando do alto do desfiladeiro. Se eu aprendi alguma coisa na Hurt 100, foi que correr encosta abaixo cobra um preço muito alto, e dessa vez eu estaria correndo no asfalto. Fechei os olhos, abri a mente, e tentei sentir a dor nos quadríceps e panturrilhas, nos joelhos e canelas. Sabia que meus quadríceps teriam que suportar o maior esforço daquela descida, então fiz uma anotação para ganhar massa muscular nas coxas. Elas precisariam se transformar em aço.

A subida de 29 quilômetros até Darwin Pass a partir do quilômetro 116 seria um pesadelo. Eu teria que correr/andar aquele trecho, mas o sol já teria se posto, o friozinho de Lone Pine seria bem-vindo, e dali em diante eu poderia compensar um pouco de tempo, porque era o trecho onde o terreno ficava plano outra vez antes da última subida de 21 quilômetros por Whitney Portal Road até a linha de chegada, a 2.522 metros de altitude.

Também é fácil escrever "compensar um pouco de tempo" no seu caderninho; executar isso quando se chega lá na vida real são outros quinhentos, mas pelo menos eu tinha anotações. Junto com meus mapas anotados, elas formavam meu dossiê Badwater, que estudei como se estivesse me preparando para mais uma prova ASVAB. Sentado diante da mesa da cozinha, eu lia e relia aquilo tudo, e visualizava cada quilômetro da melhor maneira que conseguia, mas também sabia que meu corpo ainda não tinha se recuperado do Havaí, o que prejudicava o outro e ainda mais importante aspecto da minha preparação para a Badwater: o treinamento físico.

Eu precisava muito treinar, mas meus tendões ainda doíam tanto que passei meses sem conseguir correr. As páginas do calendário passavam voando. Eu precisava ganhar resistência e me tornar o corredor mais forte possível, e o fato de não poder treinar como esperava minou minha autoconfiança. Além do mais, o pessoal do trabalho tinha ficado sabendo dos meus planos e, embora eu tenha recebido algum apoio de outros SEALs, tive também direito ao meu quinhão de negatividade, principalmente quando descobriam que eu não estava conseguindo correr. Mas isso não era nenhuma novidade. Quem nunca sonhou com alguma possibilidade para si e viu amigos, colegas ou parentes ridicularizarem a ideia? As pessoas costumam ser extremamente motivadas para fazer qualquer coisa que as permita alcançar seus sonhos – até quem está em volta lembrá-las do perigo, do lado ruim, das limitações e de todo mundo que veio antes delas e não conseguiu. Às vezes o conselho é bem-intencionado, o outro de fato acredita estar falando aquilo para o seu bem. Mas, se você deixar, essas mesmas pessoas convencerão você a desistir dos seus sonhos, e o seu limitador as ajudará a fazer isso.

Esse foi um dos motivos que me fizeram inventar o Pote de Biscoitos. Precisamos bolar um sistema que nos lembre constantemente de quem somos quando estamos na nossa melhor forma, porque a vida não vai nos estender a mão quando cairmos. Haverá desvios na estrada, facadas nas costas, montanhas a serem escaladas, e só podemos estar à altura da imagem que criamos de nós mesmos.

Prepare-se!

Sabemos que a vida pode ser difícil, mas mesmo assim sentimos pena de nós mesmos quando ela não é justa. A partir de agora, aceite as seguintes leis naturais de Goggins:

Você será alvo de zombaria.

Você sentirá insegurança.

Você talvez não seja o melhor o tempo todo.

Você talvez seja a única pessoa negra, branca, asiática, latina, do sexo feminino, do sexo masculino, gay, lésbica ou [insira aqui sua identidade] numa determinada situação.

Haverá momentos em que você se sentirá sozinho.

Supere!

Nossa mente é forte, é nossa arma mais poderosa, mas nós paramos de usá-la. Hoje em dia temos acesso a muito mais recursos do que em qualquer outro momento da história, mas apesar disso somos muito menos capazes do que as pessoas que nos precederam. Se você quiser estar entre os poucos a desafiar essa tendência da nossa sociedade cada vez mais molenga, terá que estar disposto a ir à guerra contra si mesmo e criar uma identidade totalmente nova – e isso exige ter a mente aberta. Engraçado: ter a mente aberta muitas vezes é rotulado como algo esotérico ou fraco, quando na realidade ter a mente aberta o suficiente para encontrar uma saída é uma estratégia muito antiga. É algo que os brutamontes fazem. E foi exatamente o que eu fiz.

Peguei emprestada a bicicleta do meu amigo Stoke (outro formando da

Turma 235) e, em vez de ir correndo para o trabalho, ia e voltava pedalando diariamente. A academia novinha em folha da Equipe Cinco dos SEALs tinha um elíptico, e eu ia lá uma vez por dia, às vezes duas, vestido com cinco camadas de roupa! Como o calor no Vale da Morte me deixava apavorado, eu o simulei. Vestia três ou quatro calças de moletom, alguns suéteres, um moletom de capuz e um gorro, tudo isso isolado por uma camada de Gore-Tex. Depois de dois minutos no aparelho, meus batimentos cardíacos chegavam a 170, e eu ficava assim por duas horas seguidas. Antes ou depois, sentava no remador e remava 30 quilômetros. Nunca fazia nada só por dez ou vinte minutos. A minha mentalidade era completamente ultra. Tinha que ser assim. Depois de malhar, eu era visto torcendo minhas roupas como se as tivesse acabado de mergulhar num rio. A maioria dos caras me achava lelé, mas Gorila Prateado, meu antigo instrutor do BUD/S, estava adorando aquilo.

Naquela primavera, fui incumbido de ser instrutor de guerra em terra dos SEALs na nossa base em Niland, Califórnia, um trecho desolado de deserto no sul do estado cujos estacionamentos de trailers vivem coalhados de desempregados viciados em metanfetamina. Nossos únicos vizinhos eram os dependentes químicos sem rumo que chegavam depois de atravessar os povoados em desintegração às margens do Salton Sea, lago salgado situado a pouco menos de 100 quilômetros da fronteira com o México. Toda vez que eu cruzava com uma dessas pessoas na rua quando ia correr 16 quilômetros com pesos, elas me olhavam como se eu fosse um alienígena materializado no mundo real por uma das suas viagens alucinógenas. Mas, verdade seja dita, eu corria usando três camadas de roupas e uma jaqueta de Gore-Tex no auge do calor de 38 graus. Parecia mesmo um mensageiro do mal vindo do espaço! Àquela altura, minhas lesões já estavam administráveis, e eu corria 16 quilômetros de cada vez, depois passava horas caminhando pelas montanhas ao redor de Niland carregando uma mochila de 23 quilos.

Os caras que eu estava treinando também me consideravam um ser de outro planeta, e alguns deles tinham mais medo de mim do que os dependentes químicos. Achavam que era por causa de alguma coisa que tinha me acontecido no combate naquele outro deserto, onde a guerra não era um jogo. O que eles não sabiam era que, para mim, o campo de batalha era a minha própria mente.

Voltei de carro ao Vale da Morte para treinar, e corri 16 quilômetros usando uma roupa-sauna. Tinha a ultramaratona mais difícil do mundo pela frente e só havia corrido 160 quilômetros duas vezes. Sabia como era isso, e a perspectiva de ter que encarar 56 quilômetros a mais me deixava apavorado. Eu sabia me vender, claro, projetava autoconfiança extrema e consegui arrecadar dezenas de milhares de dólares, mas parte de mim não sabia se eu seria capaz de terminar a corrida, então tive que inventar uma preparação física brutal para dar uma chance a mim mesmo.

É preciso muita força de vontade para se forçar a superar os próprios limites quando se está totalmente sozinho. Eu detestava acordar de manhã sabendo o que o dia me reservava. Era tudo muito solitário, mas eu sabia que no percurso da Badwater haveria um ponto em que a dor se tornaria insuportável e pareceria impossível de superar. Talvez fosse no quilômetro 80 ou perto do 100, talvez mais tarde, mas chegaria uma hora em que eu iria querer desistir, e eu precisava ser capaz de tomar decisões em um segundo, necessárias para seguir no páreo e acessar meus 60% de reserva.

Durante todas as horas solitárias de preparação, eu tinha começado a dissecar a mentalidade da desistência e me dado conta de que, se quisesse ter um desempenho próximo do meu potencial absoluto e deixar a fundação Warrior orgulhosa, teria que fazer mais do que responder às perguntas básicas à medida que fossem surgindo. Eu precisaria sufocar a mentalidade da desistência antes de ela poder tomar corpo. Antes sequer de me perguntar *"Por quê?"*, precisaria recorrer ao meu Pote de Biscoitos para me convencer de que, apesar do que o meu corpo estava dizendo, eu era imune ao sofrimento.

Porque ninguém desiste de uma ultramaratona ou de uma Semana Infernal numa fração de segundo. As pessoas tomam a decisão de desistir horas antes de tocarem o sino. Por isso eu precisava estar presente o bastante para reconhecer quando meu corpo e minha mente estivessem começando a fraquejar para ser capaz de neutralizar o impulso de procurar uma saída muito antes de entrar nesse caminho fatal. Ignorar a dor ou bloquear a verdade, como eu tinha feito na San Diego One Day, não iria funcionar dessa vez, e se você estiver atrás dos seus 100% precisa catalogar suas fraquezas e vulnerabilidades. Não as ignore. Esteja preparado para elas, porque em qualquer competição de resistência, em qualquer ambiente de grande estresse, suas fraquezas virão à tona feito um carma ruim e aumentarão de intensidade até engolirem você. A menos que você as vença primeiro.

Este é um exercício de reconhecimento e visualização. Você precisa reconhecer o que está a ponto de fazer, ressaltar as partes que não lhe agradam e se demorar visualizando todo e qualquer obstáculo que puder. Como eu tinha medo do calor, na preparação para a Badwater inventei rituais de tortura novos e mais medievais ainda disfarçados de sessões de treinamento (ou talvez tenha sido o contrário). Dizia a mim mesmo que era imune ao sofrimento, mas isso não significava que eu fosse imune à dor. Eu a sentia como qualquer um, mas estava decidido a circundar e atravessar a dor de modo que ela não me tirasse dos trilhos. Quando me aproximei da linha de largada da Badwater, às seis da manhã do dia 22 de julho de 2006, eu tinha subido meu limitador para 80%. Em seis meses havia dobrado meu teto, e sabe o que isso me garantiu?

Nadica de nada.

A Badwater tem uma largada escalonada. Os iniciantes largam às seis da manhã, os veteranos às oito, e os verdadeiros competidores só às dez, ou seja: no horário de maior calor eles correm no Vale da Morte. Chris Kostman realmente tinha um senso de humor ímpar. Mas ele não sabia que tinha dado uma vantagem tática de respeito a um dos atletas. Não a mim. Estou me referindo a Akos Konya.

Akos e eu nos encontramos na noite anterior à prova no Furnace Creek Inn, o hotel em que todos os atletas se hospedavam. Também novato na corrida, ele estava com um aspecto bem melhor do que na última vez em que nos encontráramos. Apesar dos problemas que tivera na Hurt 100 (ele concluiu a prova em 35 horas e 17 minutos, aliás), eu sabia que Akos era um cara durão e, como estávamos os dois no primeiro grupo, deixei que ele ditasse o ritmo na travessia do deserto. Que decisão ruim!

Nos primeiros 27 quilômetros, corremos lado a lado, formando uma dupla esquisita. Akos é um húngaro de 1,70 de altura e 55 quilos. Eu era o maior cara da corrida, com 1,88 de altura e 88 quilos – e era também *o único* preto. Akos tinha patrocínio e estava usando uma roupa toda colorida e cheia de logomarcas. Eu estava usando uma camiseta cinza toda rasgada, um short de corrida preto e óculos de sol aerodinâmicos da Oakley. Meus pés e tornozelos estavam envoltos em atadura de compressão e enfiados em tênis de corrida já surrados. Eu não estava usando nenhuma peça de roupa de Navy SEAL nem da fundação Warrior. Preferi permanecer anônimo. Eu era a sombra entrando de mansinho num mundo desconhecido de dor.

**Na minha primeira Badwater**

Embora Akos tenha imprimido um ritmo veloz, a temperatura não me incomodou, em parte por estar cedo e em parte porque eu tinha treinado muito bem para suportar o calor. Nós éramos de longe os dois melhores corredores no grupo das seis da manhã, e quando passamos pelo Furnace Creek Inn, às 8h40, alguns dos corredores do grupo das dez estavam em frente ao hotel, entre eles Scott Jurek, o campeão do ano anterior, recordista da Badwater e lenda das ultramaratonas. Ele devia saber que estávamos fazendo um tempo excelente, mas não tenho certeza se se deu conta de que acabara de avistar sua concorrência mais feroz.

Não muito tempo depois disso, Akos abriu distância entre nós dois, e no quilômetro 42 comecei a perceber que, mais uma vez, tinha começado rápido demais. Estava atordoado e tonto, e tive que lidar com questões gastrointestinais. Tradução: precisei largar um barro no acostamento da pista. Tudo isso porque estava seriamente desidratado. Minha cabeça era um turbilhão de prognósticos ruins dos mais variados. As desculpas para desistir foram se empilhando. Não dei ouvidos a elas. Respondi resolvendo a questão da desidratação e bebendo mais água do que tinha vontade.

Passei pelo posto de controle de Stovepipe Wells, no quilômetro 67, às 13h31, uma hora inteira depois de Akos. Fazia só sete horas e meia que estava na corrida, e àquela altura praticamente só caminhava. O simples fato de ter conseguido atravessar o Vale da Morte e continuar em pé já me deixava orgulhoso. Fiz uma pausa, fui a um banheiro de verdade e troquei de roupa. Meus pés estavam mais inchados do que eu previra, e meu dedão do pé direito havia passado horas em atrito com a lateral do tênis, então parar foi um baita alívio. Dava para sentir uma bolha de sangue se formando na lateral do pé esquerdo, mas eu sabia que não podia tirar os tênis. A maioria dos atletas corre a Badwater com um tênis maior que o pé e mesmo assim corta a parte que fica em contato com a lateral do dedão, de modo a deixar espaço para o dedo inchar e minimizar o atrito. Eu não tinha feito isso, e ainda tinha 145 quilômetros pela frente.

Andei durante toda a subida de 29 quilômetros até Towne Pass, a 1.463 metros de altitude. Conforme o previsto, o sol se pôs quando cheguei lá em cima, o ar esfriou e vesti outra camada de roupa. Nas Forças Armadas costumamos dizer que não alcançamos o nível das nossas expectativas, mas sim descemos ao nível do nosso treinamento, e quando eu estava subindo aquela estrada sinuosa, com minha bolha no pé gritando, acabei entrando no mesmo ritmo que fazia nas minhas longas caminhadas pelo deserto ao redor de Niland. Não corri, mas mantive um ritmo bom e cobri bastante terreno.

Eu me ative ao meu roteiro, fiz toda a descida de 14,5 quilômetros correndo, e quem pagou o preço foram meus quadríceps. Eles e meu pé esquerdo. A bolha no meu pé estava aumentando a cada minuto. Eu sentia que ela era praticamente um balão de ar quente. Quem me dera a bolha crescesse para fora do meu tênis, como num desenho animado antigo, e continuasse a inflar até me carregar voando, para o meio das nuvens, e me depositar no cume de Mount Whitney.

Mas não. Continuei caminhando e, tirando minha equipe, que entre outras pessoas incluía minha mulher (Kate era a chefe de equipe) e minha mãe, não vi mais ninguém. Eu estava numa corrida sem fim, marchando sob um céu que era um domo negro cintilante de estrelas. Estava caminhando havia tanto tempo que imaginava que a qualquer momento um enxame de corredores fosse se materializar e me deixar na poeira. Só que ninguém apareceu. O único indício de vida no planeta dor era o ritmo da minha própria respiração quente, a queimação da minha bolha de desenho animado e os faróis altos e luzes vermelhas traseiras dos carros de passeio que zuniam pelas estradas na noite da Califórnia. Isso até o sol estar prestes a nascer e um enxame finalmente chegar, no quilômetro 177.

Eu estava exausto e desidratado, coberto de suor, sujeira e sal, quando as mutucas começaram a me atacar, uma depois da outra. Duas viraram quatro, depois dez, depois quinze. Elas batiam com as asas na minha pele, picavam minhas coxas e entravam nos meus ouvidos. Foi uma cena bíblica, minha derradeira provação. Minha equipe se revezava para espantar as moscas para longe de mim com uma toalha. Eu já estava batendo meu recorde pessoal. Tinha percorrido mais de 177 quilômetros a pé, e faltando "apenas" 40 quilômetros não havia nenhuma chance de aquelas mutucas infernais me fazerem parar. Ou será que havia? Continuei marchando, e minha equipe continuou espantando mutucas por mais 13 quilômetros!

Desde que tinha visto Akos correndo para longe de mim depois do quilômetro 27, só voltei a ver outro corredor da Badwater no quilômetro 196, quando Kate parou o carro ao meu lado.

– Scott Jurek está 3 quilômetros atrás de você – disse ela.

A corrida tinha começado mais de 26 horas antes e Akos já tinha terminado, mas o fato de Jurek ainda estar me alcançando significava que o meu tempo devia ter sido bom para caramba. Eu não tinha corrido muito, mas todas aquelas caminhadas em Niland tinham tornado meu passo de caminhada rápido e forte. Eu conseguia andar 1 quilômetro em pouco mais de nove minutos, e comia andando para poupar tempo. Depois de terminada a corrida, quando examinei os tempos parciais e totais de todos os competidores, percebi que meu maior medo, o calor, na verdade tinha me ajudado. Ele era o grande equalizador. Tornava os corredores velozes lentos.

Ter Jurek no meu encalço foi minha inspiração para dar tudo de mim ao entrar em Whitney Portal Road e começar a última subida de 21 quilômetros. Retomei minha estratégia anterior à corrida de atacar as subidas andando e correr nas partes planas, conforme a estrada serpenteava feito uma cobra em direção às nuvens. Jurek não estava me perseguindo, mas estava na minha cola. Akos tinha terminado em 25 horas e 58 minutos, e

Jurek não tivera seu melhor desempenho naquele dia. A janela da sua tentativa de vencer novamente a Badwater estava se fechando, mas ele tinha a vantagem tática de já saber o tempo total de Akos. E sabia também seus tempos parciais. Akos não tivera direito a esse luxo, e em algum ponto da rodovia tinha parado para um cochilo de meia hora.

Jurek não vinha sozinho. Ele tinha um *pacer*, um corredor formidável chamado Dusty Olson, que não largava do seu pé. Diziam que Olson tinha corrido pelo menos 113 quilômetros do percurso. Ouvi os dois se aproximando por trás, e toda vez que a estrada ficava reta dava para vê-los logo ali. Por fim, no quilômetro 206, no trecho mais íngreme da estrada mais íngreme de todo aquele percurso brutal, eles ficaram logo atrás de mim. Parei de correr, saí da frente e aplaudi sua passagem.

Naquela época, Jurek era o ultramaratonista mais veloz de todos os tempos, mas, com a corrida adiantada como estava, sua velocidade não chegava a ser elétrica. Era consistente, isso sim. A cada passo decidido ele ia mordendo um pedaço daquela montanha imponente. Estava usando um short preto de corrida, uma camiseta regata azul e um boné de beisebol branco. Atrás dele, Olson tinha os cabelos na altura dos ombros presos com uma bandana, e o restante da sua roupa era igual. Jurek era a mula, e Olson estava montado nela.

– Vamos lá, Jurek! Vamos lá! Esta corrida é sua – dizia Olson enquanto eles passavam por mim. – Não tem ninguém melhor do que você! Ninguém!

Olson não parava de falar, lembrando a Jurek que ele tinha mais para dar, e eles se afastaram correndo na minha frente. Jurek obedeceu e continuou subindo a montanha a toda velocidade. Ele estava dando tudo de si naquele asfalto inclemente. Era algo incrível de se ver.

Jurek acabou vencendo a edição de 2006 da Badwater ao concluir o percurso em 25 horas e 41 minutos, dezessete minutos a menos do que Akos (que deve ter se arrependido muito daquele cochilo rápido, mas isso não era problema meu). Já eu tinha minha própria corrida para terminar.

Whitney Portal Road sobe serpenteando um terreno rochoso escarpado por 16 quilômetros antes de adentrar as sombras de grupos cada vez mais densos de cedros e pinheiros. Energizado por Jurek e sua equipe, fiz a maior parte dos últimos 11 quilômetros correndo. Usei o quadril para impulsionar as pernas para a frente e cada passo era um sofrimento, mas após 30 horas, 18 minutos e 54 segundos correndo, andando, suando e sofrendo parti a fita de chegada sob os aplausos de uma pequena multidão. Eu tinha pensado em desistir trinta vezes. Tivera que rastejar mentalmente ao longo daqueles 217 quilômetros, mas noventa corredores competiram nesse dia e eu cheguei em quinto lugar.

Akos e eu depois da minha segunda Badwater, em 2007: fiquei em terceiro lugar, e Akos outra vez em segundo

Caminhei me arrastando até um aclive de grama na floresta, e deitei de costas num leito de agulhas de pinheiro enquanto Kate desamarrava meus cadarços. A bolha tinha se alastrado por todo o meu pé esquerdo. Era tão grande que parecia um sexto dedo, da mesma cor e textura de um chiclete de cereja. Olhei aquilo maravilhado enquanto ela desenrolava a atadura de compressão do meu pé. Então fui cambaleando até o pódio para receber minha medalha de Kostman. Tinha acabado de concluir uma das corridas mais difíceis do planeta Terra.' Já tinha visualizado aquele instante no mínimo dez vezes e pensado que fosse ficar em êxtase. Mas não.

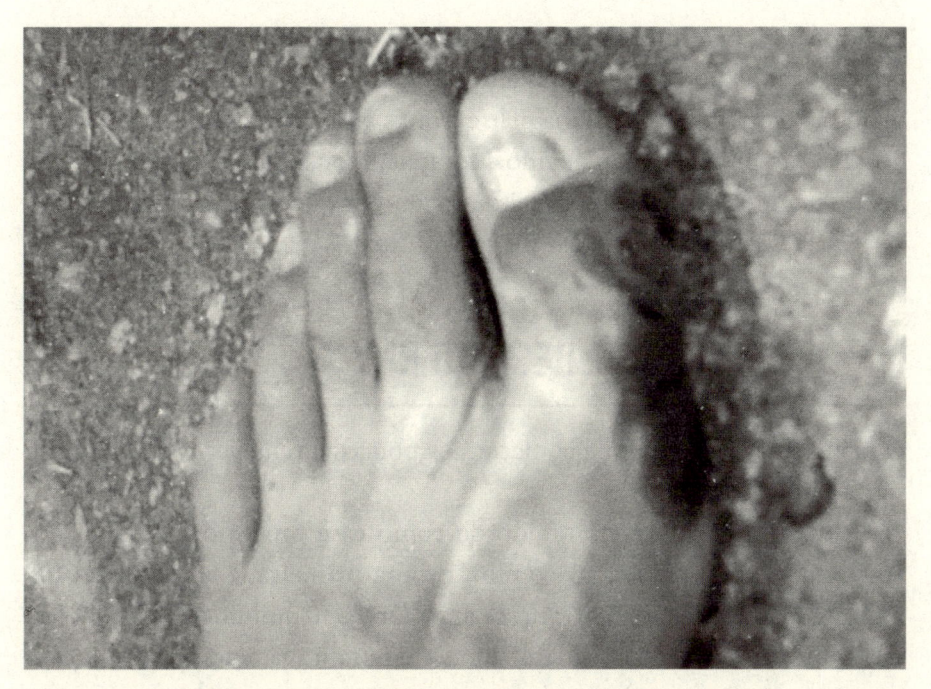

Bolha no meu dedão do pé depois da Badwater

Kostman me entregou minha medalha, apertou minha mão e me entrevistou para o público, mas eu estava lá só pela metade. Enquanto ele falava, me lembrei da última subida e de um desfiladeiro a quase 2.500 metros de altitude, de onde se tinha uma vista surreal. Dava para ver tudo até o Vale da Morte. Perto do fim de mais uma jornada terrível, pude ver de onde tinha saído. Aquela era a metáfora perfeita para a contradição que era a minha vida. Mais uma vez eu estava arrasado, destruído de vinte formas diferentes, mas tinha superado mais uma evolução, mais uma provação, e minha recompensa era muito maior do que uma medalha e alguns minutos segurando o microfone de Kostman.

Minha recompensa era um patamar completamente novo.

Fechei os olhos e vi Jurek e Olson, Akos e Karl Meltzer. Todos eles tinham algo que eu não tinha. Eles entendiam como extrair cada última gota de energia e se colocar na situação de poder vencer as ultramaratonas mais difíceis do mundo. Estava na hora de eu buscar aquele sentimento para mim. Tinha me preparado feito um louco. Conhecia a mim mesmo e conhecia o terreno. Tinha conseguido derrotar a mentalidade da desistência, responder às perguntas básicas e continuar na corrida, mas havia mais a fazer. Eu ainda podia subir mais alto. Uma brisa fresca fez as árvores farfalharem, secou o suor da minha pele e trouxe alívio para meus ossos doloridos. Ela sussurrou no meu ouvido e compartilhou comigo um segredo, que ficou ecoando no meu cérebro feito um tambor que não parava de bater.

*Não existe linha de chegada, Goggins. Não existe linha de chegada.*

## DESAFIO Nº 7

O principal objetivo aqui é começar aos poucos a remover o limitador do seu cérebro.

Primeiro, um lembrete rápido de como esse processo funciona. Em 1999, quando eu pesava 135 quilos, minha primeira corrida foi de 400 metros. Avancemos até 2007: nesse ano, corri 330 quilômetros em 39 horas ininterruptas. Não cheguei lá da noite para o dia, e tampouco espero isso de você. O seu trabalho é ultrapassar o ponto em que normalmente pararia.

Quer esteja correndo numa esteira ou fazendo uma série de flexões, vá até o ponto em que seu cansaço e sua dor são tais que sua mente lhe implore para parar. Então se force a avançar só mais 5 ou 10%. Se o máximo de flexões que você já fez numa sessão foi 100, faça 105 ou 110. Se você em geral corre 48 quilômetros por semana, corra 10% a mais na próxima.

Esse incremento gradual ajudará a prevenir lesões e permitirá ao seu corpo e à sua mente irem se adaptando lentamente à sua nova carga. Ele vai também reposicionar sua linha de base, o que é importante porque você está prestes a aumentar sua carga mais 5 a 10% na semana seguinte, e outra vez na semana depois dessa. Os desafios físicos envolvem tanta dor e tanto sofrimento que o melhor treino é conseguir controlar seu diálogo interno, e a nova força e autoconfiança mental que você vai ganhar se continuar se forçando a se superar fisicamente transbordará para os outros aspectos da sua vida. Você vai perceber que, se estava tendo um desempenho aquém do que poderia nos seus desafios físicos, há uma boa chance de que seu desempenho nos estudos e no trabalho também esteja aquém do que poderia.

O fato é que a vida é um grande jogo mental. A única pessoa contra a qual você está jogando é você mesmo. Persista nesse processo, e em pouco tempo aquilo que julgava impossível será algo que você vai fazer todos os dias da sua vida. Quero ouvir sua história. Poste nas redes sociais. Hashtags: #canthurtme #The40PercentRule #dontgetcomfortable [A Regra dos 40%; não fique confortável].

# CAPÍTULO OITO

# NÃO É PRECISO TALENTO

Na noite anterior ao primeiro triatlo de longa distância da minha vida, eu estava com minha mãe no deque de uma imensa mansão de 7 milhões de dólares na praia, em Kona, admirando o luar refletido no mar. A maioria das pessoas conhece Kona, a linda cidade no litoral oeste do Havaí, graças ao Campeonato Mundial de Ironman e aos triatlos de modo geral. Embora existam muitos outros triatlos de distância olímpica e triatlos de velocidade mais curtos mundo afora, foi o Ironman que pôs o esporte no radar internacional. A prova começa com 3.800 metros de natação, seguida por 180 quilômetros de ciclismo e termina com uma maratona. Somada a ventos fortes que vivem mudando de direção e corredores de calor abrasadores refletidos por áridos campos de lava, a corrida reduz a maioria dos competidores a feridas abertas do mais intenso sofrimento, mas eu não estava lá para isso. Fui a Kona competir numa forma menos conhecida de masoquismo ainda mais intenso. Eu estava lá para disputar o título do Ultraman.

Ao longo dos três dias seguintes, nadaria 10 quilômetros, pedalaria mais 420 quilômetros e correria uma dupla maratona, que percorreria todo o perímetro da Grande Ilha do Havaí. Mais uma vez estava angariando fundos para a fundação Special Operations Warrior e, como eu fora tema de reportagens e dera entrevista para a televisão depois da Badwater, havia sido convidado por um multimilionário que não me conhecia para ficar hospedado no seu inacreditável palácio de praia antes do Campeonato Mundial de Ultraman, em novembro de 2006.

Fora um gesto generoso, mas eu estava tão focado em me tornar a melhor versão possível de mim mesmo que aquele luxo todo não me impressionou. Na minha mente, eu ainda não tinha conquistado nada. Na verdade, ficar hospedado naquela casa só fez aumentar meu ressentimento. Antigamente, ele jamais teria me convidado para relaxar em meio ao luxo de Kona. Só tinha me convidado porque eu me tornara alguém que um cara rico como ele queria conhecer. Mesmo assim, gostava da ideia de poder mostrar uma vida melhor para minha mãe, e sempre que me ofereciam uma provinha eu a convidava para ir comigo. Minha mãe tinha suportado mais dor do que qualquer outra pessoa que eu conhecia, e eu queria lembrá-la de que tínhamos saído da sarjeta – enquanto eu mesmo nunca a perdia de vista. Nós não morávamos mais num imóvel de 7 dólares mensais em Brazil, mas eu continuava pagando esse aluguel, e continuarei pagando pelo resto da vida.

A largada da competição seria da praia ao lado do píer no centro de Kona, a mesma do Mundial de Ironman, mas na nossa não havia muita gente assistindo. Eram só trinta atletas na competição inteira, comparados a mais de 1.200 no Ironman! O grupo era tão pequeno que eu pude olhar cada um dos meus adversários nos olhos e avaliá-los, e foi assim que reparei no homem mais casca-grossa daquela praia. Nunca cheguei a descobrir o nome dele, mas me lembrarei dele para sempre porque ele estava numa cadeira de rodas. Isso, sim, é que é coragem. Aquele homem tinha uma presença que ia muito além de sua estatura.

Ele era imenso!

Desde que começara no BUD/S eu vinha buscando gente assim. Homens e mulheres com uma forma incomum de pensar. Uma das coisas que me surpreendeu nas operações especiais das Forças Armadas foi que alguns dos seus integrantes levavam uma vida muito convencional. Eles não ficavam tentando se superar todos os dias, e eu queria estar ao lado de pessoas que pensassem e treinassem de forma incomum 24 horas por dia, sete dias por semana, não só quando o dever chamava. Aquele homem tinha todas as desculpas do mundo para ficar em casa, mas não: estava prestes a participar de uma das provas por etapas mais difíceis do mundo, algo que 99,9% do público nem sequer cogitaria fazer – e tudo isso usando só os braços! Para mim esse era o significado das ultramaratonas, e por esse motivo me viciei nesse mundo depois de correr a Badwater. Para praticar aquele esporte não era preciso talento. Tudo se resumia a coragem e trabalho duro, e os desafios incansáveis não paravam de se suceder e de exigir sempre mais.

O que não significa que eu estivesse bem-preparado para aquela prova. Ainda não tinha minha própria bicicleta; tinha pegado uma emprestada com um amigo três semanas antes. Era uma Griffen, uma bike caríssima feita sob medida para o meu amigo, que era ainda maior do que eu. Também peguei emprestadas suas sapatilhas de ciclismo, tão grandes que quase pareciam sapatos de palhaço. Preenchi o espaço que ficou sobrando com meias grossas e atadura de compressão, e não me dei ao trabalho de aprender nada sobre mecânica de bicicleta antes de partir para Kona. Trocar pneus, consertar correntes e raios, eu ainda não tinha aprendido nenhuma dessas coisas que hoje sei fazer. Simplesmente peguei a bike emprestada e pedalei mais de 1.600 quilômetros nas três semanas que antecederam o Ultraman. Acordava às quatro da manhã e pedalava 160 quilômetros antes do trabalho. Nos finais de semana, pedalava 200, desmontava da bicicleta e corria uma maratona, mas só nadei três vezes ao longo do treinamento, duas das quais em mar aberto – e no ringue do ultra todas as suas fraquezas são reveladas.

Eu deveria ter conseguido concluir o percurso de 10 quilômetros de natação em cerca de duas horas e meia, mas levei mais de três, e doeu à beça. Estava usando uma roupa de mergulho sem mangas para melhorar a flutuação, mas ela me apertava debaixo do braço, e em questão de meia hora minhas axilas começaram a ficar em carne viva. Uma hora depois, a borda salgada do traje tinha se transformado numa lixa que rasgava minha pele a cada braçada. Eu ia trocando de crawl para peito e outra vez para crawl, desesperado para encontrar um conforto que nunca vinha. Cada giro dos braços lanhava e tirava sangue da minha pele em ambos os lados.

Além disso, o mar estava extremamente agitado. Eu bebia água, meu estômago saltava para um lado e para o outro feito um peixe sufocando fora d'água, e vomitei no mínimo uma meia dúzia de vezes. Por causa da dor, da minha falta de habilidade e da forte correnteza, nadei numa linha sinuosa que acabou se esticando até 12 quilômetros. Tudo isso para concluir o que deveria ter sido um percurso de 10 quilômetros. Quando saí da água cambaleando, minhas pernas pareciam geleia e minha visão balançava feito uma gangorra num terremoto. Tive que me deitar, depois ir engatinhando até a parte de trás dos banheiros, onde tornei a vomitar. Outros nadadores se reuniram na área de transição, subiram no selim e saíram pedalando rumo aos campos de lava num piscar de olhos. Ainda tínhamos 145 quilômetros para pedalar até o fim do dia, e eles já estavam começando enquanto eu ainda estava de joelhos. Bem na hora, aquelas perguntas básicas borbulharam de volta à superfície.

**Saindo da água no Ultraman**

*Que diabos estou fazendo aqui?*
*Eu não sou triatleta!*
*Estou todo em carne viva (o corpo inteiro, literalmente!), passando supermal, e a primeira parte do pedal é uma subida!*
*Por que você continua fazendo isso consigo mesmo, hein, Goggins?*

Eu parecia uma criança choramingosa, mas, como sabia que um pouco de conforto ajudaria, não liguei para os outros atletas que fizeram a transição sem qualquer dificuldade. Precisava me concentrar em conseguir ficar em pé e frear minha mente descontrolada. Primeiro comi alguma coisa, um pouquinho de cada vez. Depois tratei os cortes debaixo dos braços. A maioria dos triatletas não troca de roupa. Eu troquei. Vesti um short de ciclismo confortável e uma camiseta de lycra, e quinze minutos mais tarde estava de pé, sentado no selim, subindo em direção aos campos de lava. Nos primeiros vinte minutos continuei enjoado. Pedalava e vomitava, me hidratava e tornava a vomitar. Durante esse tempo todo, dei a mim mesmo um único objetivo: continuar no páreo! Continuar por tempo suficiente para encontrar algum ponto de apoio.

Passados 16 quilômetros, quando a estrada começou a galgar a encosta de um gigantesco vulcão e a inclinação aumentou, consegui superar o enjoo e ganhei velocidade. Ciclistas surgiram à minha frente como aeronaves num radar, e eu os fui ultrapassando um por um. A vitória era um elixir milagroso. Toda vez que eu ultrapassava outro ciclista, ia ficando menos enjoado. Estava em 14º lugar ao montar na bicicleta, mas quando cheguei perto do final desse trecho de 145 quilômetros só havia um único competidor na minha frente: Gary Wang, o favorito da prova.

Enquanto eu pedalava na velocidade máxima em direção à linha de chegada, vi um repórter e fotógrafo da revista *Triathlete* entrevistando Wang. Ninguém esperava me ver tão perto assim do líder, e todos me observaram com atenção. Nos quatro meses desde a Badwater, eu muitas vezes sonhara ter condições de vencer uma ultramaratona, e quando passei por Gary e por aqueles jornalistas soube que esse momento tinha chegado – e minhas expectativas dispararam.

Na manhã seguinte nos apresentamos para a segunda etapa: uma pedalada pelo meio das montanhas de 275 quilômetros em direção ao litoral oeste, ida e volta. Gary Wang tinha um amigo na competição chamado Jeff Landauer, também conhecido como Tubarão Terrestre, e os dois pedalavam juntos. Gary já tinha competido naquele circuito e conhecia o terreno. Eu não, e por volta do quilômetro 160 estava cerca de seis minutos atrás dos líderes.

Como de costume, minha equipe de apoio de duas pessoas eram Kate e minha mãe. Do acostamento da estrada, elas me passavam garrafinhas de água, sachês de gel energético e bebidas proteicas, que eu consumia sem parar de pedalar para manter meus níveis de glicogênio e eletrólitos. Desde aquela tragédia em San Diego, tinha adotado uma abordagem bem mais científica em relação à minha nutrição e, com a maior subida do dia se aproximando, eu precisava estar pronto para dar tudo. Numa bicicleta, montanhas geram dor – e a dor era a minha especialidade. Quando a inclinação atingiu o máximo, baixei a cabeça e pedalei com a maior força que consegui. A cada respiração meus pulmões arfavam até virarem do avesso.

Meu coração era uma linha de contrabaixo constante tocando. Quando superei a crista da montanha, minha mãe parou do meu lado e berrou:

– David, você está a dois minutos dos líderes!

Positivo!

Encolhi-me numa posição aerodinâmica e disparei ladeira abaixo a quase 65km/h. Minha Griffen emprestada tinha apoios de guidão para triatlo, e debruçado neles concentrei-me unicamente na linha branca pontilhada e na perfeição da minha forma. Quando a estrada se aplainou, dei tudo de mim e mantive um ritmo de mais de 43km/h. Eu tinha cravado um anzol industrial em Tubarão Terrestre e seu amigo, e os estava puxando na minha direção.

Até meu pneu dianteiro estourar.

Antes de ter tempo de reagir, fui ejetado da bicicleta e dei uma cambalhota no ar por cima do guidão. Tudo aconteceu em câmera lenta, mas o tempo tornou a se acelerar quando me espatifei no chão e meu ombro foi esmagado com uma força brutal. A lateral do meu rosto derrapou no asfalto até eu parar de deslizar, e rolei de costas, chocado. Minha mãe pisou fundo no freio, pulou do carro e veio correndo. Eu estava sangrando em cinco lugares, mas parecia não ter quebrado nada. A não ser meu capacete, que tinha se partido ao meio, os óculos – estilhaçados – e minha bicicleta.

Eu tinha passado por cima de um parafuso, que furou o pneu, a câmara e o aro da roda. Não dei atenção ao ralado, à dor no ombro nem ao sangue que escorria do meu ombro e da bochecha. Eu só conseguia pensar naquela bicicleta. Mais uma vez, eu estava despreparado! Não tinha peças sobressalentes nem fazia a menor ideia de como trocar uma câmara ou um pneu. Tinha alugado uma bicicleta reserva que estava no carro alugado da minha mãe, mas, em comparação com a Griffen, era pesada e lenta; não tinha sequer pedais em que eu pudesse prender as sapatilhas. Então chamei o mecânico oficial da prova para avaliar a Griffen. Enquanto esperávamos, os segundos foram se acumulando e se tornaram vinte preciosos minutos. Quando chegaram, os mecânicos tampouco tinham peças para consertar minha roda dianteira, de modo que subi na minha bicicleta reserva trambolhenta e segui pedalando.

Tentei não pensar em azar ou oportunidades perdidas. Precisava terminar bem e chegar a uma colocação competitiva até o fim do dia, porque o terceiro dia traria uma dupla maratona, e eu estava convencido de ser o melhor corredor da competição. A 26 quilômetros da linha de chegada, o mecânico de bicicleta me encontrou. Ele tinha consertado a minha Griffen! Troquei de bike pela segunda vez e ganhei oito minutos em relação aos líderes, concluindo o dia em terceiro lugar, a 22 minutos da liderança.

Montei uma estratégia simples para o terceiro dia. Começar com força total e ganhar bastante gordura em relação a Gary e ao Tubarão Terrestre, para que, quando alcançasse o impasse inevitável, tivesse distância suficiente para me manter na frente até a linha de chegada. Em outras palavras: eu não tinha estratégia nenhuma.

Comecei a corrida num ritmo classificatório para a Maratona de Boston. Imprimi força total, pois queria que meus adversários ficassem sabendo dos meus tempos parciais e me entregassem sua alma à medida que eu fosse aumentando aquela vantagem que planejara. Sabia que iria "quebrar" em algum momento. A vida nas ultras é assim. Só estava torcendo para isso acontecer tarde o suficiente na corrida para Gary e o Tubarão Terrestre se contentarem em disputar o segundo lugar entre si, e perderem qualquer esperança de conquistar o título geral.

Não foi bem assim que as coisas aconteceram.

No quilômetro 56, eu já estava em sofrimento, caminhando mais do que correndo. No quilômetro 64, vi ambos os veículos inimigos encostarem para os chefes de equipe poderem dar uma olhada no meu estado. Eu estava exibindo só fraquezas, o que deu munição a Gary e ao Tubarão Terrestre. Os quilômetros avançavam muito devagar. Minha vantagem estava se esvaindo como numa hemorragia. Por sorte, no quilômetro 72, Gary também tinha chegado ao seu limite, mas o Tubarão Terrestre estava inteiraço, ainda no meu encalço, e eu não tinha mais nada para enfrentá-lo. Em vez disso, enquanto eu sofria e cambaleava em direção ao centro de Kona, minha vantagem foi se evaporando.

No fim das contas, o Tubarão Terrestre me ensinou uma lição vital. Desde o primeiro dia, ele tinha feito a própria prova, preocupado unicamente com o próprio desempenho. Meu estirão inicial do terceiro dia não o abalou. Ele ficou contente ao vê-lo como a estratégia equivocada que de fato era, concentrou-se no próprio ritmo, esperou que eu chegasse ao meu limite e capturou a *minha* alma. Eu fui o primeiro atleta a cruzar a linha de chegada do Ultraman nesse ano, mas no relógio eu não era nenhum vencedor. Embora tenha chegado em primeiro na corrida, perdi por dez minutos no percurso total e fiquei em segundo. O Tubarão Terrestre foi coroado Ultraman!

Observei-o comemorar sabendo exatamente como tinha perdido a oportunidade de vencer. Eu tinha perdido minha vantagem inicial. Nunca chegara a avaliar a competição de um ponto de vista estratégico, e não tinha organizado nenhum *backstop*. Os *backstops*, ou "paradas reversas", são uma ferramenta versátil da qual lanço mão em todos os aspectos da vida. Quando estava servindo no Iraque como SEAL eu era navegador principal, e *backstop* é um termo de navegação. Refere-se a uma marca que eu fazia no meu mapa, um alerta de que tínhamos deixado de fazer uma curva ou nos desviado do caminho certo.

Digamos que você esteja atravessando uma mata e precise avançar 1 quilômetro em direção a uma crista de morro, depois fazer uma curva. Nas Forças Armadas, nós estudávamos o mapa com antecedência e marcávamos a curva em nossos mapas, então outro ponto uns 200 metros depois da curva e um terceiro ponto a uns 150 metros da segunda marca. Esses últimos pontos eram os *backstops*. Eu em geral usava características do próprio terreno, como estradas, córregos, uma montanha grande na zona rural ou construções importantes num contexto urbano, para que, se chegássemos nelas, soubéssemos que tínhamos nos desviado do caminho certo. É para isso que servem os *backstops*: para avisar que está na hora de dar meia-volta, reavaliar a situação e escolher um caminho alternativo para cumprir a mesma missão. Eu nunca saía de nossa base no Iraque sem ter pelo menos três estratégias de saída. Uma rota principal e duas outras, associadas a *backstops*, às quais pudéssemos recorrer caso a primeira ficasse comprometida.

No terceiro dia do Ultraman, tentei vencer por simples força de vontade. Fui só motor, sem intelecto nenhum. Não avaliei minha condição física, não respeitei a determinação do meu oponente nem administrei o tempo. Não tinha estratégia principal, quanto mais rotas alternativas rumo à vitória, por isso não fazia ideia de onde usar os *backstops*. Em retrospecto, eu deveria ter prestado mais atenção no meu próprio tempo, e meus *backstops* deveriam ter sido os meus tempos parciais. Quando vi como estava indo rápido naquela primeira maratona, deveria ter ficado alarmado e pegado mais leve. Uma primeira maratona mais lenta teria me deixado energia de sobra para descer o sarrafo quando estivéssemos de volta aos campos de lava no percurso do Ironman, a caminho da linha de chegada. É nessa hora que se capturam almas: no final de uma prova, não no começo. Eu tinha corrido muito, mas, se tivesse corrido de um modo mais inteligente e administrado melhor a situação da bicicleta, poderia ter dado a mim mesmo uma chance maior de vencer.

Mesmo assim, ficar em segundo lugar num Ultraman não era nenhuma tragédia. Eu tinha angariado um bom dinheiro para famílias necessitadas e conseguido mais algumas matérias elogiosas para os SEALs nas revistas *Triathlete* e *Competitor*. Na Marinha, isso chamou a atenção dos meus superiores. Fui chamado para uma reunião com Ed Winters, almirante de duas estrelas e chefe do Comando de Guerra Naval Especial. Quando um alistado fica sabendo que um almirante quer conversar com ele, ele fica extremamente nervoso. Não é para isso acontecer. A cadeia de comando existe justamente para impedir conversas entre contra-almirantes e soldados alistados como eu. Sem qualquer aviso, tudo isso tinha sido ignorado, e tive a sensação de que a culpa era minha.

Graças à minha repercussão positiva na imprensa, em 2007 eu recebera a ordem de integrar a divisão de recrutamento, e quando fui chamado à sala do almirante já tinha falado várias vezes em público em nome dos Navy SEALs. Só que eu era diferente dos outros recrutadores. Não fazia apenas repetir o script da Marinha. Eu sempre incluía minha própria história de vida. Enquanto esperava para entrar na sala do almirante, fechei os olhos e consultei os arquivos da minha memória, tentando descobrir quando e como havia cometido algum erro e constrangido os SEALs. Sentado rígido e alerta, eu era um retrato da tensão e estava encharcando meu uniforme de suor quando ele abriu a porta da sala.

– Goggins, que prazer! Pode entrar – disse ele.

Abri os olhos, acompanhei-o para dentro da sala e me mantive reto feito uma flecha, imóvel em posição de sentido.

– Sente-se – convidou ele com um sorriso, indicando uma cadeira virada de frente para sua mesa.

Sentei-me, mas mantive a mesma postura e evitei qualquer contato visual. O almirante Winters me olhou de cima a baixo.

Ele tinha 50 e poucos anos e, embora parecesse relaxado, sua postura era perfeita. Tornar-se almirante significa elevar-se acima de dezenas de milhares de outros. Ele era SEAL desde 1981, Oficial de Operações no DEVGRU e comandante no Afeganistão e no Iraque. Superava os outros a cada passo do caminho, e era um dos homens mais fortes, inteligentes, astutos e carismáticos que a Marinha já tinha visto. Ele também se encaixava num determinado padrão. O almirante Winters não poderia ter tido um percurso mais convencional, enquanto eu era o mais anticonvencional que dá para ser na Marinha dos Estados Unidos.

– Pode relaxar – atalhou ele. – Você não se meteu em nenhuma encrenca. Está fazendo um ótimo trabalho no recrutamento. – Ele indicou uma pasta sobre a sua mesa em tudo o mais impecavelmente organizada. Nela havia recortes de algumas das matérias nas quais eu aparecera. – Está nos representando superbem. Mas precisamos conseguir alcançar melhor alguns homens, e eu estava torcendo para você nos ajudar.

Foi nessa hora que a minha ficha enfim caiu. Um almirante de duas estrelas estava precisando da minha ajuda.

O problema que enfrentávamos como organização, disse ele, era que éramos péssimos em recrutar afro-americanos para as equipes SEAL. Isso eu já sabia. Apesar de sermos 13% da população total dos Estados Unidos, as pessoas pretas representavam apenas 1% de todas as forças especiais. Eu era apenas o 36º afro-americano a ter concluído o BUD/S, e um dos motivos para isso era que não estávamos indo aos melhores lugares recrutar homens pretos para as equipes de SEALs – e tampouco tínhamos os recrutadores certos. As Forças Armadas gostam de se considerar uma meritocracia pura (o que não são!), por isso essa questão foi ignorada por décadas. Recentemente liguei para o almirante Winters, e ele fez a seguinte declaração sobre o problema, originalmente apontado pelo Pentágono durante o segundo governo Bush e enviado para a mesa do almirante para ser sanado:

– Nós estávamos perdendo oportunidades de trazer grandes atletas para as equipes e melhorá-las – disse ele –, e havia lugares para os quais precisávamos mandar soldados em que, se eles tivessem a minha aparência, seriam comprometidos.

No Iraque, o almirante Winters se destacou formando forças contraterroristas de elite. Essa é uma das principais missões das forças especiais: treinar unidades militares aliadas para que elas possam controlar cânceres sociais como o terrorismo e o tráfico de drogas e manter a estabilidade dentro das fronteiras. Em 2007, a Al Qaeda já conseguira penetrar na África, aliando-se a redes extremistas existentes no continente, entre as quais o Boko Haram e o al Shabaab, e havia boatos sobre formar forças contraterroristas na Somália, no Chade, na Nigéria, no Mali, em Camarões, Burkina Faso e na Nigéria. Nossas operações na Nigéria chegaram ao noticiário internacional em 2018, quando quatro soldados de operações especiais americanos foram mortos numa emboscada, o que atraiu a atenção do público para a missão. Mas em 2007 quase ninguém sabia que estávamos a ponto de entrar em cena na África ocidental ou que nos faltava pessoal para fazer isso. Sentado ali no escritório do almirante, o que ouvi foi que finalmente havia chegado o momento em que precisávamos de pessoas pretas nas forças especiais, e nossos líderes militares não tinham a menor ideia de como atender a essa demanda e atrair mais de nós para o serviço.

Todas essas informações eram novas para mim. Eu não sabia nada sobre a ameaça africana. Os únicos territórios hostis que eu conhecia eram Afeganistão e Iraque. Isso até o almirante Winters me confiar toda uma nova missão – e o problema das Forças Armadas se tornar problema meu. Eu me reportaria ao meu capitão e a ele, disse o almirante, e cairia na estrada para visitar dez a doze cidades por vez com o objetivo de aumentar o número de recrutas não brancos.

Fizemos a primeira parada dessa missão juntos. Foi na Universidade Howard, em Washington, capital, sem dúvida a mais conhecida universidade negra dos Estados Unidos. Estávamos lá para falar com o time de futebol americano e, embora eu não soubesse quase nada sobre instituições de ensino superior historicamente negras, sabia que seus alunos em geral não eram do tipo que considerava as Forças Armadas uma boa escolha de carreira. Graças à história do nosso país e ao racismo generalizado que ainda perdura, o pensamento político nessas instituições tende a se situar à esquerda, e se você estiver recrutando para os Navy SEALs certamente há lugares melhores do que o campo de treinamento da Howard para encontrar um jovem interessado. Mas aquele novo foco exigia trabalhar em território hostil, não gerar entusiasmo de massa. Estávamos em busca de um ou dois ótimos recrutas em cada parada.

O almirante e eu entramos no campo de uniforme, e notei desconfiança e desprezo no olhar das pessoas que nos receberam. O almirante Winters planejara me apresentar, mas a recepção gélida que tivemos me disse que precisávamos escolher outro caminho.

– No começo você ficou tímido – recordou o almirante Winters. – Mas, quando chegou a hora de falar, olhou para mim e disse: "Pode deixar comigo, almirante."

Fui logo contando a minha história de vida. Contei para aqueles atletas tudo que já narrei aqui e disse que estávamos em busca de caras determinados. Homens que soubessem que o amanhã seria difícil e o dia seguinte também, e que acolhessem cada desafio de braços abertos. Homens que quisessem se tornar atletas melhores, mais inteligentes e mais capazes em todos os aspectos da vida. Nós queríamos caras ávidos por honra e propósito, e que tivessem a mente aberta o bastante para encarar seus medos mais profundos.

– Quando você terminou, dava para ouvir um alfinete cair no chão – lembrou o almirante Winters.

Desse dia em diante, pude controlar minha própria agenda e o orçamento, e ganhei liberdade para agir, contanto que batesse determinadas metas de recrutamento. Tive que desenvolver meu próprio material e, como sabia que a maioria das pessoas não pensava algum dia poder se tornar um Navy SEAL, ampliei a mensagem. Queria que todos que me escutassem soubessem que, mesmo que não caminhassem na nossa direção, ainda assim poderiam se tornar mais do que imaginavam. Certifiquei-me de narrar minha vida inteirinha, para que, se alguém tivesse alguma desculpa, minha história pudesse neutralizá-la. Meu principal objetivo era transmitir a esperança de que, com ou sem as Forças Armadas, qualquer um podia mudar a própria vida, contanto que mantivesse a mente aberta, abandonasse o caminho de menor resistência e procurasse enfrentar as tarefas mais difíceis e mais desafiadoras que conseguisse encontrar. Eu estava garimpando diamantes brutos iguais a mim.

De 2007 a 2009, passei 250 dias por ano na estrada e falei com 500 mil pessoas em escolas de ensino médio e universidades. Falei em escolas barra-pesada em bairros de alta criminalidade, em dezenas de instituições de ensino superior historicamente negras, e em escolas com todas as culturas, formatos e matizes bem-representados. Tinha percorrido um longo caminho desde o quarto ano do fundamental, quando era incapaz de me levantar diante de uma turma de 20 crianças e dizer meu próprio nome sem gaguejar.

Adolescentes são detectores de mentira ambulantes, mas a garotada que me ouvia falar escutava meu recado porque, em todo lugar por onde eu passava, também participava de uma ultramaratona e usava minhas corridas de treinamento e minhas provas como parte da estratégia de recrutamento geral. Eu costumava chegar à cidade no meio da semana, dava minhas palestras, depois competia no sábado e no domingo. Num período de 2007, corri praticamente uma ultramaratona por fim de semana. Havia provas de 80, de 100 e de 160 quilômetros – outras mais longas também. Para mim, só importava divulgar a lenda dos Navy SEALs que eu tanto amava, e eu queria ser autêntico e de fato personificar nosso espírito.

Eu praticamente tinha dois empregos em tempo integral. Minha agenda vivia lotada e, embora eu soubesse que ter flexibilidade para administrar meu próprio tempo me ajudava a treinar e competir no circuito das ultras, mesmo assim eu trabalhava cinquenta horas por semana, diariamente, de umas 7h30 da manhã até as 5h30 da tarde. Meus treinos não substituíam meus compromissos de trabalho, mas se somavam a eles.

Eu falava em mais de 45 escolas por mês, e depois de cada palestra tinha que preencher um Relatório Pós-Ação (AAR, na sigla em inglês) detalhando quantos eventos distintos havia organizado (palestra em auditório, treinamento físico, etc.), para quantos jovens tinha falado e quantos deles tinham demonstrado real interesse. Esses AARs iam direto para meu capitão e para o almirante.

Aprendi depressa que meu principal acessório era eu mesmo. Às vezes eu usava uma camiseta dos SEALs estampada com o tridente, corria 80 quilômetros para chegar a um compromisso e aparecia suando em bicas. Ou então passava os primeiros 45 minutos da palestra fazendo flexões, ou levava uma barra fixa para o palco e fazia repetições enquanto falava. Isso mesmo: aquilo que você me vê fazendo nas redes sociais não é novidade. Já tem onze anos que eu vivo essa vida!

A cada parada, eu convidava os jovens que estivessem interessados para treinar comigo antes e depois das aulas, ou então para integrar a equipe em uma de minhas ultramaratonas. A notícia foi se espalhando, e em pouco tempo a imprensa – redes de televisão locais, mídia impressa e rádio – começou a dar as caras, especialmente se eu estivesse correndo entre uma cidade e outra para chegar ao compromisso seguinte. Eu precisava ser articulado, ser apresentável e me sair bem nas provas das quais participava.

Lembro-me de chegar ao Colorado na semana da lendária corrida de aventura Leadville 100. O ano letivo tinha acabado de começar, e na minha primeira noite em Denver mapeei as cinco escolas da minha programação em relação às trilhas que desejava percorrer andando ou correndo. Em cada parada, convidava os jovens para treinarem comigo, mas avisava que o meu dia começava cedo. Às três da madrugada eu ia de carro até o começo de alguma trilha, encontrava todos os alunos que se atrevessem a aparecer, e às quatro nós começávamos a subir em marcha acelerada um dos picos de mais de quase 4.300 metros do Colorado. Depois descíamos a montanha na velocidade máxima para fortalecer os quadríceps. Às nove da manhã, chegava a outra escola, então a uma terceira. Depois que o sinal tocava, ia malhar com os times de futebol americano, de atletismo ou natação das escolas que tinha visitado, depois corria de volta para as montanhas e treinava até o sol se pôr. Tudo isso para recrutar os melhores atletas e me aclimatar para a ultramaratona de maior altitude do mundo.

A corrida começou às quatro da manhã num sábado, saindo de Leadville, cidade de classe operária com pistas de esqui, e atravessando uma série de belas e árduas trilhas nas Montanhas Rochosas com altitudes entre 2.804 e 3.840 metros. Quando terminei, às duas horas da madrugada de domingo, um adolescente de Denver que estudava numa das escolas que eu visitara poucos dias antes estava à minha espera na linha de chegada. Não foi uma ótima prova (terminei em 14º lugar, não entre os primeiros cinco como costuma acontecer), mas sempre fiz questão de terminar forte. Quando estava correndo em direção à chegada, ele se aproximou com um largo sorriso no rosto e disse: "Dirigi duas horas só para ver você terminar!"

Lição: você não tem como saber quem está influenciando. Meu resultado sofrível na corrida não significava absolutamente nada para aquele garoto, porque eu tinha ajudado a abrir seus olhos para um mundo novo de possibilidades e capacidades que ele pressentia existir dentro de si próprio. Ele tinha me seguido desde o auditório da sua escola de ensino médio até Leadville por estar em busca de uma prova incontestável – o fato de eu terminar a corrida – de que era *mesmo* possível transcender o comum e ser mais, e enquanto eu descansava e me secava me pediu dicas para um dia conseguir correr o dia e a noite inteiros pelas montanhas perto de sua casa.

Tenho várias histórias como essa. Mais de uma dezena de estudantes apareceu para me incentivar e fazer parte da minha equipe na McNaughton Park Trail Race, uma corrida de 240 quilômetros que acontece nos arredores de Peoria, Illinois. Duas dezenas deles treinaram comigo em Minot, Dakota do Norte. Juntos nós corremos pela tundra congelada antes de o sol nascer em janeiro, com uma temperatura de 29ºC negativos! Certa vez fui falar numa escola num bairro majoritariamente negro de Atlanta, e quando estava indo embora apareceu uma mãe com os dois filhos que havia muito tempo sonhavam em ser Navy SEALs, mas guardavam segredo porque se alistar nas Forças Armadas não era bem-visto no bairro em que moravam. Quando as férias de verão chegaram, paguei a passagem de avião para eles irem treinar comigo em San Diego. Acordava-os às quatro da manhã e tirava o couro deles na praia, como se eles estivessem fazendo uma versão juvenil da Primeira Fase do BUD/S. Eles não se divertiram, mas aprenderam a verdade sobre o que é preciso para personificar o espírito de um SEAL. Aonde quer que eu fosse, estivessem ou não os alunos interessados numa carreira militar, eles sempre perguntavam se tinham a mesma capacidade que eu. Será que conseguiriam correr 160 quilômetros num dia? O que seria preciso para alcançar seu pleno potencial? Eis o que eu lhes respondia.

Nossa cultura se viciou na solução rápida, no truque, na eficiência. Todo mundo vive à caça desse algoritmo de ação simples que permite obter o máximo de lucro com a quantidade mínima de esforço. Não há como negar que, se você tiver sorte, essa atitude poderá lhe valer alguns símbolos do sucesso, mas ela não vai conduzir a uma mente calejada nem ao domínio de si. Se você quiser dominar a própria mente e remover seu limitador, é preciso se viciar em trabalhar duro. Porque a paixão, a obsessão e até mesmo o talento só são ferramentas úteis se você tiver a ética de trabalho necessária para sustentá-los.

Minha ética de trabalho é o fator isolado mais importante de todas as minhas conquistas. Todo o resto é secundário. E quando a questão é dar duro, seja na academia ou no trabalho, o que vale é a Regra dos 40%. Para mim, uma semana de 40 horas é um esforço de 40%. Pode ser satisfatório, mas esse é um sinônimo de mediocridade. Não se contente com uma semana de 40 horas. Uma semana tem 168 horas! Isso significa que você dispõe do tempo necessário para fazer aquelas horinhas a mais no trabalho sem prejudicar seus exercícios. Significa otimizar sua nutrição, ter tempo de qualidade com sua esposa e seus filhos. Significa organizar sua vida como se estivesse numa missão de 24 horas todos os dias.

A desculpa número um que ouço das pessoas quando pergunto por que não se exercitam tanto quanto gostariam é que não têm tempo. Olhe bem: todos nós temos obrigações profissionais, nenhum de nós quer perder horas de sono, e você precisa passar tempo com sua família, senão eles surtam. Eu entendo isso e, se for esse o seu caso, você precisa conquistar as manhãs.

Quando eu era SEAL em tempo integral, aproveitava as horas antes do amanhecer. Enquanto minha mulher dormia, eu saía para correr 10 a 16 quilômetros. Preparava tudo na véspera, deixava meu almoço embalado e minhas roupas de trabalho ficavam no meu armário do trabalho, onde eu tomava banho antes de o expediente começar, às 7h30. Num dia comum, eu saía de casa para correr logo após as 4h e voltava às 5h15. Como isso não me bastava e como nós só tínhamos um carro, percorria de bicicleta (finalmente comprei a minha!) os 40 quilômetros até o trabalho. Trabalhava das 7h30 até o meio-dia e almoçava na minha mesa antes ou depois do meu intervalo de almoço. Durante o intervalo, ia malhar ou correr entre 6 e 10 quilômetros na praia, trabalhava durante a tarde, depois subia na bicicleta para os 40 quilômetros de volta até em casa. Ao chegar em casa, às sete da noite, já tinha corrido cerca de 24 quilômetros, pedalado 80 e trabalhado um expediente inteiro. Chegava sempre em casa para jantar e ia dormir às dez da noite para poder fazer tudo outra vez no dia seguinte. Aos sábados, dormia até as sete, malhava três horas, depois passava o resto do fim de semana com Kate. Se não tivesse corrida, os domingos eram meus dias de recuperação ativa. Eu fazia uma pedalada leve, mantendo um ritmo cardíaco abaixo de 110 batimentos por minuto para estimular o fluxo sanguíneo saudável.

Pode ser que você me ache um caso especial ou um maníaco obsessivo. Tudo bem, não vou discutir. Mas e meu amigo Mike? Ele é um consultor financeiro bem-sucedido em Nova York. Seu trabalho tem muita pressão e o expediente é bem mais longo do que oito horas. Ele tem mulher e dois filhos, e é ultramaratonista. Eis como ele faz: acorda às 4 da manhã diariamente durante a semana, corre de sessenta a noventa minutos antes de a família sair da cama, vai e volta de bicicleta para o trabalho e corre trinta minutinhos na esteira depois de chegar em casa. Faz corridas mais longas nos fins de semana, mas minimizando o impacto nas obrigações familiares.

Mike é poderoso, rico e poderia facilmente manter seu status com menos esforço, saboreando os frutos do próprio trabalho, mas ele encontra um jeito de continuar pegando pesado, porque para ele o mais doce dos frutos é o esforço. E ele consegue criar tempo para tudo minimizando a quantidade de bobagens em sua agenda. Suas prioridades são claras, e ele se mantém dedicado a elas. Todas as horas da semana são dedicadas a uma tarefa específica e, quando cada uma chega, ele se concentra 100% na tarefa em questão. É assim que eu faço também, porque é o único jeito de minimizar as horas desperdiçadas.

Avalie sua vida em sua totalidade! Todos nós gastamos muito tempo fazendo coisas inúteis. Jogamos fora muitas horas nas redes sociais e vendo televisão, o que no final do ano representaria dias e semanas inteiras, se você calculasse o tempo total. E deveria, porque, se soubesse a verdade, iria fechar sua conta no Facebook imediatamente e cancelar a assinatura de TV a cabo. Quando se pegar tendo conversas frívolas ou se envolvendo em atividades que não contribuem em nada para o seu aprimoramento pessoal, não se demore!

Passei anos levando uma vida de monge. Não vejo nem convivo com muita gente. Meu círculo é muito restrito. Posto nas redes sociais uma ou duas vezes por semana, e nunca olho o feed de ninguém porque não sigo ninguém. É assim que eu sou. Não estou dizendo que você deva ser tão implacável assim, porque provavelmente não compartilhamos os mesmos objetivos. Mas sei que você também tem objetivos e espaço para melhorar, do contrário não estaria lendo o meu livro, e garanto que, se fizesse uma auditoria na sua agenda, encontraria mais tempo para as coisas que vão melhorar sua vida.

Cabe a você encontrar formas de extirpar as horas vazias. Quanto tempo você passa na mesa do jantar conversando sobre nada depois de terminar a refeição? Quantas ligações faz e quantas mensagens de texto envia sem motivo absolutamente nenhum? Analise sua vida inteira e faça uma lista das suas obrigações e tarefas. Estabeleça um momento e um limite de tempo para cada uma. Quantas horas são necessárias para fazer compras, comer e limpar a casa? De quantas horas de sono você precisa? Como é seu deslocamento para o trabalho? Você consegue chegar lá usando a força do seu próprio corpo? Separe tudo em janelas de tempo e, uma vez que tenha seu dia organizado, você saberá de quanta flexibilidade dispõe para se exercitar num determinado dia e como maximizá-la.

Talvez você não esteja querendo entrar em forma, mas sim sonhando em abrir seu próprio negócio, ou sempre tenha querido aprender um idioma ou a tocar um instrumento musical. Ótimo: as mesmas regras valem para isso também. Analise sua agenda, elimine os hábitos vazios, acabe com as coisas que desperdiçam seu tempo e veja o que sobra. Uma hora por dia? Três? Agora tire melhor proveito desse tempo. Isso significa listar suas tarefas prioritárias para cada hora do dia. Você pode até dividi-las mais ainda, em janelas de quinze minutos, e não se esqueça de incluir os *backstops* na sua programação diária. Lembra como me esqueci de incluir *backstops* no meu plano de prova do Ultraman? Você também precisa de *backstops* na sua programação diária. Se uma tarefa exceder o tempo previsto, certifique-se de estar ciente disso e comece na mesma hora a transição para sua tarefa prioritária seguinte. Use seu smartphone para truques de produtividade, não como isca de cliques. Habilite os alertas do seu calendário. Programe os alarmes.

Se fizer uma auditoria na sua vida, esquecer as bobagens que o fazem perder tempo e usar *backstops*, você encontrará tempo para fazer tudo que precisa e quer. Mas lembre-se: você também precisa descansar, então inclua isso no programa. Escute seu corpo, introduza cochilos rápidos de dez a vinte minutos quando necessário, e tire um dia inteiro por semana para descansar. Se for seu dia de descanso, permita realmente à sua mente e ao seu corpo relaxarem.

Desligue o celular. Fique longe do computador. Um dia de descanso significa que você deve relaxar na companhia de amigos ou familiares, comendo e bebendo bem, para recarregar e voltar à rotina. Não é um dia para se perder em tecnologia ou ficar curvado diante da mesa de trabalho no formato de um ponto de interrogação.

O mais importante da missão de 24 horas é manter um ritmo de campeonato, não durante uma temporada ou um ano, mas pela vida toda! Isso exige descanso de qualidade e tempo de recuperação. Porque não existe linha de chegada. Sempre há mais a aprender, e você sempre terá pontos fracos para fortalecer se quiser se tornar tão resistente quanto o bico de um pica-pau. Resistente o suficiente para percorrer incontáveis quilômetros e terminar forte!

★ ★ ★

Em 2008, eu estava outra vez em Kona para o Campeonato Mundial de Ironman. Minha visibilidade como Navy SEAL estava no auge, e tanto eu quanto o comandante Keith Davids, um dos melhores atletas que eu já vi nas equipes de SEALs, estávamos prontos para competir. A rede NBC Sports acompanhava cada movimento nosso, e transformou nossa competição dentro da competição num assunto para o qual os apresentadores podiam cortar durante sua cobertura dos atletas principais.

Nossa chegada foi digna de um filme de Hollywood. Enquanto a maioria dos competidores estava profundamente concentrada nos próprios rituais anteriores à prova e se preparando psicologicamente para o dia mais longo de sua vida como atleta, nós surgimos no céu a bordo de um C-130, saltamos de 450 metros de altura e aterrissamos de paraquedas no mar, onde fomos resgatados por um bote motorizado e levados até a praia apenas quatro minutos antes do tiro de largada. Mal deu tempo de engolir um sachê de gel energético, tomar um gole d'água e trocar de roupa para vestir nosso uniforme de triatlo dos SEALs.

A esta altura você já sabe que eu sou lento na água, e Davids me destruiu no percurso de 3.800 metros a nado. Sou tão bom quanto ele na bicicleta, mas nesse dia a minha lombar se contraiu na metade do percurso, e fui obrigado a parar para me alongar. Quando cheguei à área de transição, depois de pedalar 180 quilômetros, Davids estava meia hora na minha frente, e no começo da maratona não consegui recuperar quase nada desse tempo. Meu corpo estava se rebelando e tive que caminhar naqueles primeiros quilômetros, mas continuei no páreo, e no quilômetro 16 encontrei meu ritmo e comecei a recuperar o tempo. Em algum lugar na minha frente, Davids chegou ao seu limite, e fui me aproximando dele. Por alguns quilômetros pude vê-lo se arrastando ao longe, sofrendo naqueles campos de lava onde o calor brotava do asfalto em lençóis tremeluzentes. Sabia que ele queria me vencer porque era um homem orgulhoso. Ele era oficial, exímio combatente e um atleta de alto nível. Eu também queria vencê-lo. É essa a disposição mental de um SEAL, e eu poderia tê-lo ultrapassado a toda, mas à medida que fui me aproximando disse a mim mesmo para ter mais humildade. Alcancei-o quando faltavam pouco menos de 3,5 quilômetros. Ele me olhou com um misto de respeito e irritação hilariante.

– Goggins – falou, sorrindo.

Nós tínhamos saltado no mar juntos, começado a prova juntos e íamos terminar aquilo juntos. Corremos lado a lado os últimos 3 quilômetros, cruzamos a linha de chegada e nos abraçamos. Foi uma imagem incrível para a TV.

**Com Keith Davids na linha de chegada do Ironman**

★ ★ ★

Tudo estava indo bem na minha vida. Minha carreira ia de vento em popa, eu tinha construído uma reputação no mundo do esporte e tinha planos de voltar ao combate como um SEAL deveria fazer. Só que às vezes, mesmo quando você está fazendo tudo certo na vida, as tempestades surgem e se multiplicam. O caos pode chegar e às vezes vem sem aviso, e, quando (e não *se*) isso acontecer, não há nada que você possa fazer para impedir.

Se tiver sorte, os problemas ou lesões serão relativamente sem importância, e quando esses incidentes surgirem é tarefa sua se adaptar e continuar na briga. Se você se lesionar ou surgirem outras complicações que o impeçam de trabalhar na sua paixão principal, mude o foco da sua energia. As atividades às quais nos dedicamos tendem a ser nosso forte, porque é divertido fazer as coisas em que somos bons. Muito poucas pessoas gostam de trabalhar nos próprios pontos fracos, então se você ama correr, mas está com uma lesão no joelho que impossibilite correr por doze semanas, esse é um ótimo momento para começar a praticar ioga e aumentar sua flexibilidade e sua força geral, o que o tornará um atleta melhor e com menos propensão a se lesionar. Se você for guitarrista e quebrar a mão, sente-se ao piano e use a mão boa para se tornar um musicista mais versátil. O importante é não permitir que um revés destrua seu foco nem que os desvios ditem sua disposição mental. Esteja sempre pronto para se ajustar, recalibrar e continuar indo atrás do objetivo de melhorar de alguma forma.

Eu não malho do jeito que malho para me preparar para vencer ultramaratonas. Não tenho nenhuma motivação atlética. Faço isso para preparar minha mente para a vida em si. A vida sempre será o mais árduo esporte de resistência que existe e, quando você treina forte, sente desconforto e deixa a mente calejada, torna-se um competidor mais versátil, treinado para encontrar um jeito de seguir em frente seja qual for a situação. Porque haverá momentos nos quais a vida o esmagará como um martelo. E às vezes ela acerta bem no coração.

Meu período de dois anos no serviço de recrutamento estava marcado para se encerrar em 2009 e, embora eu tivesse gostado daquele tempo que passara inspirando a geração seguinte, estava ansioso para sair outra vez em missão e operar em campo. Antes de dizer adeus àquela função, porém, tinha planejado uma última extravagância. Eu iria de bicicleta da praia em San Diego até Annapolis, no estado de Maryland, na lendária prova de resistência em estrada chamada Race Across America. Como acontecia em junho, passei todo o meu tempo livre entre janeiro e maio em cima do selim. Acordava às 4 da manhã e pedalava 177 quilômetros antes de ir para o trabalho, depois outros 30 a 50 quilômetros na volta para casa ao final de um longo expediente. Nos fins de semana pedalava e tirava um dia para fazer no mínimo 320 quilômetros, totalizando uma média de 1.100 quilômetros por semana. A corrida levaria uns quinze dias para ser completada, haveria muito pouco tempo para dormir, e eu queria estar pronto para o maior desafio atlético de toda a minha vida.

**Meu log de treinamento para a Race Across America**

Então, no comecinho de maio, tudo virou de ponta-cabeça. Como um eletrodoméstico pifado, meu coração deu defeito quase da noite para o dia. Durante anos, meu ritmo cardíaco em repouso ficara abaixo de 40. De repente ele subiu para mais de 70, 80, e qualquer atividade o fazia disparar até eu quase apagar. Era como se eu estivesse vazando, e toda a energia estivesse sendo sugada do meu corpo. Uma simples pedalada de cinco minutos fazia meu coração acelerar até 150 batimentos por minuto. Ele martelava descontrolado durante a curta subida de um único lance de escada.

No início pensei que fosse por excesso de treino, e quando fui ao médico ele concordou, mas mesmo assim agendou um ecocardiograma no Hospital Balboa. Quando cheguei lá para fazer o exame, o técnico passou gel no transdutor que tudo sabe e o fez deslizar pelo meu peito para conseguir os ângulos necessários enquanto eu ficava deitado sobre o lado esquerdo do corpo, sem enxergar o monitor. Ele era um cara falante, e ficou tagarelando sobre um monte de nadas enquanto verificava todas as minhas cavidades e válvulas. Tudo parecia bem, disse ele, até que de repente, 45 minutos após iniciado o exame, parou de falar. Em vez da sua voz, o que ouvi foram vários cliques e zooms. Ele então saiu da sala e reapareceu alguns minutos depois com outro técnico. Os dois deram mais cliques, mais zooms e cochicharam entre si, mas não me revelaram seu grande segredo.

Quando pessoas de jaleco branco tratam seu coração como se fosse um quebra-cabeça a ser montado bem na sua frente, é difícil não pensar que você deve estar com algum problema sério. Parte de mim queria respostas imediatas porque eu estava apavorado, mas, como não queria demonstrar fraqueza, optei por manter a calma e deixar os profissionais trabalharem. Poucos minutos depois, dois outros homens entraram na sala. Um deles era cardiologista. Ele pegou o transdutor, o fez deslizar pelo meu peito, olhou para o monitor e assentiu com um meneio curto de cabeça. Então me deu uns tapinhas no ombro como se eu fosse seu residente e disse:

– Tá bom, vamos conversar. Você tem um defeito no septo atrial – disse-me ele, os dois em pé no corredor enquanto os profissionais da equipe técnica e de enfermagem andavam para lá e para cá, desaparecendo e reaparecendo de salas em ambos os lados de onde estávamos.

Mantive os olhos cravados à frente sem dizer nada, até ele se dar conta de que eu não fazia a menor ideia do que ele estava falando.

– Você tem um buraco no coração. – Ele enrugou a testa e coçou o queixo. – De tamanho razoável, inclusive.

– Um buraco no coração não aparece do nada, né?

– Não, não – respondeu ele, rindo. – Você já nasceu com isso.

Ele então me explicou que o furo era na parede entre meus átrios direito e esquerdo, o que era um problema, porque, quando há um buraco entre duas cavidades do coração, o sangue oxigenado se mistura com o não oxigenado. O oxigênio é um elemento fundamental do qual todas as nossas células precisam para sobreviver. Segundo o médico, eu só estava fornecendo cerca da metade do oxigênio de que meus músculos e órgãos necessitavam para ter o desempenho ideal.

O problema causa inchaço nos pés e no abdome, palpitações cardíacas e ocasionalmente crises de falta de ar. Isso com certeza explicava o cansaço que eu vinha sentindo nos últimos tempos. Há também impacto na função pulmonar, disse ele, porque essa condição inunda os vasos sanguíneos do pulmão com mais sangue do que eles conseguem aguentar, o que dificulta muito a recuperação em caso de esforço excessivo ou de alguma doença. Lembrei-me de todos os problemas que tivera para me recuperar da dupla pneumonia contraída durante minha primeira Semana Infernal. O fluido em meus pulmões nunca chegara a desaparecer por completo. Nas Semanas Infernais subsequentes, e também após começar a correr ultramaratonas, eu volta e meia expelia catarro durante a prova e depois de terminá-la. Havia noites em que a quantidade de muco dentro de mim era tanta que eu não conseguia dormir. Simplesmente me sentava e ficava cuspindo dentro de garrafas vazias de Gatorade, perguntando-me quando aquele ritual chato iria terminar. Ao desenvolver uma obsessão por ultramaratonas, a maioria das pessoas tem que lidar com lesões por excesso de esforço, mas o seu sistema cardiovascular fica muito bem afinado. Embora eu conseguisse competir e realizar muita coisa com meu corpo defeituoso, nunca me sentia muito bem. Tinha aprendido a suportar e superar aquilo, e conforme o médico continuava a me passar as informações essenciais percebi que, pela primeira vez na vida, eu na verdade também tinha tido uma baita sorte. Um tipo meio invertido de sorte, sabe, quando você tem um buraco no coração e dá graças a Deus por isso não ter causado a sua morte... ainda.

Porque, quando alguém que tem um DSA como o meu mergulha fundo na água, as bolhas de gás, que devem percorrer os vasos sanguíneos pulmonares para serem filtradas pelos pulmões, podem vazar pelo tal furo quando estiverem subindo e retornar à corrente sanguínea em forma de embolias que são verdadeiras armas, capazes de entupir vasos no cérebro e causar derrames ou então de bloquear uma artéria do coração e causar parada cardíaca. É como mergulhar com uma bomba caseira flutuando dentro do corpo, sem nunca saber quando nem onde ela pode explodir.

Eu não estava sozinho nessa luta. Uma em cada dez crianças nasce com esse mesmo defeito, mas na maioria dos casos o buraco se fecha sozinho e não é preciso operar. Nos Estados Unidos, pouco menos de 2 mil crianças por ano precisam de cirurgia, que em geral é feita antes da idade escolar, porque hoje em dia os exames são mais avançados. A maioria das pessoas da minha idade nascidas com DSA saía do hospital no colo da mãe e vivia com um problema potencialmente letal sem ter a menor ideia disso. Até que, como acontecera comigo, o coração começava a dar problemas depois dos 30 anos. Se eu tivesse ignorado os sinais de alerta, poderia ter caído morto durante uma corrida de 5 quilômetros.

Por esse motivo, se você é membro das forças aéreas e recebe um diagnóstico de DSA, não pode saltar de aviões nem mergulhar, e, se alguém tivesse sabido desse meu problema, a Marinha jamais teria me deixado virar um SEAL. É espantoso eu sequer ter conseguido passar pela Semana Infernal, correr a Badwater ou fazer qualquer outra daquelas provas.

– Estou realmente impressionado por você ter conseguido fazer tudo que fez com esse problema – disse o médico.

Concordei com a cabeça. Ele me considerava um milagre da medicina, algum tipo de exceção, ou então simplesmente um atleta de talento abençoado com uma sorte incrível. Para mim, aquilo era só mais uma prova de que eu não devia minhas conquistas a nenhum talento dado por Deus nem a uma constituição genética excelente. Eu tinha um furo no coração! Vinha rodando com o tanque sempre pela metade, e isso significava que a minha vida era a prova cabal do que é possível alcançar quando alguém se dedica a acessar o poder total da mente humana.

Três dias depois, eu estava na mesa de operação.

E, olhe, o médico realmente fez besteira dessa vez. Para começo de conversa a anestesia não pegou por completo, ou seja, eu estava parcialmente consciente quando o cirurgião fez um corte na parte interna da minha coxa, inseriu um cateter na minha artéria femoral e, quando alcançou o coração, fez passar por dentro dele um remendo em formato de hélice que encaixou no lugar, supostamente fechando o furo no meu coração. Enquanto isso, eles tinham inserido uma câmera na minha garganta, cuja presença eu conseguia sentir enquanto tinha engulhos e lutava para suportar as duas horas do procedimento. Depois de tudo isso, meus problemas em teoria deveriam ter acabado. O médico comentou que levaria tempo para o tecido do meu coração crescer em volta do remendo e fechá-lo por completo, mas depois de uma semana me liberou para fazer exercícios leves.

*Positivo*, pensei, e assim que cheguei em casa fui para o chão fazer uma série de flexões. Quase na mesma hora, meu coração entrou em fibrilação atrial. Meu pulso disparou de 120 para 230, tornou a cair para 120 e em seguida foi a 250. Fiquei tonto e tive que me sentar enquanto encarava o monitor que media meus batimentos e esperava minha respiração voltar ao normal. Mais uma vez, meu ritmo cardíaco em repouso estava acima de 80. Em outras palavras: nada tinha mudado. Liguei para meu cardiologista, que interpretou aquilo como um efeito colateral sem importância e me implorou para ter paciência. Levei suas palavras ao pé da letra e descansei mais alguns dias, depois subi na bicicleta para fazer o trajeto leve do trabalho de volta para casa. No começo tudo correu bem, mas depois de uns 25 quilômetros meu coração entrou outra vez em fibrilação atrial. Minha pulsação variava entre 120 e 230, quicando sem ritmo nenhum no gráfico imaginário da minha mente. Kate me levou direto para o Hospital Balboa. Depois dessa visita e de uma segunda e terceira opiniões, ficou claro que o remendo ou não tinha dado certo, ou não fora suficiente para fechar o furo inteiro. Eu precisaria de uma segunda cirurgia.

A Marinha não quis se envolver. Temendo novas complicações, sugeriram que eu adaptasse meu estilo de vida, aceitasse meu novo normal e me aposentasse. É... Até parece. O que fiz foi arrumar um médico melhor no Balboa, que me disse que teríamos que esperar vários meses antes de podermos sequer cogitar uma nova cirurgia cardíaca. Enquanto isso, eu não podia saltar nem mergulhar, e obviamente não podia operar em campo, de modo que continuei no recrutamento. Era sem dúvida uma vida diferente, e me senti tentado a ficar com pena de mim mesmo. Afinal, aquilo que me caíra na cabeça do mais absoluto nada havia mudado por completo a minha carreira militar, mas eu vinha treinando para a vida, não para correr ultramaratonas, e me recusei a baixar a cabeça.

Sabia que, se adotasse uma mentalidade de vítima, não conseguiria tirar nada de uma situação tão ferrada, e não queria passar o dia inteiro sentado em casa, derrotado. Sendo assim, usei esse tempo para aperfeiçoar minha apresentação de recrutamento. Escrevi AARs perfeitos e passei a prestar bem mais atenção nos detalhes do meu trabalho administrativo. Parece chato? Ah, sim, e era mesmo! Mas era um trabalho honesto e necessário, e eu o usei para manter a mente afiada para quando chegasse a hora de poder voltar para o páreo de verdade.

Ou assim eu esperava.

Catorze longos meses após a primeira operação, fui novamente empurrado de maca pelo corredor de um hospital a caminho do pré-operatório, encarando as luzes frias do teto, sem qualquer garantia de sucesso. Enquanto a equipe técnica e de enfermagem me raspava e me preparava, pensei em tudo que havia conquistado nas Forças Armadas e me perguntei: será o suficiente? Se os médicos não conseguissem me consertar daquela vez, será que eu estaria disposto a me aposentar e ficar satisfeito com isso? Essa pergunta não me saiu da cabeça até o anestesista cobrir meu rosto com uma máscara de oxigênio e começar a contar baixinho junto ao meu ouvido. Logo antes de apagar, eu ouvi a resposta emergir do abismo da minha alma negra retinta.

*Hoje não!*

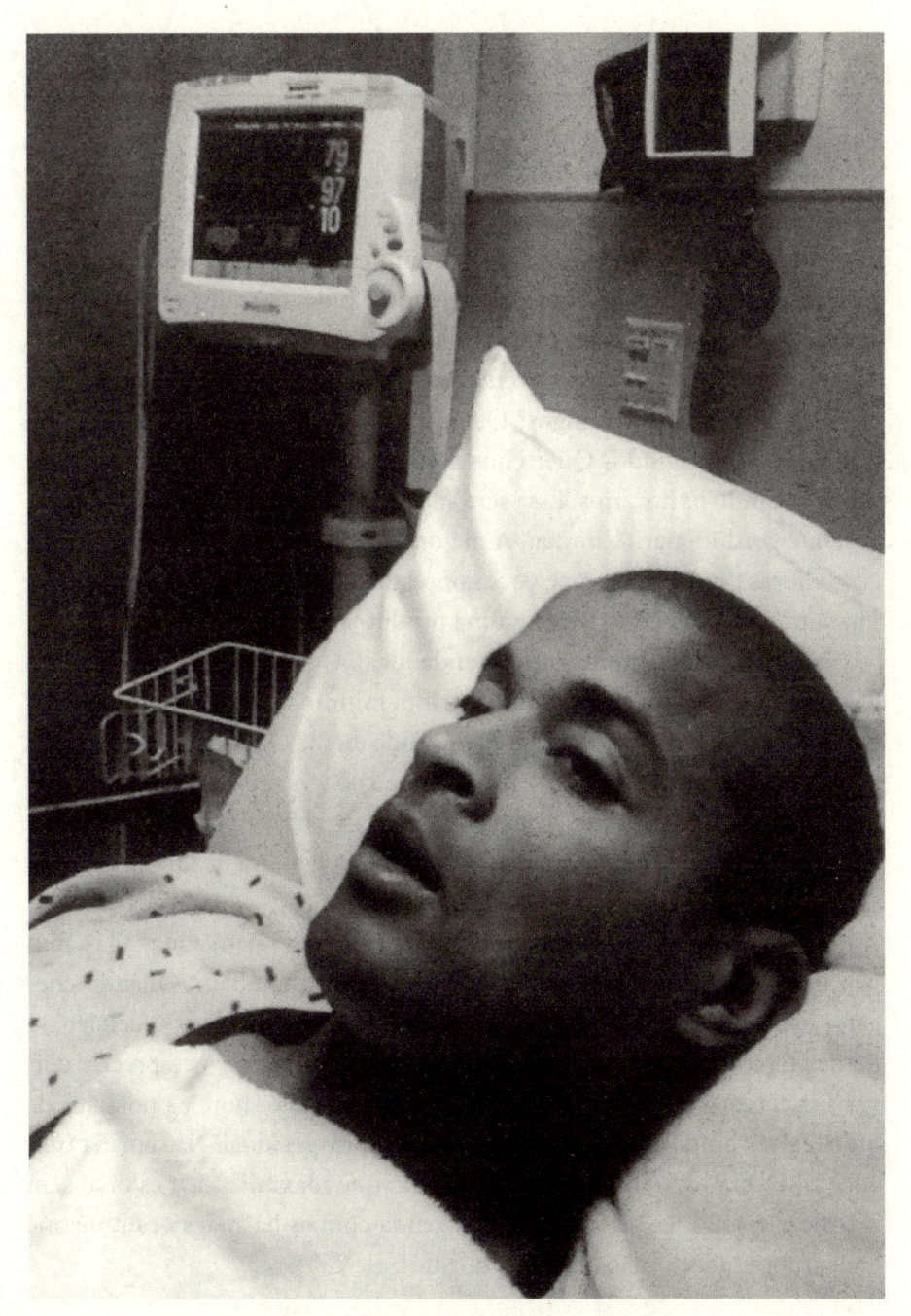

Depois da segunda cirurgia no coração

# DESAFIO Nº 8

Ponha na agenda!

Chegou a hora de compartimentalizar seu dia. Muitas pessoas se tornaram especialistas em multitarefas, e isso criou um país de gente que faz várias coisas pela metade. Este vai ser um desafio de três semanas. Na semana um, siga sua agenda normal, mas anote tudo. Quando você trabalha? Trabalha de forma concentrada ou fica mexendo no celular? Quanto tempo duram seus intervalos para as refeições? Quando você se exercita, vê televisão ou conversa com amigos? Quanto tempo demora para ir e voltar do trabalho? Vai dirigindo? Quero que detalhe tudo ao máximo e documente tudo anotando os horários. Essa será sua linha de base, e você vai encontrar bastante gordura para eliminar. A maioria das pessoas desperdiça quatro a cinco horas diariamente e, se você conseguir identificar e usar esse tempo, estará no caminho certo rumo a uma produtividade maior.

Na semana dois, monte uma agenda ideal. Coloque cada coisa em seu devido lugar em blocos de quinze a trinta minutos. Algumas tarefas ocuparão vários blocos ou dias inteiros. Tudo bem. Quando estiver trabalhando, concentre-se em uma coisa só de cada vez, pense na tarefa que tem diante de si e dedique-se a ela de modo incansável. Quando chegar a hora da tarefa seguinte na sua agenda, deixe a primeira de lado e concentre-se da mesma forma.

Certifique-se de que as suas pausas para refeições sejam adequadas, mas não ilimitadas, e agende o exercício e o descanso também. Quando chegar a hora de descansar, descanse para valer. Nada de olhar o celular ou perder tempo nas redes sociais. Se quer trabalhar duro, você precisa deixar seu cérebro descansar também. Na semana dois, anote os horários de tudo. Talvez ainda encontre algum espaço morto residual. Na semana três, você já deverá ter uma agenda de trabalho que maximiza seu esforço sem sacrificar o sono. Poste fotos da sua agenda com as hashtags #canthurtme #talentnotrequired [não é preciso talento].

## CAPÍTULO NOVE

# RARO ENTRE OS RAROS

A ANESTESIA PEGOU, E SENTI QUE EU VOLTAVA NO TEMPO ATÉ aterrissar numa cena do passado. Estávamos percorrendo a selva no meio da noite. Nossos movimentos eram discretos e silenciosos, porém rápidos. Tinha que ser assim. Na maior parte das vezes, quem dispara primeiro vence o combate.

Passamos pelo cume de um morro, nos abrigamos num denso arvoredo formado por gigantescos mognos na floresta e localizamos nossos alvos usando óculos de visão noturna. Mesmo sem a luz do sol o calor tropical era forte, e o suor escorria pela lateral do meu rosto como gotas de chuva pela janela de um carro. Eu tinha 27 anos e meus sonhos febris no estilo *Platoon* e *Rambo* tinham virado realidade. Pisquei os olhos duas vezes, soltei o ar e, ao sinal do meu oficial, abri fogo.

Meu corpo inteiro reverberou ao ritmo da M60, uma metralhadora de cinta capaz de disparar entre 500 e 650 projéteis por minuto. Enquanto a cinta de cem tiros ia passando pela arma que rosnava e o cano disparava, a adrenalina inundou minha corrente sanguínea e saturou meu cérebro. Meu foco se estreitou. Não existia mais nada exceto eu, minha arma e o alvo que eu estava estraçalhando sem dó.

Era o ano de 2002, eu acabara de sair do BUD/S e, como Navy SEAL em tempo integral, era agora oficialmente um dos guerreiros mais letais do mundo e um dos homens em melhor forma física e mais casca-grossa da face da Terra. Ou assim eu pensava. Isso foi anos antes de eu entrar na toca de coelho das ultramaratonas. O Onze de Setembro ainda era uma ferida recente e aberta no inconsciente coletivo americano, e seus efeitos mudaram tudo para caras como nós. O combate não era mais um estado de espírito mítico ao qual aspirávamos. Era algo real, e estava acontecendo nas montanhas, aldeias e cidades afegãs. Enquanto isso, estávamos estacionados na Malásia, esperando ordens e torcendo para entrar na briga.

E treinávamos para isso.

Depois do BUD/S, passei para o Treinamento de Qualificação dos SEALs, durante o qual ganhei oficialmente meu tridente antes de integrar meu primeiro pelotão. O treinamento prosseguiu com exercícios de guerra em selva na Malásia. Nós fazíamos rapel e subíamos e descíamos depressa por cordas de helicópteros que pairavam no ar. Alguns homens eram treinados para serem atiradores de elite e, como eu era o maior da minha unidade – a essa altura meu peso tinha voltado a 113 quilos –, coube a mim a tarefa de carregar o Porco, apelido da M60 devido ao fato de o seu barulho parecer o grunhido de um suíno.

A maioria dos combatentes detestava ficar responsável pelo Porco, mas eu era obcecado por aquela metralhadora. O armamento em si já pesava 10 quilos, e cada cinta de cem tiros devia pesar uns 3. Eu carregava seis ou sete dessas cintas (uma na metralhadora, quatro na cintura e uma presa na mochila), a metralhadora e minha mochila de 23 quilos para todo lugar – e tinha de avançar tão depressa quanto qualquer outro. Eu não tinha escolha. Nosso treinamento é igual a um combate, e é preciso munição de verdade para simular um combate real de modo a podermos aperfeiçoar a máxima de um SEAL: atirar, avançar, comunicar.

Isso significava manter a maior precisão possível nos tiros. Não podíamos deixar nossa arma simplesmente disparar em qualquer direção. É assim que os incidentes de fogo amigo acontecem, e é preciso muita disciplina muscular e atenção aos detalhes para saber a todo momento para onde se está mirando em relação à localização dos seus companheiros de equipe, em especial com o Porco. Manter um alto padrão de segurança e atacar o alvo com força letal quando o dever chama é o que faz de qualquer SEAL um bom combatente.

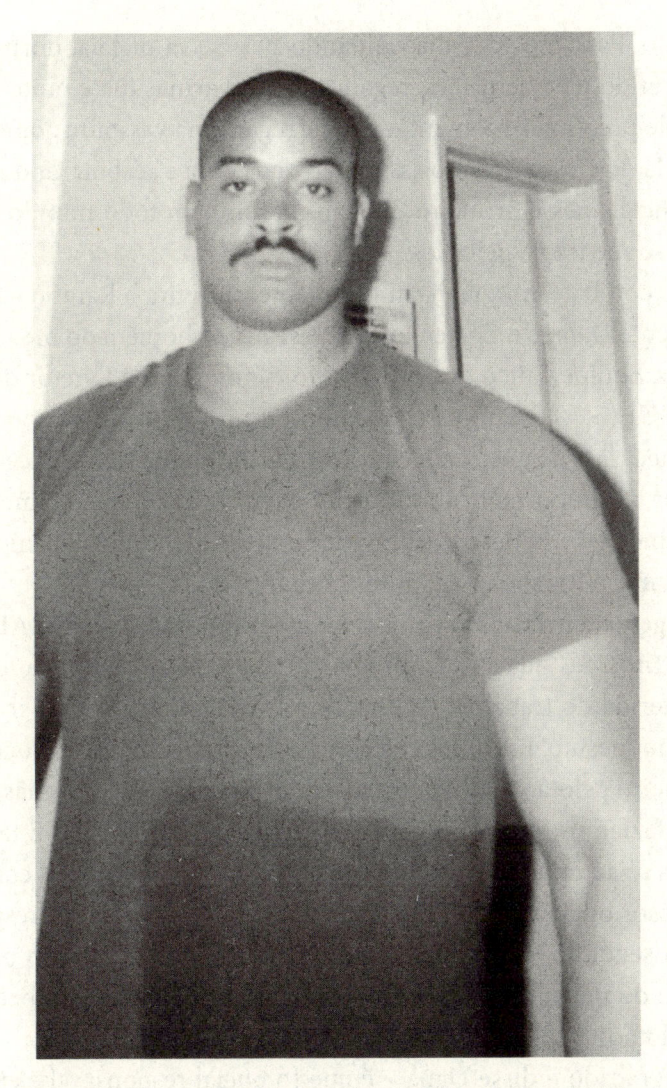

**Formatura do Treinamento de Qualificação dos SEALs
(repare nas manchas de sangue na camisa por causa do broche
de tridente que foi cravado no meu peito com um soco)**

    A maioria das pessoas acha que ao virar SEAL você entrou de vez na roda, mas não é bem assim. Logo aprendi que estávamos sendo julgados a todo momento, e no mesmo segundo em que tivesse um comportamento que trouxesse insegurança ao grupo, fosse eu novato ou veterano de combate, estaria fora! Eu era um dos três novatos no meu primeiro pelotão, e a arma de um deles teve que ser confiscada porque ele se mostrou muito descuidado. Passamos dez dias andando pela selva malaia, dormindo em redes, cavando trincheiras, carregando nossas armas dia e noite sem descanso, e ele precisou se contentar em carregar uma vassoura como se fosse a Bruxa Má do Oeste. Mesmo assim não deu conta e acabou sendo expulso. Nossos oficiais nesse primeiro pelotão mantinham todo mundo na rédea curta, e isso me fez respeitá-los.

– Num combate, ninguém simplesmente vai e vira o Rambo – disse-me recentemente Dana De Coster, que era o segundo homem do meu primeiro pelotão na Equipe Cinco dos SEALs. Hoje em dia ele é Diretor de Operações do BUD/S. – Exigimos o máximo de nós mesmos, para quando as balas começarem a zunir podermos confiar no treinamento excelente que recebemos, e é importante alcançar um patamar em que tenhamos certeza de que vamos ter um desempenho muito melhor do que o inimigo. Podemos não virar o Rambo, mas vamos chegar perto.

Muita gente tem fascínio pelos armamentos usados pelos SEALs e pelas trocas de tiros das quais as tropas participam, mas essa nunca foi minha parte preferida do trabalho. Apesar de atirar bem, eu preferia ir à guerra contra mim mesmo. Estou me referindo a um treinamento físico intenso, e meu primeiro pelotão também tinha isso. Na maioria das manhãs antes do trabalho, fazíamos longas séries de corrida-natação-corrida. E tampouco estávamos só acumulando quilômetros. Nós competíamos uns com os outros, e nossos oficiais sempre davam o exemplo. Nosso oficial responsável e Dana, o segundo, eram dois dos melhores atletas de todo o pelotão, e meu chefe de pelotão, Chris Beck, era um dos melhores combatentes de todo o pelotão.

– O engraçado – disse Dana – é que [o oficial responsável e eu] nunca chegamos a conversar sobre nossa filosofia durante os treinos físicos. Simplesmente íamos lá e competíamos. Eu queria derrotá-lo e ele a mim, e isso fez as pessoas começarem a comentar quanto estávamos pegando pesado.

Nunca tive nenhuma dúvida de que Dana fosse um cara doido. Lembro-me de que, antes de sermos mandados para a Indonésia, com escalas em Guam, na Malásia, na Tailândia e na Coreia, fizemos vários mergulhos de treinamento perto da ilha de San Clemente. Dana era minha dupla de natação, e um dia de manhã me desafiou a fazer um mergulho de treinamento numa água a 13°C sem roupa de neoprene, porque era assim que os antecessores dos SEALs tinham feito ao se preparar para as praias da Normandia, para a famosa invasão do Dia D durante a Segunda Guerra Mundial.

– Vamos fazer à moda antiga e mergulhar de short com nossas facas – disse ele.

Dana tinha exatamente a mentalidade animalesca que me motivava, e eu não iria recusar um desafio daqueles. Nadamos e mergulhamos juntos por todo o sudeste da Ásia, onde treinamos unidades militares de elite na Malásia e apuramos as competências de Navy SEALs tailandeses, a equipe de homens-rã que salvou o time de futebol juvenil preso naquela caverna no verão de 2018. Eles estavam enfrentando uma insurgência islâmica no sul do país. Para onde quer que fôssemos mandados, era daquelas manhãs de treinamento físico que eu mais gostava. Em pouco tempo, todos os homens daquele pelotão estavam competindo uns com os outros, mas, por mais que eu me esforçasse, nunca conseguia alcançar nossos dois oficiais e costumava terminar em terceiro. Tudo bem. Pouco importava quem vencesse, porque todo mundo batia os próprios recordes pessoais quase diariamente, e foi isso o que mais me marcou – o poder que um ambiente competitivo tem de turbinar o comprometimento e o desempenho de todo um pelotão!

Era exatamente com esse ambiente que eu sonhava ao me inscrever no BUD/S. Nós todos personificávamos o espírito de um SEAL, e eu mal podia esperar para ver aonde aquilo iria nos levar individualmente e como unidade quando entrássemos em combate. Mas, enquanto a guerra no Afeganistão continuava, só podíamos aguentar firme e torcer para sermos convocados.

Estávamos num boliche coreano quando assistimos juntos à invasão do Iraque. Foi deprimente ao extremo. Vínhamos treinando duro para uma oportunidade como aquela. Nossas bases tinham sido reforçadas com todo aquele treinamento físico e incrementadas com armamentos robustos e treinamento tático. Estávamos nos transformando numa unidade letal louca para participar da ação, e o fato de termos sido ignorados nos deixou chateados. Então nós descontávamos uns nos outros todo dia de manhã.

Os SEALs eram tratados como astros do rock nas bases que visitávamos mundo afora, e alguns dos caras realmente curtiam a vida como se fossem roqueiros. Na verdade, a maioria dos SEALs curtia as noitadas, mas eu não.

Tinha conseguido virar SEAL tendo um estilo de vida espartano, e sentia que à noite precisava descansar, recarregar as baterias e preparar meu corpo e minha mente para combater outra vez no dia seguinte. Eu vivia num eterno estado de prontidão para o combate, e essa atitude me valia o respeito de alguns, mas nosso oficial responsável tentou me convencer a sair um pouco e passar a "fazer parte da turma".

Eu tinha um respeito enorme pelo nosso oficial responsável. Ele era formado pela Academia Naval e pela Universidade de Cambridge. Era obviamente inteligente, um excelente atleta e um ótimo líder, a caminho de ocupar um cargo cobiçado no DEVGRU; por tudo isso, eu valorizava a opinião dele. Todos nós valorizávamos, na verdade, porque ele era o responsável pela nossa avaliação, e essas avaliações costumam acompanhar você e afetar toda a sua carreira nas Forças Armadas.

Na teoria, minha primeira avaliação foi ótima. Ele ficou impressionado com as minhas competências e com o meu esforço geral, mas também me deu alguns conselhos extraoficiais.

– Sabe, Goggins, você entenderia um pouco melhor nosso trabalho se passasse mais tempo com seus companheiros. É nessas horas que eu mais aprendo sobre a operação no terreno: quando estou com o pessoal ouvindo as histórias de cada um. É importante fazer parte do grupo.

As palavras dele foram um choque de realidade e doeram. Ficou claro que o meu oficial responsável me achava meio diferente, e era provável que alguns outros caras do pelotão também. E é claro que eu era! Tinha vindo do nada! Eu não fora recrutado para a Academia Naval. Nem sequer sabia onde ficava Cambridge. Não tinha sido criado à beira da piscina. Tivera que aprender a nadar sozinho. A verdade é que eu nem deveria ter virado SEAL, mas consegui, e achei que *isso* tivesse me tornado parte do grupo, mas hoje percebo que eu fazia parte das equipes... mas não da irmandade.

Eu tinha de começar a sair e socializar com os outros depois do expediente para provar meu valor? Isso era pedir muito para um cara introvertido como eu.

Mal sabiam eles que essa não era uma opção para mim.

Eu tinha entrado naquele pelotão devido à minha intensa dedicação, e não estava disposto a pegar mais leve. Enquanto os outros saíam à noite, eu ficava lendo sobre tática, armamentos e guerra. Eu era um eterno aluno! Na minha cabeça, estava treinando para oportunidades que ainda nem sequer existiam. Na época só se podia ser considerado para entrar para o DEVGRU após o fim do seu segundo pelotão, mas eu já estava me preparando para essa oportunidade, e me recusei a comprometer quem eu era para me conformar com essas regras implícitas.

O DEVGRU (e a Força Delta do Exército) são considerados a elite das operações especiais. São eles que assumem as missões mais importantes, como o ataque a Osama bin Laden, e daquele ponto em diante eu decidi que não iria e não poderia me contentar com ser apenas um SEAL comum. Sim, nós éramos todos homens raros se comparados aos civis, mas eu via que era raro mesmo entre os raros e, se era essa a realidade, que assim fosse. Melhor me separar ainda mais. Não muito tempo depois dessa avaliação, venci pela primeira vez a corrida da manhã. Ultrapassei Dana e nosso oficial responsável no último quilômetro, e em momento algum olhei para trás.

Cada pelotão dura dois anos, e no fim da missão a maioria de nós estava pronta para um descanso antes de integrar o pelotão seguinte, que, a julgar pelas guerras nas quais estávamos envolvidos, quase com certeza nos levaria ao combate. Eu não queria nem precisava de uma pausa, porque os raros entre raros não fazem pausas!

Depois da minha primeira avaliação, comecei a estudar os outros ramos das Forças Armadas (exceto a Guarda Costeira) e ler sobre todas as forças especiais. Os Navy SEALs tendem a se considerar a melhor de todas, mas eu queria ver com meus próprios olhos. Desconfiava que todos os ramos aceitassem alguns indivíduos que se destacassem nos piores contextos. Eu estava numa busca por encontrar e treinar com esses caras, pois sabia que eles poderiam me tornar alguém melhor. Além do mais, tinha lido que a Escola de Army Rangers era conhecida como uma das melhores, se não a melhor escola de líderes de todas as Forças Armadas, então durante meu primeiro pelotão fiz sete solicitações ao meu oficial responsável na esperança de ser aprovado para a Escola de Rangers entre uma missão e outra. Queria absorver mais conhecimento, falei, e melhorar minhas competências como combatente especial.

Essas solicitações são pedidos especiais, e os meus primeiros seis foram ignorados. Afinal de contas eu era um novato, e havia quem achasse que o meu foco deveria continuar nas operações especiais da Marinha, e que eu não deveria me desgarrar para o temido Exército. No entanto, depois de servir dois anos no meu primeiro pelotão, eu tinha conquistado minha reputação, e minha sétima solicitação foi galgando os escalões até chegar ao oficial responsável pela Equipe Cinco dos SEALs. Quando ele assinou a autorização, eu estava dentro.

– Goggins – disse o oficial responsável pelo meu pelotão depois de me dar a boa notícia –, você é o tipo de cara que tem vontade de ser prisioneiro de guerra só para ver se aguentaria.

Ele tinha me entendido. Sabia o tipo de pessoa que eu estava me tornando: o tipo de homem disposto a me desafiar até o enésimo grau. Apertamos as mãos. Meu oficial estava indo para o DEVGRU, e havia uma chance de nos encontrarmos lá em breve. Ele me disse que, com duas guerras em curso, pela primeira vez o DEVGRU abrira seu processo de seleção para SEALs que tivessem participado de um pelotão só. Ao estar sempre em busca de mais e ao preparar minha mente e meu corpo para oportunidades que ainda não existiam, fui um dos poucos da Costa Oeste a serem aprovados pelo comando da Equipe Cinco dos SEALs para se candidatarem à Equipe Verde, o programa de treinamento do DEVGRU, logo antes de entrar para Escola de Army Rangers.

O processo de seleção para a Equipe Verde levava dois dias. O primeiro era a parte de condicionamento físico, que incluía uma corrida de 5 quilômetros, 1.200 metros de natação, três minutos de abdominais e flexões e a maior série de barra fixa que você conseguisse fazer. Deixei todo mundo comendo poeira, porque meu primeiro pelotão tinha me tornado um nadador muito mais forte e um corredor melhor. No segundo dia havia a entrevista, que estava mais para interrogatório. Apenas três da minha turma de seleção de dezoito caras foram aprovados para a Equipe Verde. Eu fui um deles, o que teoricamente significava que depois do meu segundo pelotão estaria um passo mais perto de entrar para o DEVGRU. Mal podia esperar. Era dezembro de 2003 e, como eu imaginava, minha carreira nas forças especiais estava adentrando o hiperespaço, porque eu continuava provando ser o mais raro dos homens e continuava no caminho certo para me tornar aquele Único Guerreiro.

Poucas semanas depois, cheguei a Fort Benning, na Geórgia, para a Escola de Army Rangers. Era início de dezembro e, como o único soldado da Marinha numa turma de 308 homens, fui recebido com ceticismo pelos instrutores, porque algumas turmas antes da minha dois SEALs tinham desistido no meio do treinamento. Como na época o costume era mandar SEALs para a Escola de Rangers como punição, eles talvez não tenham sido os melhores representantes. Já eu tinha implorado para ir para lá, mas os instrutores ainda não sabiam disso. Eles achavam que eu fosse só mais um cara metido de operações especiais. Em poucas horas, tiraram de mim e de todos os outros nosso uniforme e nossa reputação, até ficarmos todos com a mesma aparência. Os oficiais perderam sua patente, e combatentes experientes de forças especiais como eu se transformaram em caras quaisquer com tudo a provar.

No primeiro dia, fomos divididos em três companhias, e fui escolhido para ser o primeiro sargento responsável pela companhia Bravo. Acabei conseguindo o cargo porque o outro cara escolhido tivera que recitar o juramento dos Rangers após uma série extenuante na barra fixa e ficou tão cansado que errou. Para os Rangers não existe nada mais importante do que o seu juramento. Nosso instrutor ficou encarando a companhia Bravo, furioso, enquanto nos mantínhamos todos em posição de sentido.

– Não sei onde vocês acham que estão, mas, se querem se tornar Rangers, espero que saibam nosso juramento. – Os olhos dele me encontraram. – Tenho certeza absoluta que o nosso marujo aqui não sabe recitar o juramento dos Rangers.

Eu vinha estudando havia meses e poderia ter recitado aquilo plantando bananeira. Só para aumentar o efeito, limpei a garganta com um pigarro e projetei bem a voz.

– Reconhecendo que me voluntariei para ser Ranger, e plenamente ciente dos riscos da profissão que escolhi, sempre me esforçarei para manter o prestígio, a honra e o espírito coletivo elevado dos Rangers!

– Muito surpreend... – atalhou, tentando me interromper, mas eu não tinha terminado.

– Reconhecendo que um Ranger é um soldado mais de elite que assume a dianteira da batalha seja em terra, no mar ou no ar, aceito o fato de que como Ranger meu país espera que eu vá mais longe, mais depressa e lute com mais afinco do que qualquer outro soldado!

O instrutor assentiu com um sorriso amarelo, mas dessa vez me deixou prosseguir sem interromper.

– Nunca faltarei aos meus companheiros! Sempre me manterei mentalmente alerta, fisicamente forte e moralmente reto, e suportarei mais do que o meu quinhão da tarefa, seja ela qual for, 100% e mais!

"Com elegância mostrarei ao mundo que sou um soldado especialmente escolhido e bem treinado! Minha cortesia para com meus superiores, meu apuro no vestir e meu cuidado com o material serão os exemplos para os outros seguirem!

"Com energia enfrentarei os inimigos do meu país! Irei derrotá-los no campo de batalha, pois sou mais bem treinado e lutarei com todas as minhas forças! Rendição não é uma palavra para os Rangers! Jamais deixarei um companheiro caído ir parar nas mãos do inimigo, e em circunstância alguma envergonharei meu país!

"Estarei pronto para exibir a força interior necessária para combater até alcançar o objetivo dos Rangers e completar a missão, mesmo que eu seja o único sobrevivente!

"Os Rangers vão na frente!"

Recitei todas as seis estrofes. Depois de escutar, o instrutor balançou a cabeça, incrédulo, e bolou o jeito ideal de rir por último.

– Meus parabéns, Goggins – disse ele. – Você agora é primeiro sargento.

E me deixou ali, na frente do meu pelotão, sem saber o que dizer. Agora cabia a mim liderar a marcha de nosso pelotão e me certificar de que todos os integrantes estivessem preparados para o que quer que tivéssemos pela frente. Tornei-me parte chefe, parte irmão mais velho, e "instrutor" em tempo integral. Na Escola de Rangers já é difícil se virar para conseguir se formar. Agora eu precisava cuidar de cem homens e garantir que eles também se saíssem bem.

Além disso, ainda tinha que fazer os mesmos exercícios de todos os outros, mas essa era a parte fácil, e na verdade me dava uma oportunidade para relaxar. Para mim o castigo físico era mais do que administrável, mas o modo como eu dava conta dessas tarefas físicas tinha mudado. No BUD/S eu sempre havia liderado minhas equipes de bote, muitas vezes com um pouco de amor bruto, mas de modo geral não estava nem aí para os caras das outras equipes. Não me importava se estavam se saindo bem ou se desistiam. Dessa vez, eu não estava dando apenas tudo de mim: estava também cuidando de todo mundo. Se eu visse alguém com problemas de navegação, de patrulhamento, com dificuldade para acompanhar uma corrida ou passar a noite inteira em claro, me certificava de que todos nos uníssemos para ajudar. Nem todo mundo queria. O treinamento era tão difícil que, quando alguns caras perdiam as esperanças de se formar, eles só faziam o mínimo e encontravam oportunidades para descansar e se esconder. Nos meus 69 dias na Escola de Rangers, eu não enrolei por um segundo sequer. Estava me tornando um verdadeiro líder.

O objetivo principal da Escola de Rangers é dar a todo soldado um gostinho do que é preciso para conduzir uma equipe de alto nível. Os exercícios práticos pareciam uma gincana de combatentes de elite misturada com corrida de resistência. Ao longo das seis fases de teste, éramos avaliados nos quesitos navegação, armamentos, técnicas de corda, reconhecimento e liderança geral. As provas práticas eram famosas por sua brutalidade espartana e concluíam três fases distintas do treinamento.

Primeiro éramos divididos em grupos de doze homens e, juntos, tínhamos que passar cinco dias e quatro noites nas montanhas durante a Fase Fort Benning. Recebíamos pouquíssima comida, apenas uma ou duas rações militares por dia, e só podíamos dormir um par de horas por noite, já que estávamos correndo contra o relógio para atravessar o terreno entre uma e outra estação, onde tínhamos que executar uma série de tarefas para demonstrar nossa proficiência em determinada habilidade. Os integrantes do grupo se revezavam na liderança.

A Fase Montanha era exponencialmente mais difícil do que a Fort Benning. Nela éramos divididos em equipes de 25 para percorrer as montanhas do norte da Geórgia e, rapaz, nos Apalaches faz um frio do caramba no inverno. Eu já tinha lido histórias sobre soldados pretos com o gene da anemia falciforme que morreram durante a Fase Montanha, e o Exército quis que eu usasse plaquinhas de identificação especiais com um invólucro vermelho para alertar o departamento médico caso algo saísse errado. Mas, como eu estava liderando outros homens, não queria que minha equipe me considerasse algum tipo de criancinha dodói, de modo que o tal invólucro vermelho nunca chegou às minhas plaquinhas.

Nas montanhas, aprendíamos a fazer rapel e a escalar, entre outras habilidades de montanhismo, e nos tornávamos proficientes em técnicas de emboscada e de patrulha em montanha. Para provar isso, fazíamos dois exercícios de treinamento em terreno distintos, de quatro noites cada um, conhecidos como FTXs. Durante o nosso segundo FTX, desabou um temporal. Ventos de quase 50 quilômetros por hora uivavam trazendo gelo e neve. Não estávamos carregando sacos de dormir nem roupas quentes, e mais uma vez tínhamos pouquíssima comida. Só podíamos usar os forros dos ponchos e uns aos outros para nos aquecer, o que era problemático porque o cheiro rançoso que permeava o ar vinha de nós mesmos. Tínhamos queimado tantas calorias sem a alimentação adequada que havíamos perdido toda a nossa gordura e estávamos incinerando nossa própria massa muscular como combustível. O fedor pútrido fazia nossos olhos lacrimejarem e nos dava ânsia de vômito. A visibilidade se reduziu a poucos metros. Os homens chiavam, tossiam e batiam o queixo, os olhos arregalados de pavor. Tive certeza de que alguém naquela noite iria morrer de gangrena, hipotermia ou pneumonia.

Toda vez que pode parar para dormir durante as provas em terreno, o descanso é breve e você precisa garantir a segurança nas quatro direções, mas diante daquela nevasca o pelotão Bravo se rendeu. Aqueles em geral eram homens muito durões e extremamente orgulhosos, mas, acima de tudo, seu foco era a sobrevivência. Eu entendi esse impulso, e os instrutores não se importaram, porque estávamos em modo de emergência meteorológica. Só que, para mim, aquilo apresentou uma oportunidade de me destacar e dar o exemplo. Eu vi aquela tempestade de inverno como um trampolim para me tornar um raro entre os raros.

Esteja onde estiver, a vida vai lhe apresentar oportunidades parecidas, nas quais você poderá provar quanto é incomum. Em todas as áreas da vida há pessoas que vivem para esses momentos, e quando as vejo eu as reconheço na hora, porque em geral são as que estão sozinhas. O executivo ainda no escritório à meia-noite quando todos os outros estão no bar, o animal que vai malhar logo na sequência de uma operação de 48 horas. Ou então aquela bombeira que, em vez de cair no colchão, fica afiando sua serra elétrica depois de passar 24 horas apagando um incêndio. Essa disposição mental existe para todos nós. Homem, mulher, hétero, gay, preto, branco ou roxo com bolinhas. Todos nós podemos ser aquela pessoa que passa um dia e uma noite inteiros viajando de avião, encontra a casa imunda ao chegar, e em vez de culpar os parentes ou colegas de quarto arruma tudo na hora, porque se recusa a ignorar uma tarefa por fazer.

Seres humanos incríveis assim existem no mundo inteiro. Não é preciso estar de farda. Não tem a ver com as escolas de ponta nas quais se formaram nem com seus distintivos e medalhas. Tem a ver com querer algo como se não houvesse amanhã, porque talvez não haja mesmo. Tem a ver com pensar em todo mundo antes de si e desenvolver o próprio código de ética para se distinguir dos outros. Um dos elementos dessa ética é o impulso de transformar tudo que é negativo em positivo, e depois, quando a tempestade chegar, estar preparado para dar o exemplo.

Meu raciocínio naquela montanha na Geórgia foi que, numa situação da vida real, uma nevasca como aquela proporcionaria o disfarce perfeito para um ataque inimigo; sendo assim, não me juntei aos outros em busca de calor. Fui mais fundo, acolhi o caos do gelo e da neve, e fiquei vigiando o perímetro oeste como se aquilo fosse o meu maior dever – porque de fato era! E eu adorei cada segundo. Estreitava os olhos para o vento e, enquanto o granizo ardia no meu rosto, gritava para dentro da noite das profundezas da minha alma incompreendida.

Alguns dos outros me ouviram, saíram do meio da linha das árvores na direção norte e se empertigaram. Então outro surgiu a leste, e outro ainda na borda da encosta virada para o sul. Estavam todos tremendo enrolados em seus finos forros de poncho. Nenhum queria estar ali, mas eles se levantaram e foram cumprir seu dever. Apesar de ser uma das tempestades mais brutais na história da Escola de Rangers, nós protegemos o perímetro completo até os instrutores nos avisarem pelo rádio para sairmos do frio. Eles tinham armado uma lona de circo. Nós entramos e nos amontoamos até a tempestade passar.

As últimas semanas na Escola de Rangers se chamam Fase Flórida, um FTX com dez dias de duração durante o qual cinquenta homens atravessam o estado, de localização GPS em localização GPS, como uma única unidade. A fase começou com um salto com linha estática de uma aeronave a 450 metros de altitude nos pântanos gelados perto de Fort Walton Beach. Tínhamos que atravessar rios chapinhando ou a nado, armar pontes de corda, e voltar para a outra margem rastejando com as mãos e os pés. Não havia como ficar seco, e a temperatura da água variava entre 3ºC e 6ºC. Todos já tínhamos escutado a história do inverno de 1994, quando o frio fora tão intenso que quatro candidatos a Ranger morreram de hipotermia durante a Fase Flórida. Estar perto da praia congelando me lembrou a Semana Infernal. Toda vez que parávamos, os caras tremiam sem conseguir se controlar, mas como de costume eu me concentrei com toda a força e me recusei a demonstrar qualquer fraqueza. Dessa vez não se tratava de capturar a alma dos instrutores. Tratava-se de dar coragem a soldados em dificuldade. Eu atravessava o rio seis vezes se fosse necessário para ajudar um dos integrantes do meu grupo a amarrar sua ponte de corda. Acompanhava cada um passo a passo por todo o processo, até que eles conseguissem provar seu valor aos oficiais dos Rangers.

Nós dormíamos muito pouco, comíamos menos ainda, e tínhamos que cumprir continuamente tarefas de reconhecimento, alcançar determinadas localizações GPS, construir pontes, montar armamentos e nos preparar para uma emboscada enquanto nos revezávamos na liderança de um grupo de cinquenta homens. Homens cansados, famintos, com frio, frustrados, que não queriam mais estar ali. A maioria estava no seu limite máximo, beirando seus 100%. Apesar de também estar chegando lá, mesmo quando não era minha vez de liderar eu ajudava, porque nesses 69 dias na Escola de Rangers aprendi que, se você quiser ser chamado de líder, é isso que precisa fazer.

Um verdadeiro líder aguenta a exaustão, detesta a arrogância e nunca despreza o mais fraco do grupo. Ele luta por seus homens e dá o exemplo. Era isso que significava ser raro entre os raros. Significava ser um dos melhores e ajudar seus homens a encontrar o seu melhor também. Gostaria de ter assimilado essa lição bem mais a fundo, porque dali a algumas semanas iria enfrentar um desafio no quesito liderança e não ficaria nem um pouco à altura.

A Escola de Rangers era tão exigente e os padrões tão altos que numa turma com 308 candidatos apenas 96 homens se formaram, e a maioria pertencia ao pelotão Bravo. Eu recebi o prêmio de Alistado de Honra e tive uma avaliação de 100% feita por meus pares. Para mim, isso significava mais ainda, porque meus colegas de turma, meus companheiros casca-grossa, tinham valorizado minha liderança em condições extremas, e bastava eu me olhar no espelho para ver quão extremas aquelas condições de fato tinham sido.

**Certificado de Alistado de Honra na Escola de Rangers**

Perdi mais de 25 quilos na Escola de Rangers. Fiquei parecendo um morto-vivo. Estava com as bochechas encovadas, os olhos esbugalhados; não tinha mais músculo nenhum nos bíceps. Todos ficamos emaciados. Os caras achavam difícil correr até a esquina. Homens capazes de fazer quarenta repetições na barra fixa de uma tacada só agora penavam para fazer uma única. O Exército já esperava que fosse assim, e deixava três dias entre o final da Fase Flórida e a formatura de modo a podermos ganhar um pouco de peso antes de nossos familiares chegarem para comemorar.

Assim que o último FTX foi declarado encerrado, todos nós corremos para o refeitório. Empilhei minha bandeja com rosquinhas, batata frita e cheeseburgers, e saí em busca da máquina de leite. Depois de ter bebido todos aqueles milk-shakes de chocolate quando estava na pior, meu corpo tinha desenvolvido uma intolerância à lactose, e fazia anos que eu não tocava num derivado de leite. Mas nesse dia eu estava igual a uma criança, incapaz de conter o anseio primevo por um copo de leite.

Encontrei a máquina de leite, baixei a manivela e fiquei olhando sem entender o leite sair, espesso como queijo cottage. Dei de ombros e cheirei. O cheiro estava totalmente azedo, mas me lembro de tomar aquele leite coalhado de uma vez, como se fosse um copo fresquinho de chá com bastante açúcar – presente de mais uma escola infernal de forças especiais que tinha nos feito passar por tanta coisa que, no fim, qualquer um que tivesse sobrevivido se sentia agradecido por seu copo geladinho de leite azedo.

★ ★ ★

A maioria das pessoas leva uma semana ou duas para se recuperar da Escola de Rangers e ganhar um pouco de peso. É isso que a maioria das pessoas faz. Já eu peguei um avião até Coronado e fui me juntar ao meu segundo pelotão de SEALs no mesmo dia da formatura, o Dia dos Namorados nos Estados Unidos. Mais uma vez, considerei essa falta de intervalo uma oportunidade para ser raro. Não que alguém mais estivesse olhando, mas, quando a questão é a disposição mental, pouco importa onde a atenção dos outros está. Eu tinha meus próprios padrões incomuns e deveria estar à altura deles.

Em cada uma das minhas paradas como SEAL, desde o BUD/S, passando por aquele primeiro pelotão até a Escola de Rangers, eu era conhecido como marombeiro e, quando o oficial responsável pelo meu segundo pelotão me encarregou do treinamento físico, isso serviu como incentivo para mim, porque me fez saber que mais uma vez eu tinha ido parar num grupo de homens com ganas de malhar e melhorar seu desempenho. Inspirado, me esforcei para pensar em séries matadoras que poderíamos fazer para nos preparar para o combate. Dessa vez todos sabíamos que seríamos mandados para o Iraque, e minha missão passou a ser nos ajudar a virar o pelotão de SEALs mais casca-grossa do combate. Era um sarrafo alto, fixado pela lenda original dos Navy SEALs ainda fincada fundo feito uma âncora no meu cérebro. Nossa lenda sugeria que éramos o tipo de homem capaz de nadar 8 quilômetros na segunda-feira, correr mais de 30 na terça, e escalar um pico de quase 4.300 metros na quarta – e minhas expectativas estavam altíssimas.

Na primeira semana, os homens se apresentavam às cinco da manhã para uma sessão de corrida-natação-corrida ou para uma corrida de 20 quilômetros com pesos seguida de uma volta no circuito de obstáculos. Carregávamos toras subindo o monte de areia e fazíamos centenas de flexões. Eu nos fazia executar os exercícios mais pesados, os de verdade, os que nos tornavam membros de equipes SEAL. A cada dia as séries eram mais puxadas do que no anterior, e ao longo de uma ou duas semanas isso foi cansando o pessoal. Todo macho alfa de operações especiais quer ser o melhor em tudo que faz, mas comigo conduzindo o treinamento físico eles nem sempre conseguiam ser os melhores. Porque eu nunca dava descanso. Estávamos todos chegando ao limite e mostrando fraqueza. Era essa a ideia, mas os homens não queriam ser desafiados assim todos os dias. Na segunda semana a frequência diminuiu, e o oficial responsável e o chefe do nosso pelotão me chamaram para conversar.

– Olha, cara, isso é uma bobagem – disse nosso oficial responsável. – O que é que a gente está fazendo?

– Isso aqui não é mais o BUD/S, Goggins – disse o chefe do pelotão.

Para mim a questão não era estar ou não no BUD/S, mas sim personificar o espírito dos SEALs e fazer jus ao tridente todos os dias. Aqueles caras queriam conduzir o próprio treinamento físico, o que em geral significava ir para a academia e ficar musculoso. Eles não estavam interessados em ser castigados fisicamente, e com certeza não estavam interessados em ser forçados a corresponder aos meus padrões. Essa reação não deveria ter me espantado, mas com certeza me decepcionou e me fez perder todo o respeito pela liderança.

Eu entendia que nem todo mundo queria malhar feito um animal pelo resto da carreira, porque eu tampouco queria fazer isso! Mas o que me distanciava de quase todo o restante daquele pelotão era que eu não me deixava dominar pelo desejo de conforto. Estava decidido a ir à guerra contra mim mesmo para me superar, porque acreditava ser nosso dever manter a mentalidade do BUD/S e provar nosso valor todos os dias. Os SEALs da Marinha são reverenciados no mundo inteiro e considerados os homens mais durões criados por Deus, mas aquela conversa me fez perceber que isso nem sempre era verdade.

Eu acabara de voltar da Escola de Rangers, um lugar onde ninguém tem qualquer patente. Mesmo se um general tivesse entrado na turma, ele teria usado as mesmas roupas que todos nós tínhamos que usar, a roupa de um alistado no primeiro dia do treinamento básico. Nós éramos todos uns vermes que tinham acabado de nascer, sem qualquer futuro ou passado, começando do zero. Eu adorava esse conceito, porque a mensagem que ele passava era que, independentemente do que houvéssemos realizado no mundo lá fora, no que dizia respeito aos Rangers nós não éramos porcaria nenhuma. E eu abraçava essa metáfora porque isso é e sempre será verdade. Não importa o que você ou eu conquistemos, seja no esporte, no trabalho ou na vida: não podemos nos contentar. A vida é um jogo dinâmico demais. Ou estamos melhorando, ou estamos piorando. Sim, devemos celebrar nossas vitórias. Existe um poder transformador na vitória, mas depois de celebrar deveríamos baixar a bola, sonhar com novos regimes de treinamento, novos objetivos, e no dia seguinte recomeçar do zero. Acordo diariamente como se estivesse de volta ao dia um da semana um do BUD/S.

Começar do zero é uma disposição mental que diz que eu nunca me acomodo nem me acomodarei. Nós sempre podemos ficar mais fortes e mais ágeis, tanto mental quanto fisicamente. Sempre podemos nos tornar mais capazes e mais confiáveis. Sendo assim, nunca deveríamos sentir que nosso trabalho está feito. Sempre há mais a fazer.

Você é um mergulhador experiente? Ótimo. Largue seu equipamento, respire fundo e torne-se um mergulhador de 30 metros em apneia. É um triatleta competitivo? Ótimo, aprenda a escalar. É extremamente bem-sucedido na carreira? Maravilha, aprenda um novo idioma ou habilidade. Faça uma segunda faculdade. Esteja sempre disposto a abraçar a ignorância e se tornar de novo o idiota da turma, porque essa é a única forma de expandir seu conhecimento e sua obra. É a única forma de expandir sua mente.

Durante a segunda semana do meu segundo pelotão, meu chefe e o oficial responsável mostraram a verdadeira face. Foi devastador ouvir que eles não achavam que precisássemos fazer jus ao nosso status diariamente. Claro, todos os caras com quem trabalhei ao longo dos anos eram relativamente durões e altamente capacitados. Eles valorizavam os desafios do trabalho, a irmandade e o fato de serem tratados como superestrelas. Todos adoravam ser SEALs, mas alguns não estavam interessados em começar do zero, porque já estavam satisfeitos com o simples fato de terem se qualificado para estar entre os raros. Essa é uma forma bem comum de pensar. A maioria das pessoas, se algum dia chega a tentar se superar, só está disposta a fazer isso até certo ponto. Quando chegam a um platô confortável, elas relaxam e aproveitam as recompensas. Mas existe outro jeito de se referir a essa disposição mental: chama-se amolecer, e isso eu não podia suportar.

No que me dizia respeito, eu tinha minha própria reputação a zelar, e quando o restante do pelotão decidiu se retirar das minhas sessões de tortura sob medida passei a fazer ainda mais questão de não desistir. Aumentei a carga das minhas séries e jurei malhar tanto que eles ficariam constrangidos. Como responsável pelo treinamento físico, isso não fazia parte das minhas atribuições. O que eu deveria ter feito era inspirar os homens a se superarem. Em vez disso, vi o que considerei uma enorme fraqueza e fiz questão de que eles soubessem que não estava nem um pouco impressionado.

Em apenas uma semana, minha liderança regrediu anos em relação a onde eu estava na Escola de Rangers. Perdi o contato com minha percepção da situação (minha consciência situacional) e não respeitei os homens do meu pelotão. Como líder, eu estava tentando usar a intimidação para fazer valer meu pensamento, e isso eles não toparam. Ninguém cedeu um centímetro que fosse, inclusive os oficiais. Acho que todos nós escolhemos um caminho de menor resistência. Eu simplesmente não percebi, porque fisicamente estava pegando mais pesado do que nunca.

E tinha um cara comigo. Sledge era um combatente de San Bernardino, filho de pai bombeiro e mãe secretária, e assim como eu tinha aprendido sozinho a nadar para passar na prova de natação e se qualificar para o BUD/S. Era só um ano mais velho do que eu, mas aquele já era o seu quarto pelotão. Ele também bebia muito, estava um pouco acima do peso e queria mudar de vida. Na manhã depois da minha conversa com o chefe do pelotão e nosso oficial responsável, Sledge apareceu às cinco da manhã pronto para malhar. Eu estava lá desde as 4h30, e já tinha uma camada de suor cobrindo o meu corpo.

– Gostei dos treinos que você bolou e quero continuar fazendo – disse ele.

– Positivo.

Desse dia em diante, onde quer que estivéssemos lotados, fosse em Coronado, em Niland ou no Iraque, nós dois malhamos todo santo dia. Nos encontrávamos às quatro da manhã e mandávamos bala. Às vezes o exercício era subir correndo a encosta de uma montanha antes de fazer o circuito de obstáculos na velocidade máxima, e carregar toras até o alto do monte de areia e depois até a praia lá embaixo. No BUD/S, em geral aquelas toras eram carregadas por seis caras. Nós as carregávamos só os dois. Noutro dia nós fazíamos um treinamento pirâmide na barra fixa, executando séries de uma até vinte repetições, depois descendo até uma outra vez. A cada duas séries, escalávamos uma corda com 12 metros de altura. Mil repetições na barra fixa antes do café da manhã tornou-se o nosso novo mantra. No começo Sledge suava para fazer uma única série de dez. Em poucos meses já tinha perdido 16 quilos e estava fazendo cem séries de dez!

No Iraque, como era impossível fazer corridas longas, nós passávamos a vida na sala dos pesos. Fazíamos centenas de levantamentos terra e passávamos horas no leg press inclinado. Fomos muito além do *overtraining*. Não estávamos nem aí para a fadiga ou falência muscular, porque a partir de certo ponto estávamos treinando nossa mente, não nosso corpo. O objetivo das minhas séries de exercícios não era nos tornar corredores velozes ou fazer de nós os homens mais fortes da missão. Eu estava nos treinando para suportar a tortura, para conseguirmos permanecer relaxados em ambientes extraordinariamente desconfortáveis. E as coisas ficavam mesmo desconfortáveis de vez em quando.

Apesar da clara divisão dentro do nosso pelotão (Sledge e eu *versus* todos os outros), nós operamos bem em conjunto no Iraque. Nas horas livres, porém, um abismo imenso separava quem nós dois estávamos virando e quem eu pensava que os homens do meu pelotão fossem, e a minha decepção era patente. Eu andava envolto na minha marra como se fosse uma mortalha, o que me valeu o apelido de "Me Deixa em Paz", e nunca cheguei a me tocar de que a minha decepção era um problema unicamente meu. E não culpa dos meus companheiros de equipe.

Essa é a desvantagem de se tornar raro entre os raros. Você pode se superar até chegar a um lugar que está além da capacidade ou da disposição mental atual das pessoas com quem trabalha, e tudo bem. Saiba apenas que a sua suposta superioridade é uma criação do seu próprio ego. Então não se comporte como se fosse melhor do que os outros, porque isso não ajudará você a avançar na sua área, seja em equipe ou individualmente. Em vez de ficar com raiva pelo fato de os seus colegas não segurarem o rojão, ajude seus colegas a se levantarem e leve-os com você!

**DEPARTMENT OF THE NAVY**
THIS IS TO CERTIFY THAT
THE SECRETARY OF THE NAVY HAS AWARDED THE

**NAVY AND MARINE CORPS COMMENDATION MEDAL**

TO

OPERATIONS SPECIALIST SECOND CLASS (SEA, AIR AND LAND) DAVID GOGGINS, UNITED STATES NAVY

FOR

MERITORIOUS SERVICE AS PROTECTIVE SECURITY DETAIL MOTORCADE PRIMARY NAVIGATOR AT NAVAL SPECIAL WARFARE TASK GROUP-ARABIAN PENINSULA FROM OCTOBER TO DECEMBER 2004 IN SUPPORT OF OPERATION IRAQI FREEDOM. PETTY OFFICER GOGGINS' FLAWLESS PERFORMANCE GUIDED AND TACTICALLY CONTROLLED A FOREIGN HEAD OF STATE'S MOTORCADE DURING 150 HIGH-RISK MOVEMENTS INCLUDING DAILY TRANSITS OUTSIDE THE PROTECTED INTERNATIONAL ZONE IN BAGHDAD AND HIGH PROFILE VISITS TO NAJAF KARBALA. ADDITIONALLY, HIS DETAILED PLANNING, NAVIGATIONAL SKILLS AND SUPERIOR JUDGMENT PROVIDED THE PRINCIPAL THE FREEDOM TO PURSUE THE STRATEGICALLY CRITICAL TASK OF BUILDING A FREE AND DEMOCRATIC IRAQ. BY HIS NOTEWORTHY ACCOMPLISHMENTS, PERSEVERANCE AND DEVOTION TO DUTY, PETTY OFFICER GOGGINS REFLECTED CREDIT UPON HIMSELF AND UPHELD THE HIGHEST TRADITIONS OF THE UNITED STATES NAVAL SERVICE.

GIVEN THIS 15th DAY OF SEPTEMBER 2005

FOR THE SECRETARY OF THE NAVY
CAPTAIN, UNITED STATES NAVY
COMMANDER, NAVAL SPECIAL WARFARE GROUP ONE

Dinâmica no pelotão à parte, ainda havia um trabalho a fazer no Iraque

Estamos todos travando o mesmo combate. Todos nós vivemos divididos o tempo inteiro entre o conforto e o desempenho, entre nos contentar com a mediocridade ou nos dispor a sofrer para virar nossa melhor versão. Tomamos esse tipo de decisão mais de dez vezes por dia. Meu trabalho como responsável pelo treinamento físico não era exigir que meus homens estivessem à altura da lenda dos Navy SEALs que eu tanto adorava, mas sim ajudá-los a se tornarem a melhor versão possível de si mesmos. Só que eu nunca escutei, e não os liderei. O que fiz, isso sim, foi ficar com raiva e constranger meus companheiros de equipe. Passei dois anos bancando o durão, sem nunca dar um passo para trás e acalmar a mente o suficiente para conseguir ver meu erro original. Tive inúmeras oportunidades de fechar o abismo que havia ajudado a cavar, mas nunca o fiz, e isso me custou caro.

Não me dei conta de nada disso na hora, porque depois do meu segundo pelotão recebi a ordem de ir para a escola de queda livre, depois fui nomeado instrutor de ataque. Eram ambas posições destinadas a me preparar para a Equipe Verde. Ser instrutor de ataque era de importância vital, porque a maioria dos homens eliminados da Equipe Verde é dispensada por não saber direito atacar um edifício. Eles são lentos demais para determinar se um prédio está vazio, se expõem com demasiada facilidade ou então ficam nervosos, apertam o gatilho sem necessidade e acabam acertando alvos amigos. Ensinar essas competências me obrigou a me tornar detalhista, furtivo e calmo em ambientes fechados, e eu esperava receber a ordem para ir treinar com o DEVGRU em Dam Neck, na Virgínia, a qualquer momento. Só que a ordem nunca chegou. Os dois outros caras que tinham passado comigo na seleção receberam as deles. A minha sumiu sem explicação.

Liguei para a administração em Dam Neck. Eles me disseram para fazer novamente a seleção, e foi então que percebi que havia alguma coisa errada. Pensei no processo pelo qual acabara de passar. Eu realmente poderia me sair melhor? Eu tinha arrebentado. Mas então me lembrei da entrevista em si, que parecera mais um interrogatório com dois caras, um bancando o bonzinho, o outro o mauzão. Eles não examinaram meu leque de competências nem o conhecimento que eu tinha da Marinha. Oitenta e cinco por cento das suas perguntas não tiveram nada a ver com minha capacidade de operar o que quer que fosse. A maior parte daquela entrevista tinha a ver com a minha raça.

– O pessoal aqui é à moda antiga – disse um deles – e a gente precisa saber como você vai lidar ouvindo piadas de preto.

A maioria das perguntas foram variações desse mesmo tema, e passei a entrevista inteira sorrindo e pensando: *Como é que vocês, branquelos, vão ficar quando eu for o cara mais casca-grossa de lá?* Mas não foi isso que eu disse, e não foi por estar me sentindo intimidado ou desconfortável. Eu me senti mais em casa naquela entrevista do que em qualquer outro lugar das Forças Armadas, porque pela primeira vez na vida estava tudo às claras. Eles não estavam tentando fingir que ser um dos poucos caras pretos naquela que talvez fosse a organização militar mais reverenciada do mundo não apresentava seu próprio e singular leque de desafios. Enquanto um dos caras me desafiava com sua postura e tom de voz agressivos, o outro se mantinha calmo, mas ambos estavam mandando a real. Já tinha uns dois ou três negros no DEVGRU, e eles estavam me dizendo que entrar no seu círculo íntimo exigia que eu assinasse embaixo de determinados termos e condições. E, de um jeito bem doente, eu adorei esse recado e o desafio que vinha com ele.

O DEVGRU era um grupo de renegados dentro dos SEALs e queria continuar assim. Eles não queriam civilizar ninguém. Não queriam evoluir nem mudar, e eu sabia onde estava e no que estava me metendo. Aqueles caras eram responsáveis pelas missões mais arriscadas e mais importantes. Aquele era um submundo de homens brancos, e eles precisavam saber como eu agiria caso alguém começasse a me importunar. Precisavam de garantias de que eu era capaz de controlar minhas emoções e, uma vez que eu entendesse o propósito maior por trás das suas palavras, não teria como ficar ofendido com aquele comportamento.

– Olhem aqui, eu convivo com o racismo desde que me entendo por gente – respondi – e não tem nada que nenhum de vocês possa me dizer que eu já não tenha escutado umas vinte vezes. Mas estejam preparados. Porque eu vou revidar à altura!

Na hora eles pareceram gostar da minha resposta. O problema é que, quando você é um cara preto que revida, em geral a coisa não corre tão bem.

Jamais vou saber por que não recebi a ordem para integrar a Equipe Verde, e pouco me importa. Não temos como controlar todas as variáveis em nossa vida. O que importa é o que fazemos com as oportunidades que nos são negadas ou apresentadas; é isso que determina como uma história acaba. Em vez de pensar *Eu arrebentei no processo seletivo uma vez, posso arrebentar de novo*, decidi começar do zero e fazer a seleção para a Força Delta, o equivalente ao DEVGRU no Exército.

A seleção da Delta é puxada, e esse grupo sempre havia me intrigado devido à sua natureza obscura. Ao contrário dos SEALs, ninguém nunca ouvia falar na Delta. A seleção incluía um teste de QI, um currículo militar completo com minhas qualificações e experiência em combate, e minhas avaliações. Reuni todo esse material em poucos dias sabendo que iria competir com os melhores soldados de todos os ramos das Forças Armadas e que só os melhores dos melhores seriam convidados para entrar. Meu chamado para a Delta veio em questão de semanas. Não muito tempo depois, cheguei às montanhas da Virgínia Ocidental pronto para competir por um lugar entre os melhores soldados do Exército.

Estranhamente, no vazio da Delta não havia berros nem gritaria. Não havia revista nem oficiais responsáveis. Os homens que faziam essa formação tinham que ficar prontos sozinhos, e nossas ordens ficavam escritas a giz num quadro pendurado na caserna. Por três dias não podíamos sair do complexo; nosso foco era descanso e aclimatação. Mas no quarto dia o treinamento físico começava com a prova de seleção básica, que incluía dois minutos de flexões, dois de abdominais e uma corrida cronometrada de 3.200 metros. Eles esperavam que todos alcançassem um patamar mínimo, e os que não conseguissem eram mandados para casa. Daí em diante, as coisas foram ficando imediata e progressivamente mais difíceis. Na verdade, mais tarde nessa mesma noite fizemos nossa primeira marcha em estrada. Como tudo na Delta, ninguém sabia a distância oficial, mas creio que tenha sido um percurso total de uns 30 quilômetros.

Estava frio e muito escuro quando todos os 160 de nós partimos, carregando mochilas com cerca de 18 quilos. A maioria dos caras começou em marcha lenta, satisfeitos em pegar leve e caminhar. Eu larguei com tudo, e nos primeiros 400 metros já deixei todo mundo para trás. Vi uma oportunidade de ser raro e a agarrei, e terminei cerca de meia hora antes de qualquer um.

A Seleção Delta é o melhor curso de orientação do mundo. Ao longo dos dez dias seguintes, dávamos duro no treinamento físico de manhã e treinávamos habilidades avançadas de orientação em terra noite adentro. Aprendemos a ir do ponto A ao ponto B lendo o terreno, sem precisar contar com as estradas e trilhas num mapa. Aprendemos a ler aterros e aplainamentos, e que se você sobe de altitude tem de continuar em altitude. Aprendemos a seguir os cursos d'água. Quando se começa a ler o terreno assim, seu mapa ganha vida, e pela primeira vez eu me tornei excelente em orientação. Aprendemos a avaliar distâncias e a desenhar nossos próprios mapas topográficos. No começo tínhamos um instrutor que precisávamos seguir pela mata, e esses instrutores avançavam depressa. Nas semanas seguintes ficamos por conta própria. Tecnicamente ainda estávamos treinando, mas estávamos também sendo avaliados e observados para garantir que estivéssemos avançando pelo terreno, não pegando estradas.

Tudo culminou com uma prova final prática estendida que durava sete dias e sete noites, se conseguíssemos chegar a tanto. Aquele não era um esforço de equipe. Cada um de nós estava por sua conta para usar seu mapa e sua bússola e ir de um ponto a outro. Havia um Humvee em cada parada, e os orientadores (nossos instrutores e avaliadores) que estavam lá anotavam nosso tempo e nos davam as coordenadas seguintes. Cada dia era um desafio diferente, e nunca sabíamos quantos pontos tínhamos que alcançar antes de a prova acabar. Além do mais, havia um limite de tempo desconhecido que só os orientadores sabiam. Na linha de chegada, ninguém nos dizia se tínhamos passado ou não. Em vez disso, éramos orientados a subir num de dois Humvees cobertos. O veículo certo levava você até o acampamento seguinte, o errado voltava para a base, onde você deveria arrumar suas coisas e ir para casa. Na maioria das vezes eu só tinha certeza de ter passado quando o Humvee parava.

No quinto dia, eu era um dos cerca de trinta homens ainda no páreo. Restavam só três dias, e eu estava arrebentando em todas as provas e chegando no mínimo uma hora e meia antes do horário de corte. A última prova seria uma navegação terrestre matadora de 65 quilômetros, e eu estava ansioso para fazê-la, mas primeiro tinha tarefas a cumprir. Chapinhei por cursos d'água, subi arfando encostas de mata e percorri cristas de montanhas, indo de um ponto a outro, até que o inimaginável aconteceu. Eu me perdi. Estava na crista da montanha errada. Verifiquei de novo meu mapa e minha bússola, e olhei por cima de um vale para a crista da montanha certa, ao sul.

Positivo!

Pela primeira vez, o tempo se tornou um problema. Eu não sabia qual era o horário limite, mas sabia que estava apertado, então desci correndo um despenhadeiro íngreme, mas tropecei. Meu pé esquerdo ficou preso entre duas pedras, torci o tornozelo e o senti estalar. A dor foi imediata. Verifiquei o relógio, cerrei os dentes, amarrei o cadarço do coturno bem apertado, o mais depressa que consegui, depois subi mancando uma encosta de montanha íngreme para chegar à crista correta.

No último trecho antes do fim, meu tornozelo piorou tanto que fui obrigado a desamarrar o coturno para aliviar a dor. Estava andando devagar e convencido de que seria mandado para casa. Eu estava errado. Meu Humvee nos largou no penúltimo acampamento da Seleção Delta, onde passei a noite inteira pondo gelo no tornozelo e sabendo que, graças à lesão, a prova de navegação em terra do dia seguinte provavelmente estaria além das minhas capacidades. Mas não desisti. Me apresentei, me esforcei para seguir entre os aprovados, mas excedi o tempo limite num dos primeiros pontos de controle. E foi isso. Não baixei a cabeça, porque lesões acontecem. Eu tinha dado tudo de mim e, quando você age assim, seu esforço não passa despercebido.

Os superiores da Delta são como robôs. Não tinham demonstrado nenhuma personalidade ao longo de toda a seleção, mas, quando eu estava me preparando para deixar o complexo, um dos oficiais encarregados me chamou à sua sala.

– Goggins – disse ele estendendo a mão –, você é fera! Queremos que fique bom, volte e tente outra vez. Acreditamos que você vai ser um ótimo membro da Força Delta um dia.

Mas quando? Saí da minha segunda cirurgia no coração envolto numa névoa de anestesia. Olhei por cima do ombro direito e vi uma bolsa intravenosa, cujo fluxo fui seguindo até minhas veias. Eu estava preso à mente da medicina. Monitores cardíacos apitavam e registravam os dados que contavam uma história além da minha compreensão. Se eu ao menos fosse fluente, saberia se meu coração estava finalmente inteiro, se no futuro haveria "um dia". Pus a mão no peito, fechei os olhos e fiquei tentando escutar alguma pista.

Depois de sair da Delta, voltei para as equipes de SEALs e fui alocado como instrutor de guerra em terra. No início meu moral fraquejou. Homens sem as minhas competências, sem o meu comprometimento e minha capacidade atlética estavam combatendo em campo em dois países, e eu estava ancorado numa terra de ninguém, me perguntando como as coisas tinham se deteriorado tão depressa. Tinha a sensação de ter atingido um teto invisível, mas será que ele sempre existira ou eu mesmo o pusera ali? A verdade estava em algum lugar entre essas duas possibilidades.

O fato de ter morado em Brazil, Indiana, me fizera entender que o preconceito está por toda parte. Existe um pedaço dele em todas as pessoas e em toda e qualquer organização, e, se for *o único* ou *a única* em qualquer situação, cabe a você decidir como vai lidar com a questão, porque você não pode simplesmente fazê-la desaparecer. Durante anos usei isso como combustível, porque existe muito poder em ser *o único*. Isso força você a mobilizar os próprios recursos e acreditar em si mesmo diante de um escrutínio injusto. Além de aumentar o grau de dificuldade – o que torna qualquer sucesso bem mais saboroso. Por isso eu vivia me colocando em situações nas quais sabia que isso iria acontecer. Eu me alimentava do fato de ser *o único* numa sala. Entrava em guerra com os outros e via minha excelência explodir aquelas mentes mesquinhas. Não ficava sentado num canto chorando por ser *o único*: eu agia, e usava todo o preconceito que experimentava como dinamite para explodir aquelas paredes.

Só que esse tipo de atitude só leva você até certo ponto na vida. Eu era tão agressivo que fui criando inimigos desnecessários pelo caminho, e creio que foi isso o que limitou meu acesso às melhores equipes dos SEALs. Com minha carreira numa encruzilhada, não tive tempo para ficar remoendo esses erros. Precisava dar a volta por cima e transformar a negatividade que havia criado em mais um ponto positivo. Não aceitei simplesmente ser instrutor de guerra em terra: fui o melhor instrutor que poderia ter sido, e nas minhas horas vagas criei novas oportunidades para mim mesmo, iniciando minha jornada de ultramaratonista, que ressuscitou minha carreira estagnada. Eu estava de volta ao caminho certo. Até o dia em que soube ter nascido com um defeito no coração.

Mas isso também teve um lado positivo. No pós-operatório, deitado no meu leito de hospital, eu parecia estar perdendo e recobrando a consciência conforme as conversas entre meus médicos, enfermeiros, minha mulher e minha mãe se misturavam como se fossem ruído branco. Eles não faziam ideia de que eu estava totalmente desperto o tempo inteiro, escutando as batidas feridas do meu coração e sorrindo por dentro. Sabendo que eu finalmente tinha uma prova definitiva, científica, de que era mais raro do que qualquer outro homem a ter pisado na face da Terra.

## DESAFIO Nº 9

Este é para as pessoas raras deste mundo. Muita gente acha que, quando alcança um determinado status, respeito ou sucesso, já venceu na vida. Estou aqui para dizer que você tem sempre que buscar mais. Se você encontra a grandeza uma vez, ela não vai acompanhá-la para sempre. Ela pode evaporar como um filete de óleo numa frigideira quente.

Se você quiser realmente se tornar alguém raro entre os raros, vai precisar cultivar a grandeza durante um longo período de tempo. Isso vai exigir uma busca constante e um esforço sem fim. Dito assim, pode até soar atraente, mas vai exigir tudo que você tiver para dar – e mais até. Acredite: ser uma pessoa rara entre os raros não é para todo mundo, porque vai exigir um foco único e pode prejudicar o equilíbrio da sua vida.

É isso o necessário para ter um desempenho realmente acima do normal e, se você já estiver cercado por pessoas que são as melhores na sua área, o que vai fazer de diferente para se destacar? É fácil se destacar entre pessoas comuns e ser um peixe grande num laguinho. A tarefa fica bem mais difícil quando você é um lobo cercado por lobos.

Isso quer dizer não apenas entrar para a Wharton Business School, mas ser o primeiro da turma. Significa não só se formar no BUD/S, mas ser escolhido Alistado de Honra na Escola de Army Rangers, depois sair de lá e ir correr a Badwater do início ao fim.

Destrua a acomodação que sentir se acumulando à sua volta, em volta de seus colegas de trabalho e de estudos. Continue pondo obstáculos na sua própria frente, porque é assim que vai conseguir gerar a fricção que o ajudará a ficar ainda mais forte. Antes de você se dar conta, vai estar sozinho na frente.

#canthurtme #uncommonamongstuncommon [raro entre os raros].

## CAPÍTULO DEZ

# O EMPODERAMENTO DO FRACASSO

No dia 27 de setembro de 2012, lá estava eu, numa academia improvisada no segundo andar do Rockefeller Center, preparado para quebrar o recorde mundial de repetições na barra fixa num período de 24 horas. Pelo menos era esse o plano. Savannah Guthrie estava lá, além de um representante oficial do livro *Guinness World Records* e Matt Lauer (é, esse cara mesmo), que na época apresentava o programa *Today Show*, na NBC. Mais uma vez estava tentando angariar dinheiro, dessa vez muito dinheiro, para a fundação Special Operations Warrior, mas também queria aquele recorde. Para consegui-lo, tinha que me apresentar sob os holofotes do *Today Show*.

O número que eu tinha na cabeça era 4.020 repetições. Dito assim parece sobre-humano, não é? Para mim também parecia, até eu dissecar o número e me dar conta de que, se conseguisse fazer seis repetições por minuto, todos os minutos, durante 24 horas, eu bateria o recorde. Isso significa em média dez segundos de esforço para cinquenta de descanso por minuto. Não seria fácil, mas eu considerava factível considerando o tanto que havia treinado. Ao longo dos últimos cinco ou seis meses, eu tinha feito mais de 40 mil repetições na barra fixa, e estava animado por estar prestes a me lançar em mais um imenso desafio. Depois de todos os altos e baixos desde a minha segunda cirurgia no coração, eu precisava daquilo.

A boa notícia era que a cirurgia tinha dado certo. Pela primeira vez na vida, meu músculo cardíaco funcionava em sua capacidade total, e eu não estava com pressa nenhuma nem para correr, nem para pedalar. Fui paciente durante a recuperação. De qualquer forma, a Marinha não me autorizava a participar de nenhuma operação, e para ficar nos SEALs tive que aceitar um cargo que não fosse na ativa nem envolvesse combate. O almirante Winters me manteve no recrutamento por mais dois anos e segui viajando, contando a minha história para quem quisesse ouvir e trabalhando para conquistar corações e mentes. Só que na verdade tudo que eu queria era fazer o que eu tinha sido treinado para fazer, ou seja, combater! Tentava aliviar essa ferida com idas ao estande de tiro, mas atirar em alvos de mentira só me fazia me sentir ainda pior.

Em 2011, depois de mais de quatro anos recrutando e dois anos e meio na lista de incapacitados por causa dos problemas cardíacos, finalmente recebi o ok dos médicos para voltar às operações. O almirante Winters propôs me mandar para onde eu quisesse. Ele sabia tudo que eu havia sacrificado e os meus sonhos, e eu lhe disse que tinha um assunto pendente com a Delta. Ele assinou os papéis, e após uma espera de cinco anos meu "um dia" chegou.

## THE UNITED STATES OF AMERICA

THIS IS TO CERTIFY THAT
THE PRESIDENT OF THE UNITED STATES OF AMERICA
HAS AWARDED THE

### MERITORIOUS SERVICE MEDAL

TO
SPECIAL WARFARE OPERATOR (SEA, AIR, AND LAND) DAVID GOGGINS
UNITED STATES NAVY

FOR

OUTSTANDING MERITORIOUS SERVICE FROM JUNE 2007 TO MAY 2010

GIVEN THIS 28TH DAY OF MAY 2010

E. G. WINTERS
REAR ADMIRAL, UNITED STATES NAVY
COMMANDER, NAVAL SPECIAL WARFARE COMMAND

**NAVAL SPECIAL WARFARE COMMAND**

The President of the United States takes pleasure in presenting the
**MERITORIOUS SERVICE MEDAL** to

**SPECIAL WARFARE OPERATOR FIRST CLASS (SEAL)
DAVID GOGGINS
UNITED STATES NAVY**

for service as set forth in the following

CITATION:

For outstanding meritorious service while serving as Leading Petty Officer at the Naval Special Warfare Recruiting Directorate from June 2007 to May 2010. Petty Officer Goggins personally presented compelling discussions about perseverance, mental toughness and Naval Special Warfare career opportunities to 71,965 students from 159 high schools, 12 junior high schools, and 67 universities throughout the country. Capitalizing on his hard-earned fame from stellar achievements in ultra-running and ultra-biking events, he recruited, mentored, coached, and provided ongoing personal guidance to hundreds of potential candidates, 66 of whom entered the Navy for SEAL training, 21 having successfully graduated to date. Through superlative personal effort and initiative, he dramatically enhanced efforts to increase NSW awareness among minority audiences through numerous high impact presentations. Finally, on his own personal time, he raised $1.1 million for a charity supporting the families of fallen special operations warriors. Petty Officer Goggins' exceptional professionalism, personal initiative, and loyal devotion to duty reflected great credit upon him and were in keeping with the highest traditions of the United States Naval Service.

For the President,

E. G. Winters
Rear Admiral, United States Navy
Commander, Naval Special Warfare Command

**A Medalha de Serviço Meritório por meu trabalho como recrutador**

> The Commander, Naval Special Warfare Command takes pleasure in commending
>
> **SPECIAL WARFARE OPERATOR FIRST CLASS (SEAL)**
> **DAVID GOGGINS**
> **UNITED STATES NAVY**
>
> for service as set forth in the following
>
> CITATION:
>
> For outstanding performance of duty resulting in selection as Commander, Naval Special Warfare Command Sailor of the Quarter from January to March 2010. Petty Officer Goggins displayed exceptional professionalism and superior performance in the execution of his duties as the Recruiting Directorate Leading Petty Officer, Diversity representative, and NSW Ambassador. As leading petty officer he was responsible for the leadership, mentorship, coaching and execution of daily operations for 28 junior sailors on two coasts. His unparalleled efforts have forged relationships with eight historically black colleges and universities and ten high schools reaching, 7,482 potential NSW candidates. During this time he raised over $125 thousand for the Special Operations Warrior Foundation, which resulted in the ability of numerous children to attend college that normally would not have had the opportunity. Petty Officer Goggins' professionalism and devotion to duty reflected credit upon him and were in keeping with the highest traditions of the United States Naval Service.
>
> G. J. BONELLI
> Rear Admiral, United States Navy
> Deputy Commander, Naval Special Warfare Command

**Escolhido Marinheiro do Trimestre, janeiro a março de 2010**

Mais uma vez, fui para a região dos Apalaches participar do processo de seleção da Força Delta. Em 2006, após concluir na velocidade máxima o percurso de 30 quilômetros com pesos no nosso primeiro dia real de trabalho, eu tinha ouvido comentários bem-intencionados de alguns dos outros candidatos na rádio corredor. Na seleção da Delta tudo é secreto. Sim, há tarefas e treinos bem específicos, mas ninguém diz quanto tempo levam ou vão levar (os 30 quilômetros dessa marcha com pesos foi uma estimativa baseada na minha própria navegação), e só os supervisores conhecem os parâmetros de avaliação dos candidatos. Segundo os rumores, eles usam esse primeiro percurso como base para calcular quanto tempo deve levar cada tarefa de navegação. Ou seja: se você pegar muito pesado, estará diminuindo a própria margem de erro. Dessa vez eu já cheguei com essa informação e poderia ter optado pela segurança e ido mais devagar, mas eu não iria me juntar àqueles homens incríveis e só fazer metade do esforço. Peguei mais pesado ainda para ter certeza de que eles estivessem vendo o melhor de que eu era capaz. Quebrei meu próprio recorde nesse percurso com nove minutos de vantagem (segundo a rádio corredor).

Em vez de fazer meu próprio comentário sobre esse episódio, entrei em contato com um dos candidatos que participou da Seleção Delta comigo – e a seguir reproduzo seu relato de como foi esse percurso com pesos.

> Antes de poder falar sobre a marcha na estrada, preciso explicar um pouco o contexto dos dias que a precederam. Quando se apresenta para a seleção, você não faz a menor ideia do que esperar; todo mundo escuta histórias, mas você não tem uma ideia clara do que está prestes a encarar... Lembro de chegar ao aeroporto e estar esperando um ônibus. Todo mundo ficou simplesmente ali conversando. Para muita gente aquilo era um reencontro de amigos que passaram anos sem se ver. É lá também que você começa a avaliar os outros. Lembro que, enquanto a maioria das pessoas conversava ou relaxava, tinha um cara sentado em cima da própria bolsa de viagem com um ar concentrado. Dava para ver desde o início que aquela pessoa, que mais tarde eu ficaria sabendo ser David Goggins, seria um dos caras a concluir a seleção. Como sou corredor eu o reconheci, mas na verdade só juntei todas as peças do quebra-cabeça depois dos primeiros dias.
>
> Há várias coisas que você sabe que precisa fazer só para começar o curso; uma delas é a marcha em estrada. Sem entrar em distâncias específicas, eu sabia que ela seria bem longa, mas estava à vontade com o fato de correr a maioria do percurso. Ao entrar na seleção, já tinha passado a maior parte da carreira nas Forças Especiais, e era raro alguém terminar uma marcha em estrada antes de mim. Eu me sentia confortável com uma mochila nas costas. Quando começamos, estava um pouco frio e muito escuro, e ao partirmos fiquei onde me sinto mais à vontade, na dianteira. Nos primeiros 400 metros um cara passou zunindo por mim, e eu pensei: "Ele não vai conseguir manter esse ritmo de jeito nenhum." Mas continuei vendo a luzinha da sua lanterna de cabeça se afastar. Imaginei que fosse vê-lo alguns quilômetros adiante, depois que o percurso acabasse com ele.

Aquele percurso específico tinha a reputação de ser matador: num dos morros que tive que subir, quase dava para esticar o braço e tocar o chão, de tão íngreme que era. Àquela altura só tinha um cara na minha frente, e vi pegadas; a distância entre elas representava o dobro da minha passada. Fiquei impressionado e pensei: "Nunca vi nada mais doido: o cara subiu este morro correndo." Passei as duas horas seguintes esperando fazer uma curva e encontrá-lo caído no acostamento da estrada, mas isso nunca aconteceu. Depois de terminar, estava tirando meu equipamento e vi David por perto. Ele já tinha terminado fazia um bom tempo. Embora a seleção seja um lance individual, foi o primeiro a vir me cumprimentar e dizer: "Bom trabalho."

T., e-mail de 25/06/2018

Esse desempenho causou uma impressão que foi além dos meus colegas de turma na seleção. Recentemente, escutei de Hawk, outro SEAL, que alguns soldados do Exército com quem ele trabalhou numa missão ainda falavam sobre aquele percurso, quase como se fosse uma lenda urbana. Dali em diante continuei a arrebentar na Seleção Delta, sempre o primeiro da turma ou quase. Minhas competências de navegação em terra estavam melhores do que nunca, mas isso não quer dizer que tenha sido fácil. Não podíamos usar estradas, não havia terreno plano, e passamos dias percorrendo a mata fechada, subindo e descendo por inclinações acentuadas em temperaturas abaixo de zero, alcançando pontos de parada, lendo mapas e passando pelos incontáveis cumes, cristas e canais que pareciam todos iguais. Avançávamos por uma vegetação densa e por bancos de neve profundos, chapinhávamos por regatos gelados e nos desviávamos dos esqueletos invernais de árvores gigantescas. Era doloroso, desafiador e lindo, e eu estava arrebentando, me saindo superbem em todas as provas que eles conseguissem inventar.

No penúltimo dia da Seleção Delta, cheguei aos meus quatro primeiros pontos de parada com a mesma rapidez de sempre. Como a maioria dos percursos tinha cinco pontos no total, ao receber as coordenadas do quinto eu estava mais do que confiante. Na minha cabeça eu era um verdadeiro Daniel Boone preto. Localizei meu ponto de parada e fui descendo mais um aclive acentuado. Uma das formas de se percorrer um terreno desconhecido é se orientar pelos cabos de energia elétrica, e pude ver que um deles, ao longe, conduzia diretamente para o meu quinto e último ponto. Fui descendo depressa, localizei o cabo de energia, desliguei minha mente consciente e comecei a sonhar com o futuro. Sabia que iria arrebentar na prova final, a tal navegação de 64 quilômetros que nem sequer pudera tentar da última vez por ter detonado o tornozelo dois dias antes. Já considerava minha formatura garantida, e depois disso eu estaria novamente correndo e atirando como parte de uma unidade de elite. Conforme eu visualizava, aquilo ia se tornando cada vez mais real e minha imaginação me levou para bem longe dos montes Apalaches.

Um detalhe importante ao seguir cabos de energia elétrica é garantir que você esteja seguindo o cabo certo! Meu treinamento exigia que eu verificasse constantemente o meu mapa, para que, se errasse o caminho, pudesse ajustar o curso e seguir na direção certa sem perder muito tempo. Mas eu estava tão exageradamente confiante que me esqueci de fazer isso e tampouco mapeei os *backstops*. Quando despertei da terra da fantasia, estava muito fora de curso e quase fora do mapa!

Entrei em pânico, encontrei minha localização no mapa, corri até o cabo de energia certo, disparei montanha acima e não parei de correr até chegar ao meu quinto ponto. Ainda me restava uma hora e meia do tempo-limite, mas ao me aproximar do Humvee, avistei outro cara voltando na minha direção!

Fui trotando até ele e perguntei:

– Está indo para onde?

– Partindo rumo ao meu sexto ponto – respondeu ele.

– Peraí... não são cinco pontos hoje?

– Não, irmão. Hoje são seis.

Olhei para meu relógio de pulso. Tinha pouco mais de quarenta minutos antes de estourar o tempo. Fui até o Humvee, peguei as coordenadas do sexto ponto de controle e estudei o mapa. Graças à minha barbeiragem, tinha duas alternativas claras. Poderia respeitar as regras e não cumprir o tempo-limite, ou poderia violar as regras, usar as estradas à minha disposição e dar uma chance a mim mesmo. A única coisa a meu favor era que, nas forças de operações especiais, eles valorizam um atirador pensante, um soldado disposto a fazer o que for preciso para alcançar um objetivo. Eu só podia torcer para eles serem clementes comigo. Mapeei a melhor rota possível e parti. Fui margeando a mata, usando as estradas, e toda vez que ouvia ao longe o ronco de um caminhão se aproximando eu me abrigava. Meia hora mais tarde, na crista de mais uma montanha, consegui ver o sexto ponto, nossa linha de chegada. Pelo meu relógio restavam-me cinco minutos.

Desci a montanha voado, correndo na velocidade máxima, e consegui cumprir o tempo-limite faltando um minuto. Enquanto eu recuperava o fôlego, nossa equipe foi dividida e embarcou na caçamba coberta de dois Humvees. À primeira vista, parecia estar tudo tranquilo para o meu grupo, mas, considerando quando e onde eu recebera as coordenadas do meu sexto ponto, todos os supervisores dali certamente sabiam que eu tinha quebrado o protocolo. Eu não soube o que pensar. Será que estava dentro ou fora?

Na Seleção Delta, uma das formas de ter certeza que você está fora é sentir o Humvee passar por um quebra-molas depois de um dia de trabalho. Quebra-molas significam que você está voltando para a base e indo para casa mais cedo. Nesse dia, quando sentimos o primeiro deles nos arrancar à força de nossas esperanças e sonhos, alguns caras começaram a xingar, outros ficaram com os olhos marejados. Eu só fiz balançar a cabeça.

– Goggins, o que você está fazendo aqui? – perguntou um dos outros.

Ele ficou chocado ao me ver sentado ali ao lado dele, mas eu estava conformado com a minha realidade, porque ficara sonhando acordado com a formatura no treinamento da Delta, fantasiando fazer parte da força quando nem sequer havia concluído a seleção!

– Eu não fiz o que me disseram para fazer – falei. – Mereço ir para casa.

– Você é um dos melhores candidatos. Eles estão cometendo um erro.

Fiquei grato pela indignação dele. Eu também esperava ser aprovado, mas não podia ficar chateado com aquela decisão. Os oficiais da Força Delta não estavam em busca de homens capazes de serem aprovados com um conceito C, B+ ou mesmo A-. Eles só aceitavam alunos A+ e, se você mandasse mal e tivesse um desempenho aquém da sua capacidade, eles o mandavam para casa. Na verdade, se você devaneasse no campo de batalha, por uma fração de segundo que fosse, isso poderia lhe custar a vida – a sua e a dos seus irmãos. Eu entendia isso.

– Não. O erro foi meu – falei. – Cheguei até aqui mantendo o foco e dando o melhor de mim, e estou indo para casa porque perdi o foco.

★ ★ ★

Estava na hora de voltar a ser SEAL. Passei os dois anos seguintes baseado em Honolulu, fazendo parte de uma unidade de transporte clandestina chamada SDV, sigla de SEAL Delivery Vehicles, ou Veículos de Entrega dos SEALs. A Operação Asas Vermelhas é a mais conhecida missão SDV, e o grande público só soube da sua existência por ela ter se transformado em filme. A maior parte do trabalho da SDV acontece nas sombras, e muito longe dos olhos do mundo. Eu me encaixei bem lá, e foi ótimo voltar às operações. Estava morando em Fort Island, e a janela da minha sala dava para Pearl Harbor. Como Kate e eu tínhamos nos separado, eu agora levava uma vida espartana de verdade e continuava acordando às cinco da manhã para ir correndo até o trabalho. Tinha duas rotas, uma de 13 e outra de 16 quilômetros, mas, não importava qual delas escolhesse, meu corpo não reagia muito bem. Depois de apenas poucos quilômetros, eu sentia uma dor intensa no pescoço e tinha crises de tontura. Em vários momentos durante as corridas, precisava me sentar de tão tonto.

Durante anos eu desconfiara que todos nós temos uma quilometragem-limite que conseguimos correr antes de o corpo inteiro não aguentar mais, e fiquei pensando se eu estaria me aproximando da minha. Nunca sentira o corpo tão tenso. Estava com um nódulo na base do crânio no qual tinha reparado pela primeira vez depois de me formar no BUD/S. Dez anos mais tarde, ele tinha dobrado de tamanho. Tinha nódulos acima dos músculos flexores do quadril também. Fui ao médico ver o que era aquilo, mas não eram tumores, muito menos tumores malignos. Quando os médicos descartaram qualquer risco de vida, percebi que teria que conviver com aquilo e tentar esquecer por algum tempo as corridas de longa distância.

Quando uma atividade ou exercício que você sempre fez é tirado de você, como a corrida foi tirada de mim, é fácil ficar preso num beco sem saída mental e parar de fazer qualquer tipo de atividade, mas eu não tinha uma mentalidade de desistente. Comecei a gravitar em direção à barra fixa e repliquei as séries que costumava fazer com Sledge. Aquele era um exercício que me permitia desafiar meus próprios limites e que não me deixava tonto, porque eu podia fazer um intervalo entre uma série e outra. Depois de um tempo, pesquisei no Google para saber se existia um recorde de repetições na barra fixa que estivesse ao meu alcance. Foi quando fiquei sabendo sobre os muitos recordes de Stephen Hyland, entre eles o de 4.020 repetições em 24 horas.

Naquela época eu era conhecido como ultramaratonista, e não queria ser conhecido por uma coisa só. Quem é que quer isso? Ninguém pensava em mim como um atleta completo, e aquele recorde mudaria essa dinâmica. Quantas pessoas são capazes de correr 160, 240 ou até 320 quilômetros, e além disso fazer mais de 4 mil repetições na barra fixa em um dia? Liguei para a fundação Special Operations Warrior e perguntei se poderia ajudar a arrecadar mais dinheiro. Eles ficaram animadíssimos e, quando dei por mim, um dos meus contatos usou seus talentos de networking para agendar a minha participação no *Today Show*.

Como preparação para a tentativa de bater o recorde, eu fazia quatrocentas repetições por dia durante a semana, o que levava em torno de setenta minutos. Aos sábados fazia 1.500, em séries de cinco a dez repetições ao longo de três horas, e aos domingos tornava a baixar para 750. Todo esse trabalho fortaleceu meus grandes dorsais, tríceps, bíceps e costas, preparou as articulações dos meus ombros e cotovelos para suportar o esforço extremo, me ajudou a desenvolver uma pegada potente como a de um gorila e aumentou minha tolerância ao ácido lático para meus músculos ainda continuarem funcionando muito depois de serem excessivamente exigidos. Conforme o dia se aproximava, fui diminuindo o tempo de recuperação e comecei a fazer cinco repetições a cada trinta segundos durante duas horas. Depois da série, meus braços desabavam junto à lateral do corpo, flácidos como elásticos frouxos.

Na véspera da minha tentativa de bater o recorde, minha mãe e meu tio pegaram um avião até Nova York para serem a minha equipe, e nós estávamos todos preparados até os SEALs quase melarem minha participação no *Today Show* no último minuto. O livro *Não há dia fácil* – um relato em primeira pessoa da expedição que tinha capturado e matado Osama bin Laden – acabara de ser publicado. O relato fora escrito por um dos integrantes da unidade DEVGRU que tinha participado da missão, e os oficiais do Comando de Guerra Naval Especial não ficaram nada contentes. Membros das forças de operações especiais não devem compartilhar com o público detalhes do trabalho que fazemos em campo, e muita gente não gostou desse livro. Recebi uma ordem direta para cancelar minha participação no programa, o que não fazia sentido algum. Eu não ia aparecer na televisão para falar sobre nossas operações, e não estava numa missão de autopromoção. Eu queria arrecadar 1 milhão de dólares para as famílias dos combatentes mortos, e o *Today Show* era o maior programa de entrevistas matutino da televisão.

Àquela altura eu já tinha quase vinte anos de serviço nas Forças Armadas sem uma única infração sequer na minha ficha, e nos quatro anos anteriores a Marinha tinha me usado como garoto-propaganda. Eles me puseram em outdoors, fui entrevistado na CNN e saltei de paraquedas para a rede NBC. Revistas e jornais fizeram dezenas de matérias comigo, que ajudaram na missão de recrutamento da Marinha. Agora eles estavam tentando me impedir de fazer aquilo sem motivo algum. Ninguém conhecia melhor do que eu o regulamento sobre o que podia ou não dizer. Mas, no último segundo, o departamento jurídico da Marinha me autorizou a ir em frente.

**Outdoor da minha época de recrutador**

Minha entrevista foi curta. Narrei uma versão resumida da minha história de vida e comentei que faria uma dieta líquida. Tomaria apenas uma bebida esportiva rica em carboidratos, que seria meu único alimento até bater o recorde.

– E o que é que a gente deve preparar para você amanhã, quando tudo tiver acabado? – perguntou Savannah Guthrie.

Eu ri e entrei na brincadeira, mas não me entenda mal: estava muito longe da minha zona de conforto. Embora nem minha aparência nem minha atitude dessem a entender isso, eu estava a ponto de entrar em guerra comigo mesmo. À medida que a hora foi chegando, tirei a camisa e fiquei só de short de corrida preto de microfibra e tênis.

– Nossa, parece que estou me olhando no espelho – brincou Lauer com um gesto na minha direção.

– Este bloco acaba de ficar ainda mais interessante – disse Savannah. – Então tá, David, muito boa sorte para você. Vamos ficar de olho.

Alguém apertou o play e pôs para tocar *Going the Distance*, a música-tema do filme *Rocky*, e eu subi no tablado da barra fixa. A barra estava pintada de preto fosco, envolta numa fita branca, e gravada com letras vazadas formando a frase NÃO DEMONSTRE FRAQUEZA. Falei pela última vez enquanto calçava minhas luvas:

– Por favor, façam uma doação em specialops.org. Estamos tentando levantar 1 milhão de dólares.

– Certo, preparado? – perguntou Lauer. – Três... dois... um... Valendo, David!

E com isso o tempo começou a correr, e fiz uma série de oito repetições. As regras estabelecidas pelo *Guinness* eram claras: eu tinha que começar cada elevação totalmente pendurado, com os braços inteiramente esticados, e meu queixo precisava subir mais alto do que a barra.

– Começou – disse Savannah.

Sorri para a câmera e fiz uma cara relaxada, mas nem mesmo aquelas primeiras repetições foram tranquilas. Parte tinha a ver com o contexto. Eu era um peixe solitário num aquário de vidro, que atraía a luz do sol e refletia uma fileira de holofotes quentes de estúdio. A outra parte era técnica. Desde a primeiríssima elevação, reparei que aquela barra cedia bem mais do que o equipamento ao qual eu estava acostumado. Eu não estava com a mesma potência de costume e previ um longo dia. No início bloqueei esse fato. Tive que bloquear. Uma barra mais folgada significava simplesmente um esforço maior e me dava mais uma oportunidade de ser raro.

Ao longo do dia, as pessoas iam passando pela rua lá embaixo, acenavam e gritavam palavras de incentivo. Eu acenava de volta, atinha-me ao meu plano e fazia seis repetições por minuto, todos os minutos, mas aquela barra bamba não tornava isso nada fácil. Minha força estava se dissipando e, depois de centenas de repetições, essa perda cobrou seu preço. Cada repetição depois disso exigia um esforço monumental e uma pegada mais forte, e ao chegar às 1.500 meus antebraços estavam doendo como nunca antes. Meu massagista os esfregava entre uma série e outra, mas eles estavam inchados de tanto ácido lático, e a substância ia impregnando todos os músculos da parte superior do meu corpo.

Após mais de seis longas horas, com 2 mil repetições na conta, fiz meu primeiro intervalo de dez minutos. Estava muito à frente do meu ritmo para as 24 horas, e o fato de o sol ter se aproximado do horizonte reduziu os reflexos no ambiente para um nível administrável. Estava tarde, então o estúdio estava fechado. Agora éramos só eu, uns poucos amigos, um massagista e minha mãe. As câmeras do *Today Show* estavam montadas e gravando, para contar meu tempo e garantir que eu respeitasse as regras. Eu ainda tinha mais de 2 mil repetições por fazer, e pela primeira vez nesse dia a dúvida cavou um espaço no meu cérebro.

Não verbalizei minha negatividade e tentei resetar minha mente para o estirão da segunda metade, mas o fato era que todo o meu plano tinha ido por água abaixo. Minha bebida de carboidratos não estava me proporcionando a energia de que eu necessitava e, como eu não tinha plano B, pedi e devorei um cheeseburger. Foi bom comer uma comida de verdade. Enquanto isso, minha equipe tentava estabilizar a barra amarrando-a aos canos da estrutura do teto. Mas, em vez de recarregar minhas baterias como eu esperava, o longo intervalo teve o efeito contrário.

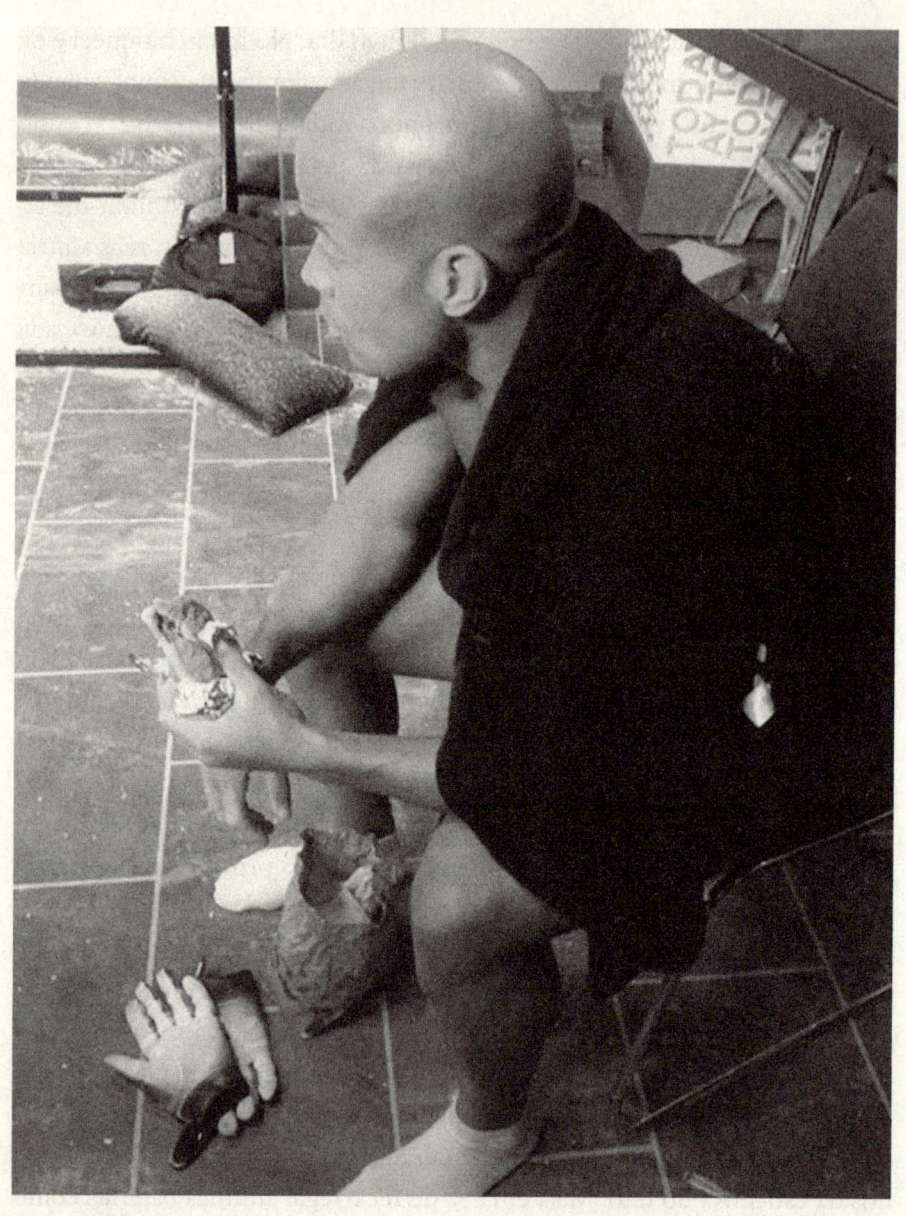

**Durante minha primeira tentativa de bater o recorde na barra fixa**

Meu corpo foi travando à medida que o pânico criava um turbilhão na minha mente, porque eu tinha feito uma promessa e arriscado minha reputação numa tentativa de arrecadar fundos e bater um recorde. E já sabia que não havia a menor chance de conseguir o que pretendia. Levei mais cinco horas para fazer mais quinhentas repetições, numa média de menos de duas por minuto. Estava à beira de um colapso muscular completo após fazer só mil repetições a mais do que conseguia em três horas na academia num sábado qualquer, sem efeitos colaterais. Como era possível?

Tentei forçar a barra para continuar, mas a tensão e o ácido lático tinham inundado meu organismo, e a parte superior do meu corpo se tornou uma massa inerte. Eu nunca tinha tido falência muscular na vida. Tinha corrido com as pernas quebradas no BUD/S, corrido quase 160 quilômetros com os pés quebrados e realizado dezenas de proezas físicas com um buraco no coração. Mas tarde da noite, no segundo andar da torre da NBC, eu joguei a toalha. Depois da repetição número 2.500, mal conseguia levantar as mãos o suficiente para segurar a barra, quanto mais erguer o queixo acima dela. Sendo assim, coloquei um ponto-final. Não haveria café da manhã de comemoração com Savannah e Matt. Não haveria comemoração nenhuma. Eu tinha fracassado – e na frente de milhões de pessoas.

Por acaso baixei a cabeça com vergonha e tristeza? O que você acha? Para mim, o fracasso é apenas um trampolim para o sucesso futuro. Na manhã seguinte, meu celular estava explodindo de notificações, então o deixei no quarto do hotel e fui dar uma corrida no Central Park. Precisava de zero distrações e de tempo suficiente para repensar o que eu tinha feito direito e onde tinha deixado a desejar. Nas Forças Armadas, depois de toda missão no mundo real ou exercício em campo, nós preenchemos um Relatório Pós-Ação (AAR, na sigla em inglês), que funciona como uma autópsia ao vivo. Fazemos isso independentemente do resultado e, se você está analisando um fracasso, o AAR é absolutamente fundamental. Porque, quando se está em território desconhecido, não há livros a serem estudados nem tutoriais no YouTube para assistir. Tudo que eu tinha para ler eram meus próprios erros, e eu considerei todas as variáveis.

Em primeiro lugar, nunca deveria ter ido àquele programa. Estava bem motivado. Fora uma boa ideia tentar aumentar a visibilidade e arrecadar dinheiro para a fundação, e embora eu precisasse de exposição para levantar a quantia que esperava juntar, ao pensar no dinheiro em primeiro lugar (o que é sempre uma má ideia), não tinha me concentrado na tarefa que tinha pela frente. Para bater aquele recorde eu precisava do melhor ambiente possível, e dar-me conta disso me atingiu como um ataque surpresa. Também não tivera respeito suficiente pelo recorde ao começar: eu pensava que seria capaz de batê-lo mesmo numa barra enferrujada presa à caçamba de uma picape com os amortecedores soltos. Por essa razão, embora eu tenha testado a barra duas vezes antes de o dia chegar, isso nunca me incomodara o suficiente para eu fazer qualquer mudança, e minha falta de foco e de atenção aos detalhes havia me custado a chance de alcançar a imortalidade. Para completar, houvera uma quantidade excessiva de curiosos alegrinhos entrando e saindo a toda hora, pedindo para tirar fotos entre uma série e outra. Aquele era o início da era das selfies, e essa doença com toda certeza tinha invadido minha zona de segurança.

Evidentemente meu intervalo tinha sido longo demais. Eu tinha pensado que a massagem fosse contrabalançar o inchaço e o acúmulo de ácido lático, mas estava errado em relação a isso também, e deveria ter tomado mais comprimidos de sal para evitar as cãibras. Antes de eu tentar bater o recorde, alguns haters tinham me encontrado na internet e previsto meu fracasso, mas eu os havia ignorado e deixado de assimilar por completo as duras verdades contidas na negatividade deles. Achava que, contanto que treinasse pesado, o recorde estaria no papo, e consequentemente não estava tão bem-preparado quanto deveria.

Você não tem como se preparar para fatores desconhecidos, mas, se tiver mais foco antes do dia decisivo, provavelmente só terá que administrar um ou dois deles, não dez. Em Nova York, foram surgindo empecilhos demais, e os fatores desconhecidos em geral vão deixando um rastro de dúvida. Depois de fracassar, encarei meus haters de frente e admiti que minha margem de erro era estreita. Eu pesava 95 quilos, bem mais do que qualquer outra pessoa que algum dia houvesse tentado bater aquele recorde, e minha probabilidade de fracasso era alta.

Passei duas semanas sem tocar numa barra fixa, mas, ao voltar para Honolulu, comecei a fazer séries na minha academia em casa e percebi na mesma hora a diferença na barra. Mesmo assim, precisava resistir à tentação de pôr toda a culpa naquela barra frouxa, pois havia poucas chances de uma outra, mais bem fixada, se traduzir em mais 1.521 repetições. Pesquisei sobre giz esportivo, luvas e fitas para revestir a barra. Pedi amostras e experimentei tudo isso. Dessa vez, eu queria um ventilador abaixo da barra para me refrescar entre as séries e modifiquei minha alimentação.

Em vez de me abastecer só de carboidratos, acrescentei alguma proteína e bananas para evitar as cãibras. Quando chegou a hora de escolher um local para tentar bater o recorde, sabia que precisava voltar às minhas raízes. Isso significava esquecer o glamour e ir para alguma masmorra. E numa ida a Nashville encontrei o lugar perfeito: uma academia de crossfit a menos de 2 quilômetros da casa da minha mãe, cujo dono era um ex-fuzileiro naval chamado Nandor Tamaska.

Depois de trocar alguns e-mails com ele, fui correndo até a Brentwood Hills CrossFit conhecê-lo. A academia ficava numa galeria comercial, dessas de rua, quase do lado de uma Target, e tinha zero luxo. O piso era de tatame preto, havia baldes de giz, barras de ferro e várias pessoas pegando firme na maromba. Quando entrei, a primeira coisa que fiz foi segurar a barra fixa e sacudi-la. Como eu esperava, a barra era chumbada no chão. Até mesmo uma pequena folga me obrigaria a ajustar a pegada no meio de uma série. E, quando seu objetivo são 4.021 repetições, todos os movimentos, por mais minúsculos que sejam, se acumulam e vão formando um reservatório de energia desperdiçada, o que acaba por cobrar seu preço.

– É exatamente disso que eu preciso – falei, segurando a barra.

– Pois é – disse Nandor. – A barra tem que ser firme para fazer as vezes também de suporte para agachamento.

Além da força e da estabilidade, a barra tinha também a altura ideal. Eu não queria uma barra baixa, porque dobrar as pernas pode causar cãibras nos músculos posteriores de coxa. Precisava que ela fosse alta o suficiente para eu conseguir segurá-la ficando na ponta dos pés.

Pude ver na mesma hora que Nandor era um parceiro de conspiração perfeito para aquela missão. Ele tinha se alistado nas Forças Armadas, virado crossfiteiro e se mudado de Atlanta para Nashville com a mulher e os filhos para abrir sua primeira academia. Não são muitas as pessoas dispostas a abrir as portas e deixar um desconhecido ocupar sua academia, mas Nandor apoiava a causa da fundação Warrior.

Minha segunda tentativa foi marcada para o mês de novembro, e durante cinco semanas seguidas fiz entre quinhentas e 1.300 repetições na barra fixa na minha academia de casa, no Havaí. Durante minha última sessão na ilha, fiz 2 mil repetições em cinco horas, então peguei um voo para Nashville e cheguei seis dias antes da data marcada.

Nandor reuniu o pessoal que malhava na academia dele para serem minhas testemunhas e minha equipe de apoio. Ele cuidou da playlist, providenciou o giz e montou uma sala nos fundos para o caso de eu precisar descansar. Também divulgou um comunicado à imprensa. Treinei na academia dele nos dias que antecederam a data, e um canal de notícias da região foi lá cobrir. O jornal da cidade também publicou uma matéria. Foi tudo em pequena escala, mas Nashville estava ficando curiosa, em especial os crossfiteiros mais radicais. Vários foram lá ver o que estava rolando. Falei com Nandor recentemente e gostei da descrição que ele fez.

– As pessoas correm há décadas, e correm longas distâncias, mas 4 mil repetições na barra fixa não é algo que o corpo humano tenha sido projetado para fazer. Então ter a chance de testemunhar algo assim era bem bacana.

Passei o dia inteiro antes da tentativa descansando, e cheguei à academia me sentindo forte e preparado para o campo minado que tinha pela frente. Nandor e minha mãe colaboraram para deixar tudo preparado. Havia um cronômetro digital lustroso na parede que marcava também minha contagem, além de dois relógios de parede movidos a pilha para servir de apoio. Havia uma faixa do *Guinness* pendurada acima do balcão e uma equipe de filmagem, porque cada repetição tinha que ser registrada para potencial revisão. Eu estava usando a fita certa em volta da barra, que estava chumbada e firme. Minhas luvas eram perfeitas. E, quando comecei, meu desempenho foi explosivo.

Os números continuavam os mesmos. Meu objetivo era fazer seis repetições por minuto, e nas dez primeiras séries subi até a altura do peito. Então me lembrei do meu plano de ação de minimizar os movimentos desnecessários e o desperdício de energia. Na minha primeira tentativa, eu me sentira pressionado a elevar o queixo bem acima da barra, mas, embora todo esse espaço extra ficasse bem na fita para quem estava vendo, não podia nem iria me ajudar a bater o recorde. Dessa vez eu disse a mim mesmo para mal passar com o queixo da barra e não usar braços e mãos para mais nada a não ser as repetições. Em vez de estender a mão para pegar minha garrafa d'água como tinha feito em Nova York, coloquei-a em cima de uma pilha de caixotes de madeira (daqueles usados para praticar saltos), de modo que eu só precisasse me virar e sugar minha alimentação por um canudo. O primeiro gole foi meu gatilho para reduzir a amplitude do meu movimento, e daí em diante me mantive disciplinado e fui acumulando as repetições. Estava indo bem e mais confiante do que nunca. Não estava pensando em somente 4.020 elevações. Eu queria aguentar as 24 horas inteiras. Se conseguisse, seria possível fazer 5 mil, ou até 6 mil!

Me mantive ultra-atento, analisando meu corpo à procura de qualquer problema físico que pudesse aparecer e atrapalhar a tentativa. Tudo estava correndo bem até que, quase quatro horas depois de começar e tendo feito 1.300 repetições, minhas mãos começaram a criar bolhas. Entre uma série e outra, minha mãe ia colando curativos do tipo segunda pele para não deixar abrir nenhum corte. Aquilo era um problema novo para mim, e me lembrei de todos os comentários céticos que lera nas redes sociais antes da tentativa. Meus braços eram demasiado compridos, as pessoas diziam. Eu era pesado demais. Não tinha uma forma física ideal e fazia pressão excessiva nas mãos. Como na primeira tentativa não tivera problema nenhum na palma das mãos, eu tinha ignorado esse último comentário, mas no meio da segunda me dei conta de que era porque a primeira barra tinha muita folga. Dessa vez eu tinha mais estabilidade e potência, mas com o tempo aquela barra tinha causado um estrago.

Mesmo assim fui em frente, mas depois de 1.700 repetições meus antebraços começaram a doer e quando dobrava os braços eu sentia fisgadas nos bíceps também. Recordei as sensações da primeira tentativa. Aquilo era o início das cãibras, então entre uma série e outra tomei comprimidos de sal e comi duas bananas, o que aliviou meu desconforto muscular. Já a palma das mãos só foi piorando.

Cento e cinquenta elevações mais tarde, pude sentir quando as feridas se abriram debaixo das luvas. Sabia que deveria parar e resolver o problema, mas também sabia que isso poderia ser um gatilho para meu corpo travar e parar de responder. Estava tentando apagar dois incêndios ao mesmo tempo e não sabia qual deles combater primeiro. Optei por manter o ritmo de minuto em minuto, e durante as pausas fui experimentando diferentes soluções. Calcei primeiro dois pares de luvas, depois três. Recorri ao meu velho amigo silver tape. Não adiantou. Eu não podia envolver a barra com protetores acolchoados porque isso ia contra as regras do *Guinness*. Eu só podia tentar outras coisas para continuar no páreo.

Dez horas depois de iniciada a tentativa, cheguei a um impasse. Só estava conseguindo fazer três repetições por minuto. A dor era lancinante, e eu precisava de algum alívio. Tirei a luva direita. Camadas de pele saíram junto. A palma da minha mão parecia um hambúrguer cru. Minha mãe ligou para Regina, uma amiga médica que morava perto, e fui com ela até a sala dos fundos para tentar salvar minha tentativa de bater o recorde. Ao chegar, Regina avaliou a situação, sacou uma seringa, encheu-a de anestésico local e inclinou a agulha na direção da ferida aberta na minha mão direita.

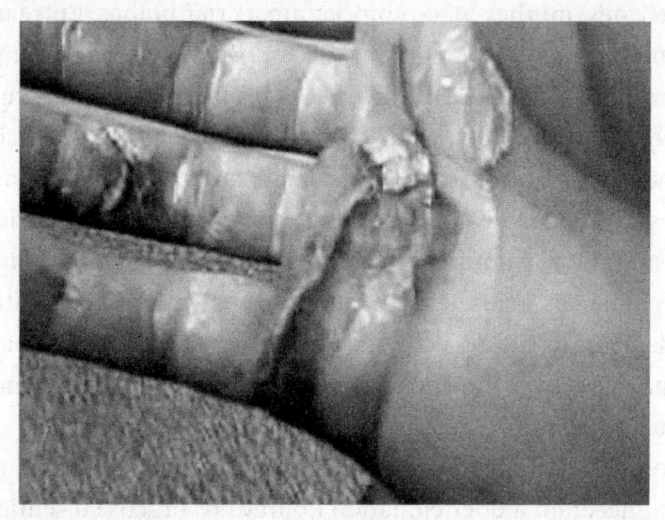

**Minha mão durante a segunda tentativa de bater o recorde**

Ela me encarou. Meu coração tinha disparado e cada centímetro da minha pele estava coberto de suor. Eu podia sentir meus músculos esfriando e se enrijecendo, mas assenti, olhei para o outro lado, e ela cravou a agulha bem fundo. Doeu demais, mas contive o grito primal que tive vontade de dar. *Não demonstre fraqueza* continuava sendo o meu lema, o que não queria dizer que eu estivesse me sentindo forte. Minha mãe tirou minha luva esquerda, já prevendo a segunda injeção, mas Regina estava ocupada examinando o inchaço dos meus bíceps e os espasmos nas protuberâncias nos meus antebraços.

– David, você parece estar com rabdomiólise – disse ela. – Não deveria continuar. Isso é perigoso.

Como eu não fazia ideia do que ela estava falando, Regina me explicou.

Existe um fenômeno que ocorre quando um grupo muscular é excessivamente sobrecarregado durante tempo demais. Os músculos ficam sem glicose e as fibras musculares começam a ser destruídas, o que libera mioglobina na corrente sanguínea, uma proteína fibrosa que armazena oxigênio no músculo. Quando isso acontece, cabe aos rins filtrar todas essas proteínas e, se não conseguirem dar conta, eles entram em falência.

– Isso pode matar você – disse ela.

Minhas mãos latejavam de dor. Meus músculos estavam travando, e os riscos não poderiam ser maiores. Qualquer pessoa racional teria jogado a toalha, mas eu podia ouvir *Going the Distance* em volume máximo nos alto-falantes e soube que aquele era o meu décimo quarto assalto, o meu momento "Me corta, Mick".

Esqueça a racionalidade. Levantei a palma esquerda e fiz Regina cravar sua agulha. Ondas de dor percorreram o meu corpo enquanto uma safra recorde de dúvidas brotava na minha mente. Ela envolveu a palma das minhas duas mãos em gaze e esparadrapo cirúrgico e me calçou um par de luvas limpo. Então voltei para o salão principal da academia e recomecei. Estava em 2.900 e, contanto que continuasse no páreo, ainda acreditava que tudo fosse possível.

Passei duas horas fazendo séries de duas e três repetições por minuto, mas a sensação era de estar segurando uma barra incandescente, ou seja, eu tinha passado a usar a ponta dos dedos para segurá-la. Primeiro usei quatro, depois três. Consegui a duras penas fazer mais cem repetições, depois mais cem. As horas foram passando. Fui chegando mais perto, mas com a rabdomiólise o colapso era iminente. Fiz várias séries de elevações com os pulsos apoiados na barra. Dito assim parece impossível, mas eu consegui continuar até as substâncias anestésicas pararem de funcionar. Daí em diante, o simples fato de dobrar os dedos era como apunhalar minha própria mão com uma faca afiada.

Depois de fazer 3.200 elevações, fiz as contas e percebi que, se conseguisse fazer oitocentas séries de uma, levaria treze horas e uns trocados para bater o recorde e conseguiria por um triz antes de completar 24 horas. Aguentei 45 minutos. A dor era insuportável, e o clima no ambiente tinha passado de otimista para soturno. Eu continuava tentando demonstrar o mínimo de fraqueza possível, mas os voluntários me viam mexer toda hora nas luvas e mudar a pegada. Eles sabiam que algo estava radicalmente errado. Quando fui para a salinha dos fundos me recompor pela segunda vez, ouvi um suspiro coletivo que soou como um mau presságio.

Regina e minha mãe tiraram o esparadrapo das minhas mãos, e pude sentir a carne descascar como se fosse uma banana. Ambas as minhas palmas estavam cortadas até a derme, que é onde ficam os nervos. No caso de Aquiles foi o calcanhar e, no caso das repetições na barra fixa, meu dom e minha perdição foram as minhas mãos. Os céticos tinham razão. Eu não era um daqueles caras graciosos e magrinhos que fazem barra fixa. Eu era forte, e a força vinha da minha pegada. Só que agora minha mão parecia mais um modelo de aula de anatomia do que o membro de um ser humano.

Emocionalmente, eu estava um caco. Não só devido à pura exaustão física, ou por não ter conseguido bater o recorde para mim mesmo, mas por causa de todas as pessoas que tinham aparecido para ajudar. Eu havia ocupado a academia de Nandor e sentia ter deixado todo mundo na mão. Sem dizer nada, minha mãe e eu saímos de fininho pelos fundos como se estivéssemos fugindo da cena de um crime, e enquanto ela me levava para o hospital eu não conseguia parar de pensar: *Eu sou melhor do que isso!*

Enquanto Nandor e sua equipe tiravam os relógios da parede, desamarravam as faixas, varriam o giz do chão e retiravam restos de fita ensanguentada da sua barra fixa, minha mãe e eu afundamos em duas cadeiras na sala de espera do pronto-socorro. Eu segurava o que tinha sobrado da minha luva esquerda. Aquilo parecia algo saído da cena do crime de OJ Simpson, como se tivesse marinado em sangue. Ela me encarou com firmeza e balançou a cabeça.

– Bom, de uma coisa eu tenho certeza...

Depois de uma longa pausa, eu a encarei de volta.

– O quê?

– Você vai fazer isso outra vez.

Ela leu meus pensamentos. Eu já estava fazendo minha autópsia ao vivo e, assim que minhas mãos ensanguentadas permitissem, escreveria um AAR completo. Sabia que havia tesouros naquele naufrágio e uma vantagem a ser obtida em algum lugar. Só precisava juntar as peças como num quebra-cabeça. E o fato de ela entender isso sem eu precisar dizer nada me deu ânimo.

Muita gente se cerca de pessoas que estimulam nosso desejo de conforto. Pessoas que prefeririam tratar a dor de nossas feridas e evitar futuras lesões a nos ajudar a formar calos por cima delas e tentar outra vez. Precisamos nos cercar de pessoas que nos digam o que precisamos ouvir, não o que queremos ouvir, mas que ao mesmo tempo não nos deem a sensação de estar tentando o impossível. Minha mãe era minha maior fã. Sempre que eu fracassava na vida, ela me perguntava quando e onde eu iria tentar outra vez. Nunca dizia *Bom, vai ver não era para ser.*

A maioria das guerras é vencida ou perdida em nossa própria mente, e quando estamos numa trincheira em geral não estamos sós e precisamos confiar na qualidade do coração, da mente e do diálogo da pessoa que está ali conosco. Porque em determinado momento precisaremos de algumas palavras de incentivo para nos manter focados e mortais. Naquele hospital, na minha própria trincheira particular, eu estava imerso em dúvida. Tinha ficado oitocentas repetições aquém da meta, e sabia o que significavam essas oitocentas repetições. Significavam um longo dia! Mas não havia ninguém mais com quem eu quisesse ter estado naquela trincheira.

– Não se preocupe – disse ela. – Vou começar a ligar para as testemunhas assim que a gente voltar para casa.

– Positivo – respondi. – Fala para elas que daqui a dois meses vou estar de volta naquela barra.

★ ★ ★

Na vida não existe dádiva mais subestimada nem mais inevitável do que o fracasso. Eu já encarei alguns e aprendi a valorizá-los, porque, se você fizer sua autópsia, poderá encontrar pistas sobre onde fazer ajustes para finalmente cumprir sua tarefa. E não estou me referindo a uma lista mental: depois dessa segunda tentativa, eu anotei tudo num papel, só que não comecei com a questão mais óbvia, ou seja, minha pegada. No início fiz um esforço mental para lembrar de tudo que tinha dado certo, porque em todo fracasso muitas coisas boas terão acontecido, e é preciso reconhecê-las.

O melhor ponto positivo em relação à tentativa de Nashville fora a academia de Nandor. Sua academia-masmorra era o ambiente perfeito para mim. Sim, eu estou nas redes sociais e de vez em quando atraio a atenção da imprensa, mas não sou uma figura de Hollywood. Tiro minha força de um lugar muito sombrio, e a academia de Nandor não era um lugar feliz fajuto. Era um ambiente escuro, cheio de suor, doloroso e real. Liguei para ele logo no dia seguinte e perguntei se poderia voltar lá para treinar e fazer outra tentativa de bater o recorde. Eu já tinha demandado muito tempo e energia da parte dele, além de deixar uma bagunça ao sair, então não fazia ideia de como ele reagiria.

– Claro, vambora!

Foi muito importante ter o apoio dele outra vez.

Outro ponto positivo foi como lidei com meu segundo fracasso. Eu tinha saído do tatame e estava dando a volta por cima antes mesmo de ser atendido pelo médico no pronto-socorro. É esse o lugar em que você quer estar. Não pode permitir que um simples fracasso tire sua missão dos trilhos e deixar que ele assuma o controle do seu cérebro e sabote suas relações com as pessoas que lhe são próximas. Todo mundo fracassa às vezes, e na vida não existe garantia de justiça, muito menos de que todos os seus mínimos desejos serão atendidos.

A sorte é caprichosa. Ela nem sempre lhe será favorável, então você não pode se deixar encurralar pela ideia de que, só porque imaginou uma possibilidade para si, de alguma forma a merece. A sua mente que se acha no direito de alguma coisa é um peso morto. Livre-se dela. Não foque naquilo que pensa merecer. Mire no que você está disposto a fazer por merecer!

Nunca culpei ninguém pelos meus fracassos e não baixei a cabeça em Nashville. Mantive a humildade e passei por cima da minha mente que se achava no direito de conquistar aquilo, porque sabia muito bem que não tinha feito por merecer. O placar não mente, e eu não fiquei me iludindo do contrário. Acredite ou não, a maioria das pessoas prefere se iludir. Elas culpam os outros, a falta de sorte ou as circunstâncias caóticas. Eu não tinha feito isso, o que era um ponto positivo.

Na coluna de pontos positivos do meu AAR, também listei a maior parte dos equipamentos que usamos. A fita que envolvia a barra e o giz funcionaram e, muito embora a barra em si tivesse me destruído, ela também me ajudou a fazer setecentas repetições a mais, de modo que eu estava indo na direção certa. Outro ponto positivo foi o apoio da comunidade crossfiteira de Nandor. Era ótimo estar cercado por pessoas tão intensas e respeitosas, só que daquela vez eu precisava cortar pela metade o número de voluntários. Queria o mínimo de agitação possível no ambiente.

Depois de listar todos os pontos positivos, chegou a hora de avaliar minha disposição mental e, se você quiser cumprir todas as etapas necessárias da sua autópsia pós-fracasso, deve fazer essa avaliação também. Ela significa examinar como e o que você estava pensando durante as fases de preparação e execução do seu fracasso. Meu comprometimento com a preparação e minha determinação durante a tentativa sempre estiveram presentes. Eles não fraquejaram, mas minha crença era mais frágil do que eu gostava de admitir, e durante a preparação da minha terceira tentativa era crucial superar qualquer dúvida.

Não foi fácil, porque, depois do meu segundo fracasso em duas tentativas, a internet estava lotada de gente que duvidava de mim. O detentor do recorde, Stephen Hyland, era um cara leve, magro e forte, com a palma da mão grossa e musculosa. Tinha o físico perfeito para bater o recorde na barra fixa, e todo mundo me dizia que eu era simplesmente grande demais, tinha um físico excessivamente bruto e deveria parar de tentar antes de me machucar ainda mais. As pessoas apontavam para o placar, e os números não mentem. Ainda me faltavam mais de oitocentas repetições para bater o recorde. Isso era mais do que eu conseguira acrescentar entre minha primeira e minha segunda tentativas. Desde o início, algumas dessas pessoas tinham previsto que minhas mãos não aguentariam o rojão e, quando a verdade tinha se revelado em Nashville, formou-se um obstáculo mental imenso. Parte de mim se perguntava se essas pessoas tinham razão. Se o que eu estava tentando fazer era impossível.

Então pensei num corredor inglês de média distância de antigamente chamado Roger Bannister. Quando ele estava tentando bater o recorde de quatro minutos para percorrer uma milha (1,6km), nos anos 1950, os especialistas lhe disseram que era impossível, mas isso não o deteve. Ele fracassou várias vezes, mas perseverou, e no dia 6 de maio de 1954, ao correr sua milha histórica em 3'59"4, ele não só bateu um recorde: ele rompeu as comportas pelo simples fato de provar que aquilo era possível. Seis semanas mais tarde seu recorde foi superado, e hoje mais de mil corredores já fizeram o que antes se pensava estar além da capacidade humana.

Todos nós temos culpa no cartório quando se trata de permitir que supostos especialistas, ou apenas pessoas mais experientes do que nós em determinada área, estabeleçam um limite para nosso potencial. Um dos motivos que nos faz amar esportes é porque também adoramos ver esse teto de vidro se estilhaçar. Se eu quisesse ser o próximo atleta a mostrar quão enganada estava a percepção popular, precisaria parar de dar ouvidos à dúvida, quer ela viesse de fora, quer brotasse de dentro de mim, e a melhor forma de fazer isso era decidir que o recorde de repetições em barra fixa já era meu. Eu não sabia quando ele se tornaria meu oficialmente. Talvez fosse dali a dois meses, talvez dali a vinte anos, mas, uma vez que decidi que ele já era meu e o destaquei do calendário, fiquei muito mais confiante e todas as pressões se aliviaram, porque minha tarefa deixou de ser tentar realizar o impossível e passou a ser trabalhar para alcançar algo inevitável. Só que para chegar lá eu teria que encontrar a vantagem tática que ainda me faltava.

Uma revisão tática é o último e mais importante item de qualquer autópsia ao vivo ou AAR. E embora em termos táticos eu tivesse progredido desde a primeira tentativa, usando uma barra mais estável e minimizando o desperdício de energia, ainda me faltavam oitocentas repetições, então era preciso detalhar mais os números. Seis repetições por minuto em todos os minutos já tinham me deixado na mão duas vezes. Sim, isso me colocaria numa rota expressa para chegar a 4.020, só que eu nunca tinha conseguido chegar lá. Dessa vez decidi começar mais devagar para ir mais longe. Também sabia, por experiência própria, que chegaria a um ponto de impasse quando alcançasse as dez horas e que minha resposta a isso não podia ser um intervalo maior. A marca das dez horas tinha dado um soco na minha cara duas vezes, e em ambas eu havia parado por cinco minutos ou mais, o que levara muito rapidamente ao fracasso final. Eu precisava me ater à minha estratégia e limitar qualquer intervalo a quatro minutos no máximo.

Faltava resolver a questão da barra. Sim, ela provavelmente iria machucar minhas mãos de novo, então eu precisava encontrar um jeito de contornar isso. Segundo as regras, não podia mudar a distância entre as mãos no meio da tentativa. A largura precisava se manter fixa desde a primeira repetição. A única coisa que eu poderia mudar era a forma de proteger minhas mãos. Na preparação para a minha terceira tentativa, experimentei todos os tipos de luva que existem. Também consegui autorização para usar almofadas de espuma especiais feitas sob medida para proteger as palmas.

Lembrei de ter visto um ou dois companheiros SEALs usarem fatias de colchão de espuma para proteger as mãos ao levantar pesos grandes, e liguei para um fabricante de colchões a fim de encomendar almofadas sob medida feitas de espuma viscoelástica para as minhas mãos. O *Guinness* aprovou o equipamento, e às dez da manhã do dia 19 de janeiro de 2013, dois meses após fracassar pela segunda vez, eu estava de volta à barra fixa na Brentwood Hills CrossFit.

Comecei tranquilo e sem pressa, com cinco repetições por minuto. Não prendi minhas almofadas de espuma com esparadrapo: simplesmente as segurei no lugar em volta da barra, e elas pareceram funcionar bem. Depois de uma hora, a espuma tinha assumido o formato das minhas mãos, isolando-as de uma dor semelhante à causada por ferro fundido. Pelo menos era o que eu esperava. Por volta das duas horas, com seiscentas repetições feitas, pedi a Nandor que pusesse para tocar *Going the Distance* no repeat. Senti uma espécie de clique dentro de mim e entrei em modo ciborgue total.

Encontrei um ritmo na barra, e entre uma série e outra ficava sentado num banco de pesos encarando o chão salpicado de giz. Meu campo de visão se estreitou até virar um túnel à medida que eu preparava minha mente para o sofrimento que estava por vir. Quando a primeira bolha na minha palma estourou, soube que a coisa estava prestes a acontecer. Só que dessa vez, graças a meus fracassos anteriores e à minha autópsia, eu estava preparado.

O que não quer dizer que tenha sido divertido. Não foi. Para mim já chegava. Eu não queria mais fazer nenhuma repetição, mas alcançar objetivos ou superar obstáculos não precisa ser divertido. Sementes explodem de dentro para fora num ritual de autodestruição, e daí nasce uma nova vida. Isso tem cara de ser divertido? De ser gostoso? Eu não estava naquela academia para ser feliz nem para fazer o que queria estar fazendo. Estava lá para me virar do avesso, se fosse isso o necessário para demolir toda e qualquer barreira mental, emocional e física.

Depois de doze horas, finalmente cheguei a 3 mil repetições, um marco importante para mim, e tive a sensação de ter dado de cara na parede. Estava irritado, com dor, e minhas mãos começavam a se desmilinguir outra vez. Eu ainda estava muito distante do recorde e sentia todos os olhos do recinto cravados em mim. Junto com eles veio o peso esmagador do fracasso e da humilhação. De repente me vi outra vez no cubículo dos equipamentos durante minha terceira Semana Infernal, enrolando silver tape nas canelas e nos tornozelos antes de ir me juntar a uma nova turma de BUD/S, quando já sabia que aquela seria minha última chance.

É preciso muita força para se dispor a ficar vulnerável o suficiente e dar a cara a tapa em público, tentando alcançar um sonho que parece estar escorrendo por entre os dedos. Nossos familiares e amigos estão assistindo e, mesmo você estando com pessoas positivas ao seu redor, elas terão as próprias opiniões sobre quem você é, no que é bom e como deveria focar sua energia. É simplesmente a natureza humana, e se tentar fazê-las sair da caixa vai receber alguns conselhos não solicitados que têm o poder de sufocar suas aspirações se você permitir. Muitas vezes a intenção das pessoas que nos cercam não é má. Ninguém que se importe conosco realmente quer nos ver magoados. Eles querem que estejamos seguros, confortáveis e felizes, não olhando para o chão de uma masmorra, tentando juntar os cacos de nossos sonhos estilhaçados. Paciência. Há muito potencial nesses momentos de dor. E, se você entender como reconstruir novamente essa imagem estilhaçada, também vai encontrar muito poder nisso!

Limitei meu intervalo a apenas quatro minutos, como planejado. Tempo suficiente para enfiar as mãos, junto com as almofadas de viscoelástico, dentro de um par de luvas acolchoadas. Quando voltei à barra, porém, estava me sentindo lento e fraco. Nandor, sua mulher e os outros voluntários viram a minha dificuldade, mas me deixaram em paz para pôr meu fone de ouvido, encarnar Rocky Balboa e seguir na luta, uma repetição de cada vez. Caí de quatro repetições por minuto para três e encontrei novamente meu transe de ciborgue. Fechei a cara, e tudo escureceu. Imaginei que a minha dor era a criação de um cientista maluco chamado Stephen Hyland, o gênio do mal que estava temporariamente em posse do meu recorde e da minha alma. Era ele! Aquele cara estava me torturando lá do outro lado do mundo, e cabia a mim – e apenas a mim – seguir acumulando repetições e avançar para cima dele feito um rolo compressor se quisesse capturar *sua* alma!

Que fique bem claro: eu não estava com raiva de Hyland; eu nem sequer o conheço! Só fui para esse lugar de modo a encontrar a força de que precisava para seguir em frente. Na minha mente, a briga passou a ser com ele, não por excesso de confiança ou inveja, mas para conseguir abafar minhas próprias dúvidas. A vida é um jogo mental. Essa foi só a última tática que usei para vencer um jogo dentro do jogo. Eu precisava tirar forças de algum lugar e, se você conseguir encontrar essa força na pessoa que estiver no seu caminho, isso é muito poderoso.

À medida que as horas foram passando, comecei a diminuir a distância que nos separava, mas as elevações não vinham depressa e não estavam sendo fáceis. Eu estava cansado tanto mental quanto fisicamente, minha rabdomiólise se intensificara, e já fazia só três repetições por minuto. Quando cheguei a 3.800, tive a sensação de que dava para ver o alto da montanha. Também sabia que, num piscar de olhos, podia não conseguir continuar mais. Há histórias de atletas que conseguem chegar ao quilômetro 208 da Badwater e são incapazes de concluir um percurso de 217! Você nunca sabe quando vai alcançar seus 100% e chegar à fadiga muscular total. Fiquei esperando esse momento chegar, aquele em que eu não fosse mais conseguir erguer os braços. A dúvida me perseguia como uma sombra. Dei o melhor de mim para controlá-la ou fazê-la se calar, mas mesmo assim ela reaparecia, me seguindo, me empurrando.

Após dezessete horas de dor, por volta das três da manhã do dia 20 de janeiro de 2013, fiz as repetições 4.020 e 4.021, batendo o recorde mundial. Todo mundo na academia comemorou, mas eu mantive a calma. Após duas outras séries e 4.030 repetições no total, tirei os fones dos ouvidos, encarei a câmera e falei:

– Te alcancei, Stephen Hyland!

Num só dia, eu tinha levantado o equivalente a 383.750 quilos, quase três vezes o peso de um ônibus espacial! "Vivas" se transformaram em risadas enquanto eu tirava as luvas e desaparecia na salinha dos fundos, mas para surpresa geral eu não estava com disposição para comemorar.

Isso deixa você em choque também? Você sabe que nunca me dou por satisfeito e nunca me darei por satisfeito, porque eu levo uma vida movida pela missão da vez e estou sempre à caça do próximo desafio. Foi por causa dessa disposição mental que bati aquele recorde, corri a Badwater, virei SEAL, arrebentei na Escola de Rangers, e por aí vai. Na minha mente, eu sou aquele cavalo de corrida sempre atrás da cenoura que nunca vai conseguir alcançar, eternamente tentando me provar para mim mesmo. E, quando você vive assim e alcança um objetivo, o sucesso vem como um anticlímax.

Ao contrário da minha primeira tentativa de bater o recorde, meu sucesso mal causou qualquer nota no noticiário. E, por mim, tudo bem. Eu não estava fazendo aquilo para ser paparicado. Arrecadei algum dinheiro e aprendi tudo que tinha a aprender daquela barra fixa. Depois de fazer mais de 67 mil repetições em nove meses, estava na hora de colocá-las no meu Pote de Biscoitos e seguir em frente. Porque a vida é um longo jogo imaginário sem placar nem juiz, que só termina quando estamos mortos e enterrados.

E tudo que eu sempre havia querido dela fora me tornar bem-sucedido aos meus próprios olhos. Isso não significava riqueza, fama, uma garagem cheia de carros bacanas nem uma dezena de mulheres lindas na minha cola. Significava me tornar o homem mais casca-grossa que o mundo já viu. Com certeza acumulei alguns fracassos pelo caminho, mas na minha mente aquele recorde provou que eu estava perto. Só que o jogo ainda não tinha terminado, e ser casca-grossa vinha acoplado à exigência de extrair da minha mente, do meu corpo e da minha alma a última gota antes do apito final.

Eu continuaria numa busca constante. Não iria deixar nada por fazer. Queria fazer por merecer o meu descanso final. Pelo menos era assim que eu pensava na época. Porque não fazia ideia do quão perto do fim já estava.

## DESAFIO Nº 10

Pense nos seus mais recentes e mais retumbantes fracassos. Abra seu diário uma última vez. Desconecte-se da versão digital e anote-os à mão. Quero que você sinta esse processo, porque está prestes a fazer seu próprio Relatório Pós-Ação, ainda que com algum atraso.

Em primeiro lugar, anote todas as coisas boas relacionadas aos seus fracassos, tudo que tiver corrido bem. Entre em detalhes e seja generoso consigo mesmo. Certamente, muita coisa boa aconteceu. É raro tudo ser ruim. Então anote de que forma você lidou com o fracasso. Ele afetou sua vida e seus relacionamentos? De que maneira?

Em que você pensou durante os estágios de preparação e execução do seu fracasso? Você precisa saber como estava pensando em cada passo, porque tudo se resume à sua disposição mental, e é nesse ponto que a maioria das pessoas deixa a desejar.

Agora volte e faça uma lista das coisas que pode mudar. Não é hora de ser brando nem generoso. Seja brutalmente sincero e anote tudo. Estude essas coisas. Então cheque seu calendário e agende outra tentativa para o quanto antes. Se o fracasso tiver sido na infância e você não tiver como recriar a importante partida da liga juvenil na qual fracassou, mesmo assim quero que escreva o relatório, porque provavelmente vai poder usar essas informações para alcançar outro objetivo daqui para a frente.

Enquanto estiver se preparando, mantenha esse AAR ao alcance da mão, consulte-se com seu Espelho da Responsa e faça todos os ajustes necessários. Quando chegar a hora da execução, mantenha no primeiro plano da mente tudo que aprendemos sobre o poder de uma mente calejada, sobre o Pote de Biscoitos e sobre a Regra dos 40%. Controle sua disposição mental. Domine seu processo de pensamento. Esta vida inteira é um jogo mental. Entenda isso. Reconheça esse fato!

E, se fracassar outra vez, paciência. Assuma a dor. Repita esses passos e continue na luta. É disso que se trata. Compartilhe suas histórias de preparação, treinamento e execução nas redes sociais com as hashtags #canthurtme #empowermentoffailure [empoderamento do fracasso].

## CAPÍTULO ONZE

# E SE?

ANTES MESMO DE A CORRIDA COMEÇAR, EU JÁ SABIA QUE NÃO ESTAVA legal. Em 2014, o Serviço de Parques Nacionais não quis aprovar o percurso tradicional da Badwater, então Chris Kostman refez o mapa. Em vez de começar no Parque Nacional do Vale da Morte e percorrer 67 quilômetros do deserto mais quente do planeta, a corrida começaria mais ao norte, na base de uma subida de 35 quilômetros. Meu problema não era esse. Era o fato de eu estar pisando na linha de largada com 5 quilos a mais do que meu peso habitual de corrida, 5 quilos ganhos nos sete dias anteriores. Eu não estava gordo. Aos olhos de um observador leigo, parecia em forma, mas a Badwater não era uma corrida comum. Para correr e terminar bem, minha condição física tinha que estar impecável, e eu estava longe disso. O que quer que estivesse acontecendo comigo foi um choque, porque, depois de dois anos correndo aquém do meu padrão, eu pensava finalmente ter recuperado meus poderes.

Em janeiro do mesmo ano, tinha vencido uma corrida de trilha glacial de 100 quilômetros chamada Frozen Otter, "Lontra Congelada". Não era uma corrida tão difícil quanto a Hurt 100, mas era quase. Situado no estado de Wisconsin, nos arredores de Milwaukee, o percurso formava um oito deitado, com a linha de largada/chegada bem no meio. Nós passávamos por ali entre as duas voltas, o que nos permitia recorrer ao nosso estoque de comida e outros itens necessários no carro da nossa equipe, e enfiar tudo isso na mochila junto com nosso kit de emergência. O clima pode ser cruel por lá, e os organizadores da corrida faziam uma lista de itens obrigatórios que precisávamos ter conosco a todo momento de modo a não morrermos de desidratação, hipotermia ou exposição ao frio.

A primeira volta era a maior das duas partes, e quando partimos a temperatura estava em torno de -18ºC. A neve das trilhas do percurso nunca era removida. Em alguns lugares, formava montes. Em outras, a trilha parecia recoberta de propósito de gelo escorregadio. Isso era um problema, porque eu não estava de botas nem de calçados próprios para trilha, como a maioria dos meus concorrentes. Amarrei os cadarços dos meus tênis de corrida normais e os enfiei dentro de umas travas vagabundas, que teoricamente deveriam se agarrar ao gelo e me manter em pé. Bom, quem venceu essa guerra foi o gelo, e minhas travas quebraram na primeira hora. Mesmo assim eu estava na frente da corrida, percorrendo a trilha sobre uma média de 15 a 30 centímetros de neve. Em determinados lugares os montes de neve eram bem maiores do que isso. Meus pés estavam frios e molhados desde o tiro de largada, e duas horas depois pareciam inteiramente congelados, sobretudo os dedos. A parte superior do meu corpo não estava se saindo muito melhor. Quando você sua numa temperatura abaixo de zero, o sal sobre seu corpo irrita a pele. Minhas axilas e meu peito estavam muito vermelhos. Eu estava todo assado e meus dedos dos pés doíam a cada passo, mas nada disso pontuava muito alto na minha escala de dor, porque eu estava correndo livre.

Pela primeira vez desde minha segunda cirurgia no coração, meu corpo começava a se recuperar. Eu agora tinha um fornecimento de oxigênio de 100% como todas as outras pessoas, minha resistência e minha força eram sobre-humanas e, embora a trilha fosse uma maçaroca escorregadia, minha técnica também estava em dia. Eu estava em primeiro lugar e parei no carro da minha equipe para comer um sanduíche antes da última volta de 35 quilômetros. Meus dedos dos pés latejavam e doíam muito. Suspeitei que estivessem começando a gangrenar, o que significava que eu corria o risco de perder alguns, mas não queria tirar os tênis para verificar a situação. Mais uma vez, a dúvida e o medo pipocavam no meu cérebro, lembrando-me que apenas um punhado de pessoas conseguira concluir a Frozen Otter e que naquele grau de frio estar na dianteira não garantia nada. O clima, mais do que qualquer outra variável, pode derrotar uma pessoa bem depressa. Só que eu não dei ouvidos a nada disso. Criei um novo diálogo mental e disse a mim mesmo para terminar bem aquela corrida e me preocupar com dedos amputados no hospital depois de ser coroado vencedor.

Voltei para o circuito. Um pouco de sol derreteu parte da neve mais cedo nesse dia, mas o vento frio deixava aquela trilha bem gelada. Enquanto corria, tive um flash do meu primeiro ano na Hurt 100 e do grande Karl Meltzer. Na época eu pisava feito um elefante. Acertava o chão com o calcanhar primeiro, e tocar a trilha lamacenta com a superfície inteira do pé aumentava minhas chances de escorregar e cair. Karl não corria assim. Ele corria igual a um cabrito, quicando sobre os dedos dos pés e correndo pelas bordas da trilha. Assim que seus dedos tocavam o chão, ele erguia as pernas no ar. Por isso parecia estar flutuando. Naturalmente, mal encostava no chão, enquanto sua cabeça e seu core permaneciam estáveis e ativos. Desse momento em diante, seus movimentos ficaram gravados permanentemente no meu cérebro como uma pintura rupestre. Eu os visualizava o tempo inteiro e praticava suas técnicas nas minhas corridas de treino.

Dizem que leva 66 dias para formar um hábito. Para mim leva bem mais do que isso, mas acabo chegando lá. E, durante todos aqueles anos treinando e competindo em ultramaratonas, eu estava aperfeiçoando meu ofício. Um verdadeiro corredor analisa a própria forma. No SEAL nós não aprendíamos a fazer isso, mas depois de tantos anos convivendo com tantos ultramaratonistas eu conseguira assimilar e treinar competências que no início pareciam antinaturais. Na Frozen Otter, meu foco principal era tocar no chão com suavidade, apenas o suficiente para ter explosão. Durante minha terceira turma de BUD/S e depois no meu primeiro pelotão, quando eu era considerado um dos melhores corredores, minha cabeça balançava de um lado para outro. Meu peso não estava equilibrado e, quando meu pé batia no chão, todo o meu peso ficava apoiado nessa única perna, o que levou a algumas quedas feias em terreno escorregadio. Graças ao processo de tentativa e erro – e a milhares de horas de treino –, aprendi a manter o equilíbrio.

Na Frozen Otter tudo se encaixou. Com velocidade e elegância, fui percorrendo as trilhas íngremes e escorregadias. Mantive a cabeça neutra e imóvel, movimentando-me do modo mais silencioso possível e abafando o ruído dos meus passos correndo com a parte da frente dos pés. Quando ganhava velocidade, era como se tivesse desaparecido dentro de um pé de vento e sido alçado a um estado de meditação. Eu me tornei Karl Meltzer. Agora era eu quem parecia levitar acima de uma trilha impossível e terminei a corrida em dezesseis horas, destruindo o recorde do percurso e conquistando o título da Frozen Otter sem perder nenhum dedo do pé.

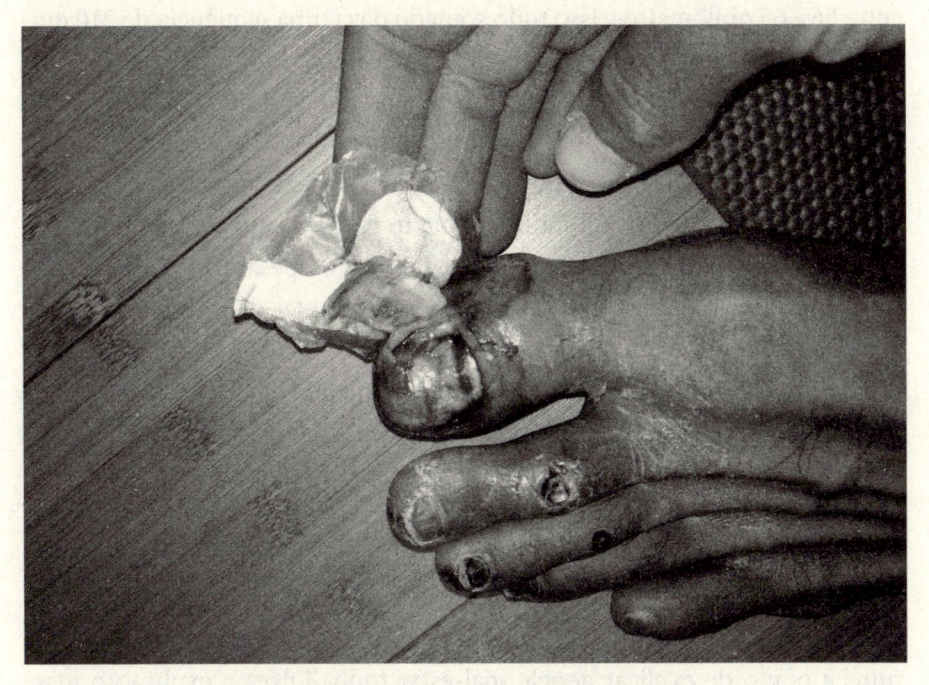

**Meus dedos do pé depois da Frozen Otter**

Dois anos antes, tinha começado a ficar tonto durante corridas fáceis de 10 quilômetros. Em 2013, fora obrigado a caminhar mais de 160 quilômetros na Badwater e acabara terminando em 17º lugar. Estava numa curva descendente e pensava que meus dias de disputa por títulos tivessem ficado para trás. Depois da Frozen Otter, senti-me tentado a acreditar que tinha conseguido voltar, e voltar ainda melhor, e que meus melhores dias de ultra na verdade ainda estavam por vir. Usei essa energia em meus preparativos para a Badwater 2014.

Na época, eu morava em Chicago e trabalhava como instrutor numa escola preparatória para o BUD/S, que preparava os futuros candidatos para lidar com a dura realidade que teriam que enfrentar durante o curso. Após mais de vinte anos, estava no meu último ano de serviço na Marinha e, ao ser posto na posição de poder aconselhar futuros soldados e ex-soldados, sentia que o círculo havia se fechado. Como de costume, corria 16 quilômetros na ida e volta do trabalho, e ainda dava um jeito de incluir mais 13 no intervalo de almoço quando possível. Nos fins de semana, dava pelo menos uma corrida entre 56 e 65 quilômetros. Isso tudo somado dava uma sequência de 210 quilômetros semanais, e eu estava me sentindo forte. Quando veio a primavera, incluí um componente de treinamento para o calor, vestindo quatro ou cinco camadas de moletom, um gorro e uma jaqueta de Gore-Tex antes de sair para correr. Quando chegava no trabalho, meus colegas instrutores do SEAL ficavam me olhando assombrados enquanto eu tirava as roupas molhadas e as enfiava dentro de sacos de lixo pretos que, juntos, pesavam quase 7 quilos.

Comecei a diminuir o ritmo quatro semanas antes da prova, e passei de 210 para 129 quilômetros semanais, depois para 97, 65 e 32. Essa diminuição de ritmo em teoria gera muita energia à medida que você se alimenta e descansa, permitindo ao corpo reparar todos os danos causados e garantir a melhor preparação possível para a competição. Só que eu nunca tinha me sentido pior. Não sentia fome e não conseguia dormir nada. Alguns diziam que meu corpo estava com déficit de calorias. Outros sugeriam que eu poderia estar com carência de sódio. Meu médico avaliou minha tireoide e constatou um funcionamento um pouco anormal, mas as taxas não estavam tão ruins a ponto de explicar aquele mal-estar todo. Talvez a explicação fosse simples: eu estava treinando demais.

Duas semanas antes da prova, pensei em desistir. Estava com medo de ser meu coração outra vez, porque em corridas curtas eu sentia uma onda de adrenalina que não conseguia processar. Até mesmo um ritmo suave fazia meus batimentos dispararem até a arritmia. Dez dias antes da prova, aterrissei em Vegas. Tinha cinco corridas agendadas, mas em nenhuma delas consegui passar da marca dos 5 quilômetros. Apesar de não estar comendo muito, não parava de ganhar peso. Era tudo água. Consultei outro médico que confirmou não haver nada de errado comigo, e quando ouvi isso resolvi não parar de insistir.

Nos primeiros quilômetros e na subida inicial da Badwater 2014, meu ritmo cardíaco subiu muito, mas parte disso foi devido à altitude, e 35 quilômetros depois cheguei ao cume em sexto ou sétimo lugar. Surpreso e orgulhoso, pensei: vamos ver se eu consigo descer. Nunca gostei da brutalidade que é descer correndo uma encosta íngreme, porque isso destrói os quadríceps, mas pensei também que aquilo me permitiria recomeçar do zero e acalmar a respiração. Só que o meu corpo se recusou. Eu não consegui recuperar o fôlego. Cheguei à parte plana lá embaixo, diminuí o ritmo e comecei a andar. Os outros competidores foram me ultrapassando enquanto minhas coxas eram tomadas por espasmos impossíveis de controlar. Eram tão fortes que parecia haver um alien se contorcendo dentro dos meus quadríceps.

Mesmo assim, eu não parei! Caminhei quase 7 quilômetros antes de buscar abrigo num quarto do hotel de beira de estrada Lone Pine, onde a equipe médica da Badwater tinha montado seu quartel-general. Eles me avaliaram e verificaram que minha pressão arterial estava um pouco baixa, mas isso foi fácil de corrigir. Não conseguiram encontrar um único indício capaz de explicar por que eu estava me sentindo tão mal.

Ingeri alimentos sólidos, descansei e decidi tentar mais uma vez. Logo ao sair do Lone Pine havia um trecho plano, e pensei que se pudesse dar conta daquilo talvez conseguisse pegar embalo num segundo fôlego, mas uns 10 ou 12 quilômetros adiante minhas velas continuavam murchas, e eu já tinha dado tudo de mim. Meus músculos tremiam e saltavam, meu coração subia e descia no gráfico. Olhei para meu *pacer* e falei:

– É isso, cara. Chega.

Meu carro de apoio encostou atrás de nós e eu entrei. Alguns minutos depois, estava deitado naquela mesma cama de hotel, com o rabo entre as pernas. Só tinha durado 80 quilômetros, mas qualquer humilhação por ter desistido – algo ao qual eu não estava acostumado – foi engolida pelo instinto de que havia algo muito errado. Não era meu medo nem meu desejo de conforto que estavam falando. Dessa vez eu tinha certeza de que, se não parasse de insistir, não sairia vivo das Sierras.

Saímos do Lone Pine rumo a Vegas na noite seguinte, e passei dois dias dando o melhor de mim para descansar e me recuperar, torcendo para o meu corpo se acomodar em algum ponto próximo do equilíbrio. Estávamos hospedados no Wynn, e na terceira manhã fui dar uma corrida leve para checar se tinha algum combustível no tanque. Depois de 1,5 quilômetro, meu coração estava na boca e abortei a missão. Voltei andando para o hotel certo de que, apesar do que os médicos diziam, eu estava doente – e desconfiava que o que quer que estivesse acontecendo era grave.

Mais tarde nesse mesmo dia, depois de assistir a um filme no subúrbio de Vegas, senti uma fraqueza quando estávamos indo a pé até o Elephant Bar, um restaurante perto do cinema. Minha mãe estava alguns passos na minha frente, e eu a vi triplicada. Fechei os olhos com força, tornei a abri-los, e ainda havia três dela. Ela segurou a porta para eu passar, e ao adentrar o ambiente refrigerado senti-me um pouco melhor. Fomos nos sentar a uma mesa, um de frente para o outro. Eu estava tonto demais para ler o cardápio e pedi para ela escolher para mim. A partir daí tudo foi piorando e, quando o garçom apareceu com nossa comida, minha visão tornou a embaçar. Lutei para abrir os olhos e senti tudo rodar enquanto minha mãe parecia flutuar acima da mesa.

– Você vai ter que chamar uma ambulância, porque eu vou apagar – falei.

Desesperado para sentir alguma estabilidade, apoiei a cabeça na mesa, mas minha mãe não ligou para a emergência. Ela deu a volta na mesa até o meu lado, e eu me apoiei nela enquanto nos encaminhávamos de volta à entrada do restaurante e depois até o carro. No caminho, fui compartilhando com ela o máximo do meu histórico médico de que conseguia me lembrar, em frases curtas, para o caso de perder os sentidos e ela ter mesmo que chamar ajuda. Por sorte, minha visão e minha energia melhoraram o suficiente para ela mesma me levar até o pronto-socorro.

Como minha tireoide já tinha precisado de acompanhamento antes, foi a primeira coisa que os médicos examinaram. Muitos Navy SEALs têm problemas na tireoide quando chegam aos 30 e poucos anos porque, quando se coloca uma pessoa num ambiente extremo como a Semana Infernal ou a guerra, suas taxas hormonais enlouquecem. Quando a glândula tireoide não funciona direito, cansaço, dores musculares e fraqueza são três de mais de uma dezena de efeitos colaterais, mas as minhas taxas da tireoide estavam próximas do normal. Meu coração também estava normal. Os médicos do pronto-socorro em Vegas me disseram que eu só precisava descansar.

Voltei para Chicago e consultei meu próprio médico, que pediu uma bateria de exames de sangue. No consultório dele, examinaram meu sistema endócrino, e foram feitos testes para doença de Lyme, hepatite, artrite reumatoide e uma penca de outras doenças autoimunes. Os resultados foram todos normais, com exceção da tireoide, que estava levemente alterada, o que não explicava como eu tinha passado tão depressa de um atleta de elite capaz de correr centenas de quilômetros a um farsante que mal era capaz de reunir energia suficiente para amarrar os próprios cadarços, quanto mais correr 1 quilômetro sem beirar o colapso. Eu estava na terra de ninguém da medicina. Saí do consultório com mais perguntas do que respostas, além de uma receita de remédio para a tireoide.

A cada dia que passava, eu me sentia pior. Tudo estava desmoronando em cima de mim. Tinha dificuldade para sair da cama, vivia com prisão de ventre e dolorido. Fizeram mais exames de sangue e decidiram que eu sofria de doença de Addison, uma doença autoimune que ocorre quando suas glândulas adrenais ficam exauridas e seu corpo não produz cortisol suficiente, o que é frequente entre os SEALs porque nós somos condicionados a funcionar à base de adrenalina. Meu médico me receitou um corticoide chamado hidrocortisona, DHEA e anastrozol, entre outros medicamentos, mas tomar esses remédios só fez acelerar minha piora. E, depois disso, tanto as respostas dele quanto as de outros médicos que consultei se esgotaram. A expressão dos olhos deles já dizia tudo. Para eles, ou eu era um hipocondríaco maluco, ou estava morrendo e não tinham ideia do que vinha me matando nem de como me curar.

Atravessei esse período da melhor maneira que consegui. Meus colegas não sabiam nada sobre o meu declínio porque eu continuava a não demonstrar nenhuma fraqueza. Tinha passado a vida inteira escondendo todos os meus traumas e inseguranças. Mantinha todas as minhas vulnerabilidades trancadas atrás de uma cortina de ferro, mas a dor acabou ficando tão forte que eu mal conseguia sair da cama. Pedi folga por motivos médicos, fiquei ali deitado encarando o teto e pensei: será que pode ser o fim?

Encarar o abismo fez meus pensamentos voltarem dias, semanas e anos, como dedos a folhear velhos arquivos. Encontrei todas as partes boas e as grampeei juntas para formar um looping de pontos positivos que ficasse passando pela minha mente sem parar. Cresci apanhando e sofrendo maus-tratos, passei por um sistema que me rejeitava a cada etapa do caminho sem aprender nada, até assumir as rédeas da minha própria vida e começar a mudar. Já tinha sido obeso. Já tinha me casado e me divorciado. Já tinha feito duas cirurgias no coração, aprendido a nadar sozinho e conseguido correr com as pernas quebradas. Tinha pavor de altura, então comecei a praticar queda livre em altitude. Morria de medo de água, mas me tornei mergulhador técnico e navegador submarino, o que está vários graus de dificuldade acima do mergulho submarino. Tinha competido em mais de sessenta provas de corrida de grande distância, vencido várias delas e batido um recorde de repetições na barra fixa. Tinha sido gago durante os primeiros anos do ensino fundamental e, quando adulto, me tornado o palestrante mais reconhecido dos Navy SEALs. Tinha servido ao meu país no campo de batalha. Pelo caminho, tinha decidido garantir que o abuso que nascera sofrendo ou o bullying que crescera suportando não me definiriam. Tampouco seria definido por algum talento, já que não tinha muitos, nem por meus próprios medos e fraquezas.

Eu era, isso sim, a soma dos obstáculos que superara. E, embora tivesse contado minha história para alunos do ensino médio no país inteiro, nunca me detivera por tempo suficiente para valorizar o que eu estava contando e a vida que havia construído. Na minha cabeça, eu não tinha tempo a perder. Nunca apertei o botão de soneca no despertador da vida porque sempre havia alguma outra coisa a fazer. Se eu trabalhasse vinte horas por dia, malharia uma e dormiria três, mas me certificaria de conseguir incluir tudo. Meu cérebro não era programado para curtir, apenas para trabalhar, olhar o horizonte, perguntar o que havia a ser feito e dar cabo disso também. Por isso eu havia acumulado tantos feitos raros. Estava sempre à caça da próxima grande realização, mas deitado ali naquela cama, com o corpo retesado de tensão e latejando de dor, tinha uma boa noção do que me aguardava agora: o cemitério. Depois de anos abusando do meu corpo físico, eu finalmente tinha conseguido destroçá-lo irremediavelmente.

Eu estava morrendo.

Ao longo de semanas e meses procurei uma cura para o meu mistério da medicina, mas naquele momento de catarse não me senti triste nem enganado. Eu tinha apenas 38 anos, mas já vivera dez vidas e tivera mais experiências do que a maioria dos octogenários. Não estava com pena de mim mesmo. Fazia sentido que em algum momento a conta chegasse. Passei horas refletindo sobre a minha jornada. Dessa vez não estava pondo a mão no Pote de Biscoitos, no calor da batalha, na esperança de encontrar um bilhete premiado que me conduzisse à vitória. Não estava mobilizando meus pontos positivos com planos de alcançar algum novo objetivo. Não: minha luta agora tinha acabado, e eu só sentia gratidão.

Não era para eu ser essa pessoa! Eu tive que lutar contra mim mesmo a cada passo do caminho, e meu corpo destruído era meu maior troféu. Nesse instante entendi que pouco importava se nunca mais voltasse a correr, se não pudesse mais ser SEAL, se vivesse ou morresse, e junto com essa aceitação veio um profundo sentimento de valorização.

Meus olhos ficaram marejados. Não porque eu estivesse com medo, mas porque no fundo do poço encontrei clareza. O menino que eu sempre havia julgado com tanto rigor não mentia e enganava por querer magoar ninguém: ele fazia isso para ser aceito. Desrespeitava as regras porque não dispunha das ferramentas para competir e tinha vergonha de ser burro. Fazia isso porque precisava de amigos. Eu tinha medo de dizer aos professores que não sabia ler. Tinha pavor do estigma associado à educação especial, e em vez de partir para cima desse menino por mais um segundo que fosse, em vez de dar uma bronca no meu eu criança, pela primeira vez o entendi.

Tive uma jornada solitária de lá para cá. Perdi muita coisa. Não me diverti muito. A felicidade não era minha praia. Meu cérebro me fazia viver em constante explosão. Eu vivia amedrontado e convivia com a dúvida, morrendo de medo de não ser ninguém e de não contribuir para nada. Ficava constantemente me julgando, e julgando igualmente todos que me cercavam.

A raiva é algo potente. Eu havia passado anos com raiva do mundo, relembrando toda a dor do meu passado e usando-a como combustível para me projetar até a estratosfera, mas nem sempre conseguia controlar todo o raio afetado pela explosão. Às vezes minha raiva chamuscava pessoas que não eram tão fortes quanto eu tinha me tornado, ou que não davam o mesmo duro que eu, e eu não ficava calado nem disfarçava meu julgamento. Dizia tudo em alto e bom som, o que magoou algumas das pessoas à minha volta e permitiu que outras, que não gostavam de mim, prejudicassem minha carreira nas Forças Armadas. Mas deitado na cama em Chicago, naquela manhã do outono de 2014, eu abri mão de todo esse julgamento.

Libertei a mim mesmo e todo mundo que eu conhecia de toda e qualquer culpa ou amargura. Aquela longa lista de haters, céticos, racistas e abusadores que povoava meu passado – eu simplesmente não conseguia mais odiá-los. Valorizava essas pessoas, porque elas tinham ajudado a criar quem eu era. E, à medida que esse sentimento foi se espalhando, minha mente se aquietou. Eu tinha passado 38 anos travando uma guerra e, naquele momento que parecia ser o fim, encontrei a paz.

Nesta vida existem incontáveis caminhos para a realização pessoal, embora a maior parte deles exija uma intensa disciplina, e por isso muito pouca gente os siga. No sul da África, o povo san passa trinta horas seguidas dançando como uma forma de comungar com os deuses. No Tibete, peregrinos se levantam, se ajoelham, depois se deitam de bruços com o rosto virado para o chão antes de se levantarem outra vez, num ritual de prostração que dura semanas e meses enquanto percorrem milhares de quilômetros até chegarem a um templo sagrado e entrarem em meditação profunda. No Japão, existe uma seita de monges zen que corre mil maratonas em mil dias numa busca da iluminação por meio da dor e do sofrimento. Não sei se seria possível chamar o que eu senti naquela cama de "iluminação", mas sei que a dor é capaz de abrir uma porta secreta na mente que conduz tanto ao desempenho de alto nível quanto ao lindo silêncio.

De início, quando você se força além da capacidade que pensa ter, sua mente se recusa a se aquietar. Ela quer que você pare, então o projeta num redemoinho de pânico e dúvida que só faz aumentar a tortura que está infligindo a si mesmo. Mas quando persiste e passa desse estágio, chegando a um ponto em que a dor satura por completo a mente, você passa a ter um ponto focal único. O mundo exterior vai encolhendo até se apagar. As fronteiras se dissolvem, e você se sente conectado a si mesmo e a todas as coisas no mais profundo da própria alma. Era isso que eu buscava. Esses instantes de total poder e conexão, que experimentei outra vez e de modo ainda mais profundo ao refletir sobre de onde tinha vindo e sobre tudo que tinha me obrigado à atravessar.

Passei horas flutuando nesse espaço tranquilo, rodeado de luz, sentindo tanto gratidão quanto dor, tanto apreciação quanto desconforto. Em algum momento, meu enleio cedeu como se fosse uma febre. Sorri, enxuguei meus olhos úmidos com a palma das mãos, então alisei o topo e em seguida a parte de trás da cabeça. Senti um nódulo conhecido na nuca. Estava maior do que nunca. Afastei as cobertas e examinei então os nódulos acima dos meus músculos flexores do quadril. Eles também tinham aumentado de tamanho.

Será que poderia ser simples assim? Será que meu sofrimento poderia ter relação com aqueles nódulos? Recordei uma sessão com um especialista em alongamento e métodos avançados de treinamento físico e mental que os SEALs tinham levado à nossa base em Coronado, em 2010, chamado Joe Hippensteel. Na faculdade, Joe era um decatleta baixinho determinado a entrar para o time olímpico americano. Mas não é fácil ter 1,72 de altura e competir com decatletas de nível mundial cuja altura média é 1,90. Ele decidiu desenvolver a parte inferior do corpo de modo a poder compensar o fator genético e correr mais depressa do que os oponentes mais altos e mais fortes. Em determinado momento, estava fazendo agachamentos com o dobro do próprio peso corporal, em sessões de dez séries com dez repetições, mas junto com esse aumento de massa muscular veio uma forte tensão, e a tensão aumentava o risco de lesão. Quanto mais pesado ele treinava, mais lesões tinha e mais fisioterapeutas consultava. Quando lhe disseram que ele havia rompido um dos músculos posteriores da coxa antes das eliminatórias, seu sonho de ir para a Olimpíada morreu e ele se deu conta de que precisava mudar a forma como estava treinando. Começou a equilibrar o trabalho de força com muitos alongamentos e reparou que, toda vez que alcançava uma determinada amplitude de movimento num grupo muscular ou articulação específicos, toda dor residual desaparecia.

Joe se tornou sua própria cobaia e estabeleceu amplitudes de movimento ideais para cada músculo e cada articulação do corpo humano. Nunca mais precisou consultar um médico ou fisioterapeuta, pois constatou que sua própria metodologia era bem mais eficaz. Sempre que alguma lesão surgia, ele se tratava com um regime de alongamento. Ao longo dos anos, foi construindo uma clientela e uma boa reputação entre os atletas de elite da região, e em 2010 foi apresentado a alguns SEALs. A notícia se espalhou pelo Comando de Guerra Naval Especial, e ele acabou sendo convidado para apresentar sua série de amplitude de movimentos para umas duas dezenas de SEALs. Entre eles eu.

Durante a palestra que deu, ele nos examinou e nos alongou. O problema da maioria de nós, afirmou, era nosso uso excessivo dos músculos sem o equilíbrio adequado de flexibilidade, e a origem desse problema estava na Semana Infernal, quando tínhamos que fazer milhares de abdominais infra e em seguida deitar no mar frio e deixar as ondas passarem por cima da gente. Ele calculou que fossem ser necessárias vinte horas de alongamentos intensivos usando o seu protocolo para fazer a maioria de nós recuperar uma amplitude de movimento normal no quadril, que, a partir daí, poderia ser mantida com apenas vinte minutos de alongamento por dia. Uma amplitude de movimento ideal exigia um comprometimento maior. Ao chegar em mim, ele deu uma boa olhada e balançou a cabeça. Como você sabe, eu tinha passado por três Semanas Infernais. Ele começou a me alongar e disse que eu estava tão travado que era como tentar alongar cabos de aço.

– Você vai precisar de centenas de horas – falou.

Na época não lhe dei muita atenção, porque não tinha planos de começar a me alongar. Eu era obcecado por força e potência, e tudo que já lera sugeria que aumento de flexibilidade significava diminuição equivalente e oposta da velocidade e da força. A visão do meu leito de morte alterou minha perspectiva.

Me levantei, fui cambaleando até o banheiro, virei de costas e examinei o nódulo na nuca. Estiquei a coluna ao máximo. Eu parecia ter perdido quase 5 centímetros de altura. Minha amplitude de movimento nunca tinha sido pior. E se Joe tivesse razão?

*E se?*

Um dos meus lemas atualmente é *Em paz, mas nunca satisfeito*. Uma coisa era saborear a paz da aceitação de mim mesmo e do mundo como ele é, mas isso não queria dizer que eu fosse me deitar e esperar a morte sem nem sequer tentar me salvar. Não significava na época, e não significa hoje, que vou aceitar o que é imperfeito ou simplesmente errado sem lutar para mudar as coisas para melhor. Eu tinha tentado recorrer à mente *mainstream* para encontrar a cura, mas os médicos e seus remédios de nada tinham adiantado, exceto para me fazer sentir muito pior. Eu não tinha mais cartas na manga. Só podia tentar recuperar a saúde me alongando.

A primeira postura foi simples. Me sentei no chão e tentei cruzar as pernas, mas a tensão no meu quadril era tanta que fiquei com os joelhos na altura das orelhas. Perdi o equilíbrio e rolei de costas. Precisei de toda a minha força para me endireitar e tentar outra vez. Permaneci na postura por dez segundos, quinze talvez, antes de esticar as pernas de tanta dor que senti.

Cãibras repuxaram e contraíram todos os músculos da parte inferior do meu corpo. O suor começou a brotar dos meus poros, mas após um breve descanso dobrei as pernas e suportei mais um pouco de dor. Passei uma hora entrando e saindo desse mesmo alongamento, e aos poucos meu corpo começou a se soltar. Em seguida, fiz um alongamento simples de quadríceps, aquele que todos nós aprendemos a fazer na escola. Em pé sobre a perna esquerda, dobrei a direita e segurei o pé com a mão direita. Joe tinha razão. Meus quadríceps eram tão volumosos e duros que era *mesmo* como tentar esticar cabos de aço. Mais uma vez, permaneci na postura até a dor atingir sete numa escala de dez. Então fiz uma pausa curta e passei para o outro lado.

A postura em pé ajudou a soltar meu quadríceps e alongar meu psoas – o único músculo que liga nossa coluna à parte inferior das pernas. Ele envolve a pelve por trás, comanda o quadril e é conhecido como o músculo da luta ou fuga. Como você sabe, minha vida inteira foi lutar ou fugir. Quando eu era uma criança pequena se afogando em estresse tóxico, sobrecarreguei muito meu psoas. O mesmo aconteceu durante minhas três Semanas Infernais, na Escola de Rangers e na Seleção Delta. Isso sem falar da guerra. Mas eu nunca tinha feito nada para soltar esse músculo, e como atleta tinha continuado a ativar meu sistema nervoso simpático e a pegar tão pesado nos exercícios que meu psoas seguira se enrijecendo, principalmente nas corridas de longa duração, quando a privação de sono e o clima frio também entravam na equação. Agora esse músculo estava tentando me sufocar de dentro para fora. Mais tarde, eu viria a saber que ele havia entortado minha pelve, comprimido minha coluna e envolvido e apertado meu tecido conjuntivo. O psoas havia me roubado 5 centímetros de altura. Falei recentemente com Joe sobre o assunto.

– O que estava acontecendo com você é um caso extremo do que acontece com 90% da população – disse ele. – Seus músculos estavam tão travados que seu sangue não conseguia circular muito bem. Eles pareciam um bife congelado. Não dá para injetar sangue num bife congelado, e era por isso que você estava entrando em colapso.

E o meu psoas não quis largar o osso sem alguma resistência. Cada alongamento era como mergulhar no fogo. Eu estava tão inflamado e encurtado por dentro que o menor movimento doía, quanto mais manter por muito tempo posturas destinadas a isolar meus quadríceps e psoas. Na vez seguinte em que me sentei para fazer a postura da borboleta, a tortura se intensificou.

Nesse dia passei duas horas me alongando, acordei dolorido e tornei a me alongar. No segundo dia, passei seis horas inteiras fazendo alongamento. Repetia várias vezes as mesmas três posturas, depois tentava sentar nos calcanhares, um duplo alongamento de quadríceps que era pura agonia. Incluí também um alongamento de panturrilha. Toda sessão começava difícil, mas uma ou duas horas depois meu corpo se soltava o suficiente para a dor diminuir.

Em pouco tempo, eu já estava passando até doze horas por dia dobrado em posturas de alongamento. Acordava às seis da manhã, me alongava até as nove, depois me alongava de vez em quando em frente à mesa no trabalho, principalmente quando estava ao telefone. Alongava-me durante o intervalo de almoço e ao chegar em casa, às cinco da tarde, ficava me alongando até a hora de ir dormir.

Montei uma série que começava com pescoço e ombros, depois descia para quadril, psoas, glúteos, quadríceps, posteriores de coxa e panturrilhas. O alongamento virou minha nova obsessão. Comprei uma bola de massagem para massagear o psoas. Apoiei uma tábua numa porta fechada num ângulo de 70 graus e a usava para alongar as panturrilhas. Fazia quase dois anos que vinha sofrendo, e após vários meses de alongamento contínuo reparei que o calombo na base do meu crânio tinha começado a diminuir de tamanho, bem como os nódulos em volta dos meus flexores de quadril – e minha saúde e meu nível geral de energia melhoraram. Eu ainda não estava nem perto de ser flexível, mas tinha parado de tomar todos os remédios, exceto o da tireoide, e quanto mais me alongava, mais minha condição melhorava. Passei semanas fazendo no mínimo seis horas de alongamento por dia. Depois meses e anos. Até hoje não parei.

★ ★ ★

Em novembro de 2015, me aposentei como Oficial da Marinha, o único membro das Forças Armadas a ter integrado o TACP da Força Aérea, passado por três (e completado duas) Semanas Infernais dos SEALs num mesmo ano e se formado no BUD/S e na Escola de Army Rangers. Foi uma ocasião melancólica, porque as Forças Armadas eram uma parte importante da minha identidade. Elas ajudaram a me moldar e a me tornar um homem melhor, e eu dei meu máximo a elas.

Àquela altura, Bill Brown já tinha partido para outra também. Ele crescera marginalizado como eu, não era para ter conquistado grande coisa, e chegara a ser expulso da sua primeira turma de BUD/S por instrutores que questionaram sua inteligência. Hoje trabalha como advogado num escritório importante na Filadélfia. Bizarro Brown provou e segue provando seu valor.

Sledge continua nas equipes SEAL. Quando o conheci, ele era um cara que bebia muito, mas, depois de malharmos juntos, sua disposição mental mudou. Ele não corria nunca e passou a disputar maratonas. Nem tinha bicicleta e se tornou um dos ciclistas mais velozes de San Diego. Concluiu várias provas do Ironman. Dizem que ferro forja ferro, e nós provamos isso.

Shawn Dobbs não chegou a se tornar SEAL, mas tornou-se oficial. Atualmente é tenente-comandante e continua sendo um excelente atleta. É um Ironman, um ciclista experiente, foi soldado de honra na Escola de Mergulho Avançado da Marinha, e mais tarde se formou na universidade. Um dos motivos de todos os seus sucessos é ele ter assumido seu fracasso na Semana Infernal, logo isso não o assombra mais.

Gorila Prateado também continua na Marinha, mas não se mete mais com os candidatos do BUD/S. Ele hoje analisa dados para garantir que o Comando de Guerra Naval Especial continue se tornando cada vez mais inteligente, mais forte e mais eficiente. Ele hoje é um CDF, um intelectual de um tipo especial. Mas eu estava ao seu lado no auge da sua forma física, e ele era casca-grossa.

Desde nossos dias em Buffalo e Brazil, minha mãe também transformou por completo a própria vida. Fez mestrado em educação e trabalha como voluntária numa força-tarefa de combate à violência doméstica – isso quando não está trabalhando como vice-presidente associada sênior numa faculdade de medicina de Nashville.

Já eu consegui recuperar meus poderes graças ao alongamento. Conforme meu tempo nas Forças Armadas foi chegando ao fim, enquanto ainda estava me recuperando, estudei para renovar meu certificado de socorrista. Mais uma vez, usei as competências de memorização por escrito que vinha aperfeiçoando desde o ensino médio para terminar como primeiro da turma. Frequentei também a Academia de Treinamento de Bombeiros do TEEX, onde me formei como primeiro da turma com mérito. Depois de algum tempo, voltei a correr, dessa vez sem efeitos colaterais, e ao recuperar uma forma física razoável me inscrevi em algumas ultramaratonas e tornei a vencer várias, entre elas a Strolling Jim 40-Miler no Tennessee, com 65 quilômetros, e a Infinitus 88k em Vermont, ambas em 2016. Só que isso não foi suficiente, então acabei me tornando bombeiro florestal em Montana.

Após concluir meu primeiro ano como combatente de incêndios no verão de 2015, passei na casa da minha mãe em Nashville para visitá-la. À meia-noite, o telefone dela tocou. Minha mãe é como eu: não tem um círculo muito grande de amigos e não recebe muitos telefonemas, nem mesmo no horário normal, de modo que aquela ligação ou era engano, ou uma emergência.

Deu para ouvir Trunnis Júnior do outro lado da linha. Fazia mais de quinze anos que não via meu irmão nem falava com ele. Nossa relação se desfez no instante em que ele decidiu ir ficar com nosso pai em vez de segurar a barra conosco. Passei a maior parte da vida achando essa decisão dele impossível de perdoar ou esquecer, mas, como já falei, eu tinha mudado. Ao longo dos anos, minha mãe me mantinha informado em relação ao básico. Meu irmão acabara se afastando de nosso pai e de seus negócios escusos, tinha feito doutorado e ido trabalhar na administração de uma faculdade. Além disso, era um ótimo pai para os filhos.

Pela voz da minha mãe, pude ver que alguma coisa estava errada. Só me lembro de escutá-la perguntar: "Tem certeza de que é a Kayla?" Ao desligar, ela explicou que Kayla, a filha de 18 anos de Trunnis Júnior, estava com alguns amigos em Indianápolis. Em determinado momento, alguns outros idiotas conhecidos apareceram, uma briga começou, alguém puxou uma arma, teve um tiroteio e uma bala perdida acertou um dos jovens.

Quando a ex-mulher telefonou para ele em pânico, Trunnis foi até a cena do crime, mas ao chegar não o deixaram passar pela fita amarela de isolamento nem lhe disseram o que tinha acontecido. Ele viu o carro de Kayla e um corpo sob uma lona plástica, mas ninguém quis lhe dizer se sua filha estava viva ou morta.

Minha mãe e eu pegamos a estrada na mesma hora. Passei cinco horas seguidas dirigindo a 130 quilômetros por hora debaixo de uma chuva de vento, direto até Indianápolis. Entramos no acesso de carros da casa do meu irmão pouco depois de ele voltar da cena do crime onde, parado do lado de fora da fita amarela, tinham lhe pedido para identificar a filha a partir de uma foto do corpo tirada com o celular de um policial. Não lhe deram a dignidade, a privacidade nem o tempo necessários para prestar homenagem a Kayla. Ele teve que fazer tudo isso depois. Meu irmão abriu a porta, deu alguns passos na nossa direção e caiu em prantos. Minha mãe foi a primeira a chegar perto dele. Eu então o puxei para um abraço e, naquele momento, nenhum dos nossos problemas tinha mais importância.

★ ★ ★

Como diz a frase famosa de Buda, a vida é sofrimento. Eu não sou budista, mas sei o que ele quis dizer e você também sabe. Para existir neste mundo nós precisamos suportar humilhação, sonhos destruídos, tristeza, perdas. É simplesmente assim que a natureza é. Cada vida vem com o próprio quinhão personalizado de dor. Ela vai chegar. Não há como detê-la, e você sabe disso.

Por essa razão, a maioria das pessoas é programada para procurar conforto como um modo de anestesiar a dor e amortecer os golpes. Nós criamos espaços seguros. Consumimos produtos de mídia que confirmem nossas crenças, adotamos hobbies alinhados com nossos talentos, tentamos passar o mínimo de tempo possível realizando as tarefas que odiamos, e isso nos faz amolecer. Nós vivemos uma vida definida pelos limites que imaginamos e desejamos para nós mesmos, porque dentro dessa caixa existe conforto. Não só para nós, mas também para nossos parentes e amigos mais próximos. Os limites que criamos e aceitamos se tornam a lente através da qual eles nos veem. Através da qual nos amam e nos valorizam.

Para algumas pessoas, porém, esses limites começam a parecer uma prisão e, quando menos esperamos, nossa imaginação salta esses muros e sai à caça de sonhos que imediatamente depois passam a parecer possíveis. Porque a maioria dos sonhos é. Nós somos inspirados a fazer mudanças aos poucos, e isso dói. Romper os grilhões e nos esticar para além daquilo que percebemos como nossos próprios limites exige trabalho árduo, muitas vezes físico, e, quando você se dispõe a fazer isso, a dúvida e a dor virão numa combinação feroz que fará seus joelhos fraquejarem.

Nesse ponto, a maior parte das pessoas que estiver apenas inspirada ou motivada vai desistir e, quando voltar para a cela, o espaço vai parecer ainda menor e seus grilhões, ainda mais apertados. As poucas que continuarem fora dos próprios muros encontrarão ainda mais dor e mais dúvida, graças àqueles que pensavam ser seus maiores fãs. Quando chegou minha hora de perder 48 quilos em menos de três meses, todo mundo com quem conversei me disse que não tinha como. "Não tenha muita expectativa", disseram todas essas pessoas. Seu diálogo fraco só fez alimentar minha própria dúvida.

Mas não é a voz externa que fará você desistir. O importante é o que você diz para si. As conversas mais importantes que terá são consigo mesmo. Você acorda com elas, anda para lá e para cá com elas, vai para a cama com elas e finalmente acaba fazendo o que elas dizem – sejam elas boas ou más.

Todos nós somos os nossos piores haters e céticos, porque a dúvida em relação a si mesmo é uma reação natural a qualquer tentativa ousada de mudar a própria vida para melhor. Você não consegue impedi-la de surgir na sua mente, mas pode neutralizá-la, assim como todos os outros ruídos externos, perguntando: *E se?*

"E se?" é uma excelente resposta para todos que algum dia duvidaram da sua grandeza ou atrapalharam seu caminho. Ela faz calar a negatividade; é um lembrete de que você na verdade só sabe do que é capaz quando arrisca tudo que tem, quando faz o impossível parecer ao menos um pouco mais possível. "E se?" é o poder e a permissão para encarar seus demônios mais sombrios, suas piores lembranças, e aceitá-los como parte da sua história. Se e quando fizer isso, você conseguirá usá-los como combustível para visualizar a conquista mais ousada e mais extravagante possível e ir atrás dela.

Vivemos num mundo com muita gente insegura e invejosa. Algumas dessas pessoas são nossos melhores amigos, nossos parentes de sangue. Elas têm pavor do fracasso. E também têm pavor do nosso sucesso. Porque quando nós transcendemos o que um dia pensamos ser possível, quando forçamos nossos limites e nos tornamos mais, nossa luz se reflete em todos os muros que elas construíram ao redor delas. Essa luz lhes permite ver os contornos da própria prisão, suas próprias autolimitações. Mas, se elas forem de fato as pessoas incríveis que você sempre acreditou que eram, a inveja vai evoluir, e em pouco tempo pode ser que a imaginação delas também pule o próprio muro, e será a vez delas de mudar para melhor.

Espero que este livro tenha feito isso por você. Espero que você agora esteja cara a cara com os próprios limites que nem sequer sabia existirem. Espero que esteja disposto a fazer o trabalho de derrubá-los. Espero que esteja disposto a mudar. Você vai sentir dor, mas, se aceitá-la, suportá-la e calejar a mente, chegará a um ponto em que nem mesmo a dor conseguirá feri-lo. Só que existe um porém: quando você vive dessa forma, isso não tem fim.

Graças a todo o alongamento que fiz, estou em melhor forma aos 43 anos do que aos 20 e poucos. Na época eu vivia doente, tenso e estressado. Nunca analisei por que estava sempre tendo fraturas por estresse: eu simplesmente resolvia as coisas com silver tape. Usava a mesma solução para tudo que me afligisse o corpo ou a mente, não importava o que fosse:

prender com silver tape e seguir em frente. Hoje sou mais inteligente do que nunca. E continuo encarando desafios.

Em 2018, voltei às montanhas para me tornar outra vez bombeiro florestal. Estava afastado do trabalho em campo havia três anos, e nesse tempo tinha me acostumado a malhar em academias legais e ter uma vida confortável – alguns poderiam até chamá-la de luxuosa. Estava num quarto de hotel chique em Las Vegas quando o incêndio 416 começou e me ligaram. O que havia começado como um fogo de 800 hectares na Cordilheira San Juan das Montanhas Rochosas do Colorado estava se transformando numa monstruosidade jamais vista com 22 mil hectares de extensão. Desliguei o telefone, peguei um avião turbo-hélice até Grand Junction, embarquei numa picape do Serviço Florestal dos Estados Unidos, viajei três horas até os arredores de Durango, Colorado, vesti minha calça verde e minha jaqueta de manga comprida abotoada na frente, pus meus óculos de segurança e minhas luvas e peguei meu super-*pulaski*, a arma mais preciosa de um bombeiro florestal. Sou capaz de passar horas cavando com essa ferramenta, e é isso que nós fazemos. Nós não jogamos água. Nossa especialidade é a contenção, e isso significa cavar linhas e retirar a vegetação rasteira de modo que o incêndio não encontre combustível. Nós cavamos e corremos, corremos e cavamos, até que todos os nossos músculos fiquem exaustos. Depois fazemos tudo outra vez.

No nosso primeiro dia, cavamos aceiros em volta das casas vulneráveis enquanto muros de chamas avançavam marchando a menos de 1.500 metros de distância. Podíamos ver o fogo por entre as árvores e sentir seu calor na floresta seca. Dali nos espalhamos num raio de 3 quilômetros e passamos a trabalhar numa encosta de 45 graus, cavando o mais fundo possível para tentar chegar ao solo mineral não inflamável. Em determinado momento, uma árvore caiu, e por 20 centímetros não acertou um dos meus colegas. Ela o teria matado. Dava para sentir o cheiro da fumaça no ar. Nossos serradores, os especialistas em motosserras, não paravam de cortar árvores mortas ou comprometidas. Nós carregávamos esses restos para a outra margem do leito de um regato. Havia pilhas de 15 em 15 metros por quase 5 quilômetros, cada uma com uma altura entre 2 e 2,5 metros.

Trabalhamos assim durante uma semana, em turnos de dezoito horas, ganhando 12 dólares brutos por hora. Fazia 26°C durante o dia e 2°C à noite. Quando o turno acabava, deitávamos em nossas esteiras e dormíamos ao relento onde estivéssemos. Então acordávamos e voltávamos ao batente. Passei seis dias sem trocar de roupa. A maioria dos integrantes da minha equipe era formada por gente no mínimo quinze anos mais nova do que eu. Eram todos duros na queda, e estão entre as pessoas mais trabalhadoras que conheci, inclusive e especialmente as mulheres: nenhuma nunca reclamou. Ao acabar, nós tínhamos liberado uma linha com pouco mais de 5 quilômetros de extensão e suficientemente larga para impedir o monstro de continuar incendiando a montanha.

Aos 43 anos, minha carreira de bombeiro florestal está apenas começando. Adoro fazer parte de uma equipe que se dedica tanto ao trabalho, e minha carreira de ultramaratonista também está prestes a ressuscitar. Ainda sou jovem o suficiente para ir lá e competir. Hoje estou correndo mais depressa do que nunca, e não preciso de silver tape nem acessório nos pés. Aos 33 anos, levava 5'20" para correr 1 quilômetro. Hoje corro confortavelmente essa distância em 4'30". Ainda estou me acostumando com esse corpo novo, flexível e plenamente funcional, e me acostumando também com meu novo eu.

Minha paixão segue intensa, mas, para ser sincero, eu hoje demoro um pouco mais para canalizar minha raiva. Ela já não mora mais na tela inicial do meu sistema, a um espasmo inconsciente de dominar meu coração e minha mente. Agora preciso acessá-la de forma consciente. Ao fazê-lo, porém, ainda posso sentir todos os desafios e obstáculos, o sofrimento e o trabalho árduo, como se tudo tivesse acontecido ontem. É por isso que dá para sentir minha paixão nos meus podcasts e vídeos: ela continua lá, gravada no meu cérebro feito uma cicatriz. Me perseguindo como uma sombra, tentando me alcançar para me engolir inteiro, mas sempre acaba me empurrando para a frente.

Sejam quais forem os fracassos e conquistas que se acumularem nos anos que estão por vir – e tenho certeza de que haverá bastante das duas coisas –, sei que continuarei a me dedicar por inteiro e a fixar objetivos que parecem impossíveis para a maioria. E, quando os céticos disserem que é impossível, eu os olharei nos olhos e responderei com uma pergunta simples:

*E se?*

# AGRADECIMENTOS

Este livro levou sete anos para ser escrito, com seis tentativas fracassadas pelo caminho antes de eu ser apresentado ao primeiro – e único – escritor que realmente entendeu minha paixão e soube reproduzir a minha voz. Quero agradecer a Adam Skolnick pelas incontáveis horas passadas aprendendo tudo sobre mim e minha vida cheia de percalços para ajudar a reunir todas as peças e dar vida à minha história no papel. É impossível expressar em palavras o orgulho que sinto da verdade, da vulnerabilidade e da sinceridade crua deste livro.

Jennifer Kish: sem palavras. Muita gente diz isso, mas é verdade. Só você realmente sabe quanto esse processo foi difícil para mim, e sem você ao meu lado não existiria livro algum. Foi por sua causa que pude parar um pouco de escrever e ir combater incêndios enquanto você cuidava de todas as etapas da publicação. Saber que tinha Kish no meu time me permitiu tomar a decisão muito ousada de lançar o livro por conta própria! Foi por causa da sua ética de trabalho que tive segurança para recusar um adiantamento substancial, pois sei que você sozinha é capaz de dar conta do trabalho de uma editora inteira! Só posso dizer "obrigado" e "eu te amo".

Jackie Gardner, minha mãe: nós tivemos uma vida difícil e cheia de problemas. Uma vida da qual ambos podemos nos orgulhar, porque muitas vezes fomos derrubados sem ninguém por perto para nos socorrer. De alguma forma, sempre encontramos um jeito de nos levantar. Sei que houve muitas ocasiões em que você ficou preocupada comigo e quis que eu parasse; obrigado por nunca ter feito nada para tentar me fazer parar, pois isso me permitiu encontrar mais de mim. Para a maioria das pessoas não é assim que se deveria falar com a própria mãe para agradecer, mas só você conhece o verdadeiro poder dessa mensagem. Força, mãe; eu te amo.

Ao meu irmão, Trunnis. Nossa vida e nossa criação às vezes nos tornaram inimigos, mas, quando a coisa apertou, nós nos demos as mãos. Em última instância, para mim é isso que significa irmandade.

Muitos agradecimentos e gratidão às pessoas a seguir, que aceitaram que Adam e eu as entrevistássemos para este livro. Sua recordação dos acontecimentos me ajudou a criar um retrato fiel e verdadeiro da minha vida e de como esses eventos específicos se desenrolaram.

Meu primo Damien, embora você sempre tenha sido o queridinho quando éramos crianças, tive alguns dos melhores momentos da minha vida ao seu lado simplesmente fazendo coisas bobas.

Johnny Nichols, nossa amizade quando éramos crianças em Brazil, Indiana, foi a única coisa positiva da minha vida na época. Poucas pessoas conhecem como você a escuridão que vivenciei quando menino. Obrigado por estar ao meu lado quando eu realmente mais precisei.

Kirk Freeman, quero lhe agradecer pela sinceridade. Você foi uma das poucas pessoas que se dispuseram a contar a dolorosa verdade sobre alguns dos desafios que enfrentei em Brazil, e por isso serei eternamente grato.

Scott Gearen, você jamais saberá quanto sua história e o simples fato de você ser quem é me ajudaram numa época da vida em que eu só conseguia ver escuridão. Não faz ideia do impacto que teve num garoto de 14 anos. É verdade o que dizem: nunca se sabe quem está assistindo. Eu por acaso estava assistindo naquele dia, no curso de paraquedismo. Sou grato pela sua amizade depois de todos esses anos.

Victor Peña, tenho muitas histórias para contar, mas a única coisa que vou dizer é que você sempre esteve do meu lado, nos dias bons e nos ruins, e sempre deu tudo de si. Meu máximo respeito por isso, irmão.

Steven Schaljo, se não fosse você, talvez este livro nem sequer existisse. Você foi o melhor recrutador da Marinha. Mais uma vez, obrigado por acreditar em mim.

Kenny Bigbee, obrigado por ter sido o outro "cara preto" do BUD/S. Seu senso de humor sempre chegou bem na hora. Força, irmão.

Ao David Goggins branco, Bill Brown, sua disposição de ir até o fim no momento mais difícil me tornou melhor no momento mais difícil. Na última vez em que vi você, estávamos os dois em missão no Iraque, eu com uma .50 e você com uma M60. Espero revê-lo no mundo civil muito em breve!

Drew Sheets, obrigado por ter a coragem de estar na frente do bote comigo durante minha terceira Semana Infernal. Pouca gente sabe quanto se sofre nessa posição debaixo daquele bote! Quem diria que um *redneck* e um preto um dia ficariam tão próximos? É verdade o que dizem: os opostos se atraem!

Shawn Dobbs, é preciso muita coragem para fazer o que você fez neste livro. Eu me expus para os leitores, mas você não precisava ter feito a mesma coisa! Só posso dizer: obrigado por ter me permitido compartilhar parte da sua história. Isso vai mudar vidas!

Brent Gleeson, um dos poucos caras que eu conheço que é praticamente infalível. Muito poucos sequer saberão o que isso quer dizer. Força, Brent!

Gorila Prateado, você foi um dos primeiros SEALs que eu conheci, e pôs o sarrafo lá no alto. Obrigado por ter forçado meus limites em todas as minhas três turmas de BUD/S, e pela aula rápida de monitoramento de ritmo cardíaco!

Dana De Coster, o melhor companheiro de nado que um cara jamais poderia ter. Sua liderança durante meu primeiro pelotão foi imbatível!

Sledge, só posso dizer que ferro com certeza forja ferro! Obrigado por ter sido um dos poucos caras a pegar pesado comigo todos os dias e por se dispor a desafiar o *status quo* e ser mal compreendido em sua busca para melhorar.

Morgan Luttrell, 2-5! Nossa conexão desde aquele momento em Yuma será eterna.

Chris Kostman, sem saber você me obrigou a encontrar todo um outro nível de mim mesmo.

John Metz, obrigado por autorizar um cara inexperiente a participar da sua prova. Isso mudou minha vida.

Chris Roman, seu profissionalismo e sua atenção aos detalhes sempre me impressionaram. Você é um dos grandes motivos para eu ter conseguido chegar em terceiro numa das corridas mais difíceis do planeta.

Edie Rosenthal, obrigado por todo o seu apoio e pelo trabalho incrível que você faz para a fundação Special Operations Warrior.

Almirante Ed Winters, sinto-me privilegiado por ter trabalhado com o senhor por tantos anos. Trabalhar para um almirante com certeza me impulsionou a dar o melhor de mim em todos os momentos. Obrigado pelo seu apoio constante.

Steve Wisotzki (Wiz), fez-se justiça, e agradeço a você por isso.

Hawk, quando você me mandou aquele e-mail sobre "os 13%", entendi que éramos almas irmãs. Você é uma das poucas pessoas neste mundo que me entendem e entendem a minha mentalidade sem precisar de explicação.

Doutor Schreckengaust, obrigado por ter me mandado fazer aquele eco. É bem possível que isso tenha salvado a minha vida.

T., obrigado por ter me empurrado naquela marcha com pesos, irmão! Continue avante.

Ronald Cabarles, siga dando o exemplo e pegando pesado. Turma 03-04 RLTW.

Joe Hippensteel, obrigado por ter me mostrado as formas certas de me alongar. Isso realmente mudou minha vida!

Ryan Dexter, obrigado por ter caminhado 120 quilômetros comigo e me ajudado a chegar aos 330!

Keith Kirby, obrigado por seu apoio constante ao longo dos anos.

Nandor Tamaska, obrigado por ter aberto sua academia para mim e minha equipe para o recorde na barra fixa. Sua hospitalidade, sua gentileza e seu apoio jamais serão esquecidos.

Dan Cottrell, dar sem esperar receber nada em troca é algo muito raro. Obrigado por ter permitido que um dos meus sonhos de virar saltador aos 40 e poucos anos virasse realidade!

Fred Thompson, obrigado por ter me permitido trabalhar com sua equipe incrível este ano. Aprendi muito com você e seu pessoal. Meu máximo respeito!

Marc Adelman, obrigado por ter feito parte da equipe desde o primeiro dia e por seus conselhos a cada passo do caminho. Parabéns por ter superado neste ano aquilo que julgava serem as suas limitações. Tenho orgulho de todas as suas conquistas!

BrandFire, obrigado pela sua genialidade criativa e por ter criado o site davidgoggins.com.

Por fim, minha sincera gratidão e reconhecimento ao time incrível da Scribe Media. Desde o primeiro até o último contato com Tucker Max e sua equipe, e em cada passo do caminho, vocês se superaram, exatamente como tinham dito que fariam! Um obrigado especial à exímia profissional Ellie Cole, minha gerente editorial; a Zach Obront, por ter ajudado a bolar um plano de marketing incrível; a Hal Clifford, meu editor; e a Erin Tyler, a designer de capa mais talentosa que eu poderia ter imaginado, que ajudou a criar a capa de livro mais sensacional de todos os tempos!

CONHEÇA O PRÓXIMO LIVRO DE DAVID GOGGINS

## NUNCA É HORA DE PARAR

Este não é um livro de autoajuda. É um grito de alerta!

*Nada pode me ferir* mostrou o potencial inexplorado que todos nós temos, mas apresentou apenas uma introdução sobre o poder da mente. Em seu novo livro, *Nunca é hora de parar*, Goggins nos leva para o seu laboratório mental, no qual desenvolveu a filosofia, a psicologia e as estratégias que lhe mostraram que o que ele considerava serem seus limites eram apenas o começo e que a busca pela grandeza nunca termina.

As histórias neste sensível, revelador e forte livro de memórias oferecem ao leitor um mapa para sair do fundo do poço e chegar a uma nova estratosfera que antes parecia inalcançável. Se você sente que perdeu o rumo na vida, se busca maximizar seu potencial ou apenas quer usar todas as suas energias para superar barreiras impossíveis, este é o livro perfeito para você.

Leia o QR code para conferir um trecho do livro:

Para saber mais sobre os títulos e autores da Editora Sextante,
visite o nosso site e siga as nossas redes sociais.
Além de informações sobre os próximos lançamentos,
você terá acesso a conteúdos exclusivos
e poderá participar de promoções e sorteios.

**sextante.com.br**